电商广告与海报设计必修课

（Cinema 4D版）

齐 琦 ◎ 编著

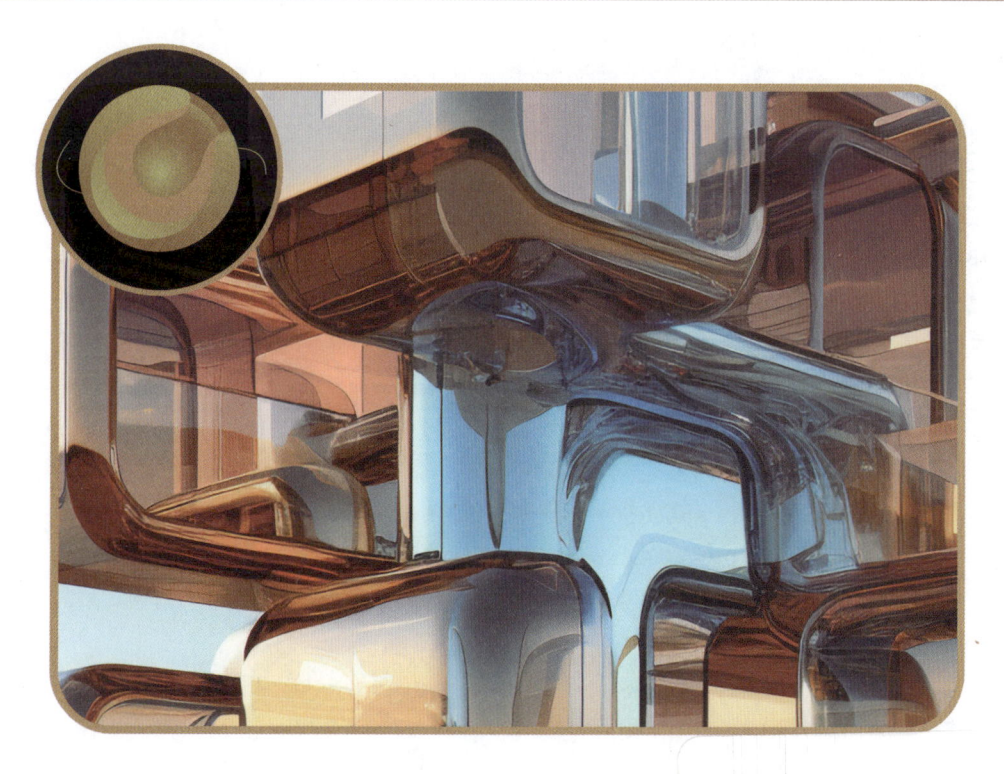

清华大学出版社

北 京

内 容 简 介

本书是一本实用性非常强的电商广告与海报设计图书，注重电商广告与海报设计的行业理论及项目应用，循序渐进地讲解了理论知识和软件操作技巧。

本书共设置5个章节，包括电商广告与海报设计概述、电商广告与海报的三维设计、电商广告与海报设计的创意及构思、电商广告与海报设计中的视觉要素、电商广告与海报的设计风格等内容。

本书针对初中级专业从业人员，适合各大院校三维设计、视觉传达设计专业的学生阅读，同时也适合作为高校和社会培训机构的教材。

本书封面贴有清华大学出版社防伪标签，无标签者不得销售。

版权所有，侵权必究。举报：010-62782989，beiqinquan@tup.tsinghua.edu.cn。

图书在版编目(CIP)数据

电商广告与海报设计必修课：Cinema 4D 版 / 齐琦编著 .
北京：清华大学出版社, 2025.6. -- ISBN 978-7-302-69246-1
Ⅰ. F713.36；TP391.414
中国国家版本馆 CIP 数据核字第 20258U6Y36 号

责任编辑：韩宜波
封面设计：杨玉兰
责任校对：李玉茹
责任印制：宋　林

出版发行：清华大学出版社
　　　　网　　　址：https://www.tup.com.cn，https://www.wqxuetang.com
　　　　地　　　址：北京清华大学学研大厦 A 座　　　邮　　编：100084
　　　　社　总　机：010-83470000　　　　　　　　邮　　购：010-62786544
　　　　投稿与读者服务：010-62776969，c-service@tup.tsinghua.edu.cn
　　　　质　量　反　馈：010-62772015，zhiliang@tup.tsinghua.edu.cn
印　装　者：涿州市般润文化传播有限公司
经　　销：全国新华书店
开　　本：185mm×260mm　　**印　张**：10.75　　**字　数**：278 千字
版　　次：2025 年 6 月第 1 版　　**印　次**：2025 年 6 月第 1 次印刷
定　　价：69.80 元

产品编号：102830-01

前言 Preface

基于三维设计在各个领域的广泛应用，我们编写了本书。该书选择了三维设计中较为实用的经典案例，涵盖了电商广告与海报设计的多个应用方向。

本书分为两大部分：第一部分为电商广告与海报设计基础，概述了电商广告与海报设计的相关内容和三维设计；第二部分为电商广告与海报设计的核心技术应用章节，详细讲解了创意与构思、视觉要素、设计风格，从项目的设计思路到制作步骤进行了详细的介绍。通过本书的学习，读者既可以掌握三维设计的行业理论，又可以掌握Cinema 4D的相关操作，还可以了解完整的项目制作流程。

本书共分5章，内容安排如下。

第1章 电商广告与海报设计概述，包括认识电商美工设计、认识电商广告与海报、认识电商心理学与消费者行为、电商品牌的视觉形象建设、数据驱动的优化策略等内容。

第2章 电商广告与海报的三维设计，包括认识Cinema 4D在电商广告与海报中的应用、Cinema 4D在电商广告与海报中的工作流程、实操案例等内容。

第3章 电商广告与海报设计的创意及构思，包括认识电商广告与海报的创意、电商广告与海报创意的表现方法、实操案例等内容。

第4章 电商广告与海报设计中的视觉要素，介绍了色彩、排版设计、文字、图片、实操案例等内容。

第5章 电商广告与海报的设计风格，包括常见的电商广告与海报风格、实操案例等内容。

本书特色如下。

◎ 结构合理。本书第1～2章为电商广告与海报设计基础章节，第3～5章为电商广告与海报设计核心应用章节。

◎ 编写细致。本书详细地介绍了电商广告与海报设计的应用项目实战，对大部分项目的设计思路、配色方案、项目实战、项目步骤进行了详细的介绍，完整度较高，最大限度地还原了项目设计的操作流程，使读者如身临其境般"参与"项目。

◎ 实用性强。精选时下热门应用，同步实际就业方向及应用领域。

本书提供了案例的素材文件、效果文件以及视频文件，可扫一扫右侧的二维码，推送到自己的邮箱后下载获取。

本书由齐琦编著。参与本书编写和整理工作的还有杨力、王萍、李芳、孙晓军、杨宗香。

由于时间仓促，加之作者水平有限，书中难免存在欠妥之处，敬请广大读者批评、指正。

编　者

目 录 Contents

第1章 电商广告与海报设计概述 ……1

1.1 认识电商美工设计 …………………… 2
- 1.1.1 电商美工设计的概念与发展 …… 2
- 1.1.2 电商平台的类型及其市场特点 … 3
- 1.1.3 电商美工的主要工作 …………… 4
- 1.1.4 电商美工设计的重要性 ………… 7

1.2 认识电商广告与海报 ………………… 8
- 1.2.1 什么是电商广告与海报 ………… 8
- 1.2.2 电商广告与海报的常见形式 …… 8
- 1.2.3 视觉设计与文案 ………………… 10

1.3 认识电商心理学与消费者行为 ……… 11
- 1.3.1 消费者心理学的基本原理 ……… 11
- 1.3.2 运用视觉设计影响消费者决策 … 11
- 1.3.3 色彩与情感的关联 ……………… 12
- 1.3.4 消费者购买路径与行为模式 …… 13
- 1.3.5 用户信任感的建立与设计 ……… 13

1.4 电商品牌的视觉形象建设 …………… 13
- 1.4.1 品牌视觉形象的概念与重要性 … 13
- 1.4.2 电商品牌视觉形象的核心元素 … 14
- 1.4.3 电商环境下的VI应用 …………… 15
- 1.4.4 电商品牌故事传播 ……………… 16

1.5 数据驱动的优化策略 ………………… 17

第2章 电商广告与海报的三维设计 · 18

- 2.1 认识Cinema 4D在电商广告与海报中的应用 ·············· 19
  - 2.1.1 Cinema 4D的核心功能与优势 ···· 19
  - 2.1.2 Cinema 4D在电商广告中的应用 ···· 19
  - 2.1.3 Cinema 4D在海报设计中的应用 ···· 20
- 2.2 Cinema 4D在电商广告与海报中的工作流程 ·············· 20
- 2.3 实操：创意三维场景设计 ·············· 23
  - 2.3.1 设计思路 ·············· 23
  - 2.3.2 项目实战 ·············· 24
- 2.4 实操：创意装饰三维模型设计 ·············· 29
  - 2.4.1 设计思路 ·············· 29
  - 2.4.2 项目实战 ·············· 30
- 2.5 实操：三维立体文字墙设计 ·············· 37
  - 2.5.1 设计思路 ·············· 37
  - 2.5.2 项目实战 ·············· 38
- 2.6 实操：节庆主题礼品盒模型设计 ·············· 40
  - 2.6.1 设计思路 ·············· 40
  - 2.6.2 配色方案 ·············· 41
  - 2.6.3 项目实战 ·············· 41   
- 2.7 实操：使用"灯光"特效制作强烈太阳光 ·············· 45
  - 2.7.1 设计思路 ·············· 45
  - 2.7.2 灯光效果 ·············· 46
  - 2.7.3 项目实战 ·············· 46
- 2.8 实操：制作渐变球材质 ·············· 47
  - 2.8.1 设计思路 ·············· 48
  - 2.8.2 材质效果 ·············· 48
  - 2.8.3 项目实战 ·············· 48
- 2.9 实操：制作石榴材质 ·············· 53
  - 2.9.1 设计思路 ·············· 53
  - 2.9.2 材质效果 ·············· 54
  - 2.9.3 项目实战 ·············· 54
- 2.10 实操：创建趣味倒放爆炸文字动画 ···· 59
  - 2.10.1 设计思路 ·············· 59
  - 2.10.2 动画效果 ·············· 60
  - 2.10.3 项目实战 ·············· 60
- 2.11 实操：制作粒子飞散广告动画 ·············· 61
  - 2.11.1 设计思路 ·············· 61
  - 2.11.2 动画效果 ·············· 62
  - 2.11.3 项目实战 ·············· 62
- 2.12 实操：制作布料下落动画 ·············· 68
  - 2.12.1 设计思路 ·············· 68
  - 2.12.2 动画效果 ·············· 69
  - 2.12.3 项目实战 ·············· 69

目录

第3章 电商广告与海报设计的创意及构思 …… 71

3.1 认识电商广告与海报的创意 …… 72
- 3.1.1 什么是创意 …… 72
- 3.1.2 创意在电商广告与海报中的作用 …… 73
- 3.1.3 电商广告与海报创意应遵循的原则 …… 73
- 3.1.4 广告创意思维方式 …… 74

3.2 电商广告与海报创意的表现方法 …… 76
- 3.2.1 适当夸张 …… 76
- 3.2.2 突破刻板印象 …… 76
- 3.2.3 创新应用技术 …… 77
- 3.2.4 互动性广告 …… 78
- 3.2.5 故事化 …… 79
- 3.2.6 引发好奇心 …… 80
- 3.2.7 创新展示方式 …… 81
- 3.2.8 创意排版 …… 82
- 3.2.9 创新的对比 …… 82
- 3.2.10 利用元素拟人 …… 83

3.3 实操：便携式音响广告设计 …… 85
- 3.3.1 设计思路 …… 85
- 3.3.2 配色方案 …… 86
- 3.3.3 项目实战 …… 87

第4章 电商广告与海报设计中的视觉要素 …… 102

4.1 色彩 …… 103
- 4.1.1 色彩的基本原理 …… 103
- 4.1.2 主色、辅助色和点缀色 …… 104
- 4.1.3 色彩心理学 …… 104
- 4.1.4 色彩搭配方式 …… 109

4.2 排版设计 …… 110
- 4.2.1 中心式构图 …… 110
- 4.2.2 对角线式构图 …… 112
- 4.2.3 黄金分割构图 …… 113
- 4.2.4 重复式构图 …… 114
- 4.2.5 环绕式构图 …… 115
- 4.2.6 分层式构图 …… 116
- 4.2.7 剧场式构图 …… 117
- 4.2.8 简约式构图 …… 118
- 4.2.9 对称式构图 …… 119
- 4.2.10 非对称式构图 …… 120

4.3 文字 …… 121
- 4.3.1 字体选择 …… 121
- 4.3.2 字号与层次 …… 122
- 4.3.3 排版与布局 …… 123
- 4.3.4 文字的颜色 …… 124
- 4.3.5 广告文案撰写 …… 127

4.4 图片 …… 128
- 4.4.1 图片素材选择 …… 128
- 4.4.2 图标和符号的运用 …… 129
- 4.4.3 动态元素在电商广告中的应用 …… 129

4.4.4　电商广告中的品牌元素应用 ····· 130
4.5　实操：创意文字海报设计 ················· **131**
　　4.5.1　设计思路 ······························· 132
　　4.5.2　配色方案 ······························· 132
　　4.5.3　项目实战 ······························· 133

第5章　电商广告与海报的设计风格 138

5.1　常见的电商广告与海报风格 ············· **139**
　　5.1.1　极简风格 ······························· 139
　　5.1.2　抽象风格 ······························· 140
　　5.1.3　手绘风格 ······························· 140
　　5.1.4　复古风格 ······························· 141
　　5.1.5　立体风格 ······························· 142
　　5.1.6　超现实风格 ···························· 143
　　5.1.7　奢华风格 ······························· 144
　　5.1.8　欢庆风格 ······························· 145
　　5.1.9　科技风格 ······························· 145
　　5.1.10　特效风格 ····························· 146
5.2　实操：炫彩文字创意海报设计 ·········· **147**
　　5.2.1　设计思路 ······························· 148
　　5.2.2　配色方案 ······························· 148
　　5.2.3　项目实战 ······························· 149
5.3　实操："即饮果味粉冲剂"产品电商
　　　广告设计 ······································ **152**
　　5.3.1　设计思路 ······························· 153
　　5.3.2　配色方案 ······························· 153
　　5.3.3　项目实战 ······························· 154

第 1 章

电商广告与海报设计概述

在激烈的电子商务竞争中，视觉元素已成为吸引用户注意、传递品牌信息并激发用户购买欲望的核心要素。掌握电商广告和海报设计的基本原理，可以更好地理解如何通过精心设计的视觉呈现，发挥视觉营销的巨大潜力，实现销售和品牌价值的双重提升。本章将带领读者认识电商美工设计的基本概念与重要性，了解什么是电商广告与海报，分析电商心理学与消费者行为，全面解析电商品牌的视觉形象建设。

1.1 认识电商美工设计

电子商务发展至今，已成为人们生活中不可或缺的重要消费方式。随着电商行业的发展，衍生出"电商美工"这一职业，也称为电商设计师。

美工是电商行业中十分重要的一环，通过对产品、店铺形象进行美化包装，吸引客户的注意与兴趣，提高用户的使用体验，并最终促进销售。本章将介绍电商美工设计的理论基础知识。

1.1.1 电商美工设计的概念与发展

电商美工是指在电子商务平台上，负责商品展示、页面布局、广告创作、品牌视觉形象、用户界面等方面设计的专业人员。其主要任务是通过精心的视觉设计，提升用户体验和促进销售转化。

电商美工不仅要具备基本的美术和设计能力，还要深入了解电商市场和消费者心理，能够通过视觉表达来吸引用户的注意力，增强消费者的购买欲望。

2000年初可以说是电商美工发展的早期阶段。随着互联网的普及，传统电商平台（如淘宝、京东）开始出现，电商美工的需求初步形成。在这个阶段，电商美工主要负责简单的网页设计和商品展示图的制作，设计工作相对基础，偏重于功能性和简单的视觉吸引力。

2010年前后，电商市场迅速发展，尤其是移动互联网和社交电商的普及，推动了电商平台在用户体验、交互设计及品牌形象方面的进一步提升。电商美工的工作也由传统的商品展示向更加注重用户体验和品牌传递的方向发展。

2020年以后，随着电商行业竞争的加剧，电商美工的设计水平也呈现出高度专业化和精细化的趋势。个性化的设计、互动性强的页面布局及多样化的视觉表现手法成为电商美工设计的重要趋势。同时，人工智能（AI）、大数据和用户行为分析等技术的应用，也促使电商美工更加注重数据驱动和用户导向的设计策略。

1.1.2　电商平台的类型及其市场特点

电商平台可根据运营模式、市场定位、销售方式、交易主体等维度进行多种分类。常见的分类包括B2C、C2C、B2B、O2O、跨境电商等。每种类型的电商平台在视觉设计上都有不同的需求和特点，因此，电商美工需要根据平台类型的差异性，灵活调整设计策略。

1. B2C（Business to Consumer）平台

这种类型的电商平台直接面向消费者，最典型的代表包括淘宝、京东、天猫等。

B2C平台的目标客户是广大的消费者群体，因此其视觉设计需要注重高效的商品展示、清晰的购物流程和便捷的用户体验。美工设计的重点是页面的整洁与功能性，广告和促销活动的视觉效果也需要吸引目标用户的眼球。

2. C2C（Consumer to Consumer）平台

C2C平台（如闲鱼等）主要是由消费者向消费者销售产品。

这类平台的特点是卖家的多样性和商品的广泛性。电商美工需要处理不同类型商品的展示，注重提高商品的可见度，同时也要帮助小型商家树立品牌形象，增加商品吸引力。视觉设计需要保持简洁、易于浏览的风格，同时融入社交互动的元素。

3. B2B（Business to Business）平台

B2B平台主要用于企业之间的交易，如阿里巴巴国际站、Made-in-China（中国制造网）、环球资源网等。

与B2C不同，B2B平台的重点在于专业性和行业特色。电商美工的任务是通过视觉传达帮助企业建立信任，提供专业的形象展示，同时突出产品的功能性和技术参数。设计风格通常趋向简洁、严谨，强调产品的质量与性能。

4. O2O（Online to Offline）平台

O2O平台结合了线上和线下购物的优势，如美团、大众点评、饿了么等。

这类平台的设计需要兼顾线上购物体验与线下服务的衔接。电商美工需要通过视觉设计清晰展示线下门店、服务预约、配送等功能。视觉风格通常需要更具亲和力，以便提升用户体验和忠诚度。

5. 跨境电商平台

跨境电商平台（如亚马逊、eBay等）专注于国际市场。

电商美工需要满足国际化的设计需求，确保产品能够在全球市场中脱颖而出。这要求电商美工不仅要具备视觉设计能力，还要有一定的文化敏感度，要考虑不同文化和市场的差异，能够制作出适合不同国家和地区的视觉内容。

1.1.3　电商美工的主要工作

电商美工主要负责店铺装修、图片处理、内容排版、活动海报设计等工作，其具体工作主要包括以下几种。

1. 网店首页设计

网店首页是单一商家在电商平台上的主要入口，作为商家的"虚拟门面"，它承载着品牌形象的展示、商品的推荐、促销活动的传递及用户引导的功能。它不仅要通过直观的视觉设计来吸引用户，还要通过结构化的信息布局来提高用户的浏览率和购买转化。

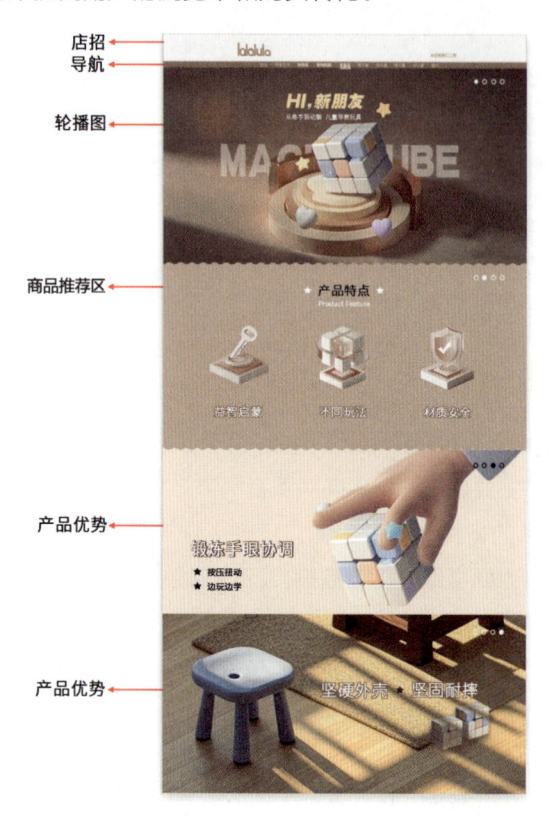

网店首页通常由以下几个关键部分构成。

店招：位于页面顶部，展示店铺的名称、标识和品牌理念，是店铺身份的重要标志。

导航栏：提供清晰的商品分类、活动专区、客服中心等链接，方便消费者快速找到所需内容。

轮播图/广告位：位于页面核心位置，用于展示店铺的主打商品、促销活动或品牌形象广告，吸引消费者的注意力。

商品推荐区：展示店铺的热销商品、新品或特价促销商品，通过合理的布局和排版，激发消费者的购买欲望。

优惠券/积分兑换区：提供优惠券领取、积分兑换等功能，提升消费者的购物体验，增强用户黏性。

客服与帮助中心：提供联系方式、在线客服、常见问题解答等，方便消费者咨询和解决问题。

页尾：包含店铺信息、支付方式、物流信息、售后服务等链接，增强消费者对店铺的信任感。

2. 产品主图设计

产品主图是指在电商平台上展示产品时所使用的首要图片，通常是消费者在浏览商品时最先看到的图像。作为产品展示的"门面"，主图承载着传递产品信息，吸引用户注意，并引导其点击查看详情的重要作用。产品主图通常需要清晰地展示产品的外观、特点和功能，帮助消费者快速了解产品的核心卖点。

一幅出色的产品主图可以迅速吸引用户的注意力，展示产品的核心价值，提升品牌形象，并直接影响产品的点击率和转化率。因此，产品主图不仅仅是一幅简单的图片展示，更是影响消费者行为的重要营销工具。

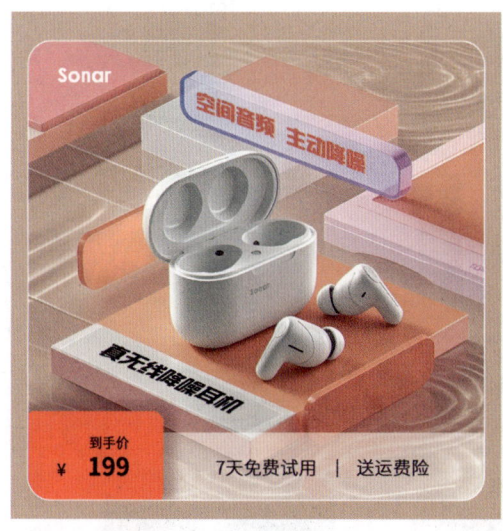

在进行产品主图设计时，应遵循以下几个基本原则。

清晰度：确保图像分辨率高，产品细节清晰可见，避免模糊或失真。

简洁性：去除多余的背景和杂乱的元素，突出产品本身，让用户在第一时间了解产品的特点。

视觉吸引力：通过色彩、构图和光影设计吸引用户眼球，使产品脱颖而出。

品牌一致性：保持与品牌视觉风格的一致性，以增强用户对品牌的认同感和信任度。

符合规范与要求：不同的电商平台对主图的尺寸、格式等要求可能有所不同，因此需要严格遵守平台的规范和要求，以确保主图能够正常展示并符合平台的审美标准。

3. 产品详情页设计

产品详情页是电商平台中展示单一商品信息的页面，它是消费者了解和评估商品的主要途径，也是影响购买决策的关键环节。详情页通常包括关于产品的详细描述、图片、规格、价格、用户评价等内容，目的是通过清晰、吸引人的展示方式，帮助消费者做出购买选择。

在电商平台上，产品详情页不仅仅是商品展示的页面，还承载着品牌形象塑造、营销推广和用户信任构建的重要任务。一个高效的详情页设计能够提升消费者的购物体验，并通过优化页面内容和结构，提高转化率。

一般来说，产品详情页包括以下几个部分。

产品展示图与视觉焦点：作为详情页的核心视觉元素，产品图片不仅仅是简单地展示产品外观，还承担着引导用户注意力的作用。设计师可以根据品牌调性和产品特点，设计多角度、多场景的展示图。除此之外，产品细节图、使用场景图，以及通过360°旋转或放大镜功能展示的高清图像，能够让用户在短时间内全面了解产品的外观、功能及细节。

引导性文字与购买按钮：设计师需要通过视觉层级的设计将产品的核心卖点、促销信息和购买按钮进行合理布局，使其在用户浏览过程中更容易被注意。文字部分要简洁、明确，并具有行动引导性（如设置"立即购买"或"加入购物车"按钮），同时使用对比色等方式突出重要信息。

功能与规格展示：产品的功能、规格及特点常常是影响用户购买决策的关键因素。设计师应利用图表、图标或自定义设计元素，以清晰易懂的方式呈现这些信息，避免信息堆砌带来的视觉疲劳。

用户评价与社交证明： 用户评价在提升消费者信任度方面起着至关重要的作用。设计师应确保评价区块的设计清晰且便于快速浏览，尤其是图片评价或高评分评价，能够有效增强用户的信任感。

售后服务与信任建设： 明确展示售后服务信息（如退换货政策、质保期等）能够减少用户购买时的顾虑，提升信任感。设计师需要通过图标、标签等方式在页面的明显位置显示相关信息，确保消费者在任何时候都能轻松查看。

4. 广告设计

各种广告图（如直通车广告、钻展广告等）的设计需要具有吸引力和引导性，以吸引用户点击和购买。同时，应根据促销活动需求，设计相应的页面和活动图案，包括促销海报、活动Banner等，以提升活动效果。

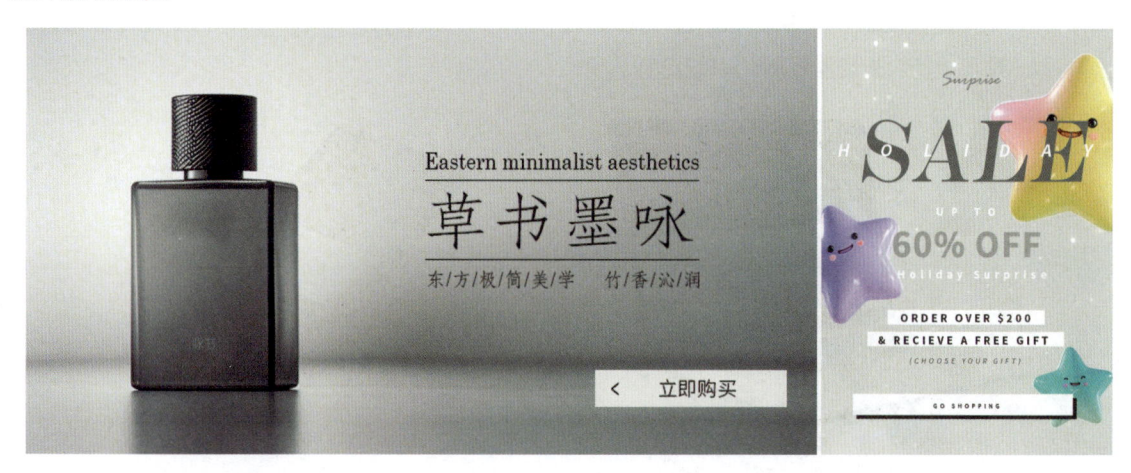

1.1.4 电商美工设计的重要性

电商美工是品牌战略中的核心参与者，除了负责执行视觉传达，还需通过设计推动品牌理念的落地，增强品牌的市场竞争力和用户黏性。

1. 塑造视觉品牌

电商美工通过设计统一的品牌元素，如标识、色彩和字体，帮助商家树立鲜明的品牌形象，提升品牌的辨识度和记忆度，成为品牌与用户之间沟通的桥梁。

2. 优化用户体验

电商美工通过优化页面布局、增强互动和提升信息层次感，改善购物体验，减少用户流失，提升网站的易用性和转化率。

3. 提升销售转化率

优质的视觉设计能够吸引用户注意，激发其购买欲望，推动销售增长。电商美工通过优化商品展示图和促销活动设计，可以提高转化率和订单价值。

4. 引领市场趋势

电商美工紧跟设计趋势，关注短视频和AR/VR等新技术的应用，通过创新设计提升用户体验，帮助商家在市场中占据竞争优势。

1.2 认识电商广告与海报

电商广告与海报是推动电商平台销售和品牌传播的核心手段。一个成功的电商广告与海报不仅能吸引用户眼球，还能通过视觉、文案与品牌形象的紧密结合，促使用户产生购买行为。

1.2.1 什么是电商广告与海报

电商广告与海报是通过各种媒介和渠道进行展示的宣传活动，旨在推动商品的销售，并提升品牌的知名度。在电商平台上，广告是商家与消费者沟通的重要工具，它通过吸引目标客户的注意力，促使他们做出购买决策，最终推动转化率的提升。

电商广告与海报的核心目标是通过精准的视觉设计与信息传达，吸引潜在买家，并引导他们进一步了解或购买产品。与传统广告相比，电商广告更注重用户行为的反馈，通常能够通过数据分析进行实时优化，确保广告能够达到最好的营销效果。

1.2.2 电商广告与海报的常见形式

电商广告与海报形式多样，不同形式适用于不同的推广目标与场景。电商平台上常见的广告形式有Banner广告、海报广告、开屏广告、信息流广告、视频广告、弹窗广告等。

Banner广告：Banner广告通常出现在平台首页、分类页或促销页面的顶部，通过横幅图的形式展示，用于推广重点活动、品牌优惠或新品发布。Banner广告具有视觉冲击力强、文案清晰的特点，通常包含限时折扣、品牌名称等关键信息。

海报广告：海报广告一般由标题、副标题、促销信息，以及日期和时间等内容组成。海报广告主要包含丰富的促销信息，设计时需要注重创意和简洁性，以便在短时间内吸引用户注意。

开屏广告：开屏广告通常以图片或视频形式展示在电商平台App的启动页面。开屏广告的特点在于可以增加曝光率，具有"强制"观看的特点，能够加深用户对广告的印象。

信息流广告：信息流广告一般出现在电商平台App的推荐频道或相关页面，通常以用户浏览的上滑方式展现，形式包括视频、组图、大图、小图等。它自然融入平台内容中，提升用户接受度，适合进行精准定向投放。

视频广告：视频广告以短视频形式展示产品特点或品牌故事，时长通常为15~30秒，适用于提升品牌认知度，介绍复杂产品功能或传递情感价值。

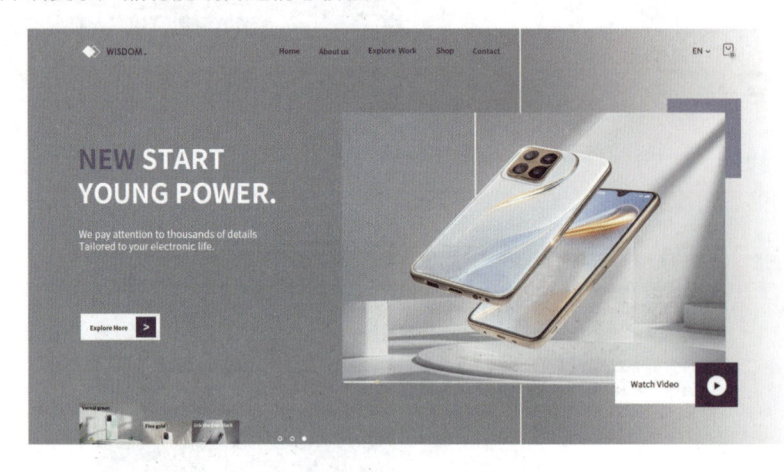

弹窗广告：弹窗广告以弹出窗口形式展示，常用于推广优惠券、限时折扣等活动，以增加用户活动参与度，吸引用户在短时间内做出行动。

1.2.3　视觉设计与文案

电商广告的视觉设计和文案不仅是吸引用户、传递信息的关键，它们的密切配合更是广告成功的关键。通过精心设计的视觉元素和引导行动的文案，可以有效地提升广告的吸引力，增强用户的购买意愿。电商广告中的视觉设计与文案应遵循以下原则。

主题一致性：广告的视觉元素和文案内容应围绕相同的主题展开，确保信息传递的统一性。例如，广告中的视觉焦点可能是某一款热销产品，文案则应突出该产品的优势，或推广一些促销活动，让视觉与文字形成有力的呼应。

信息层级的呈现：文案和视觉设计可以通过层次结构来传递信息。在视觉设计中，最吸引眼球的部分应是广告的主要信息（如产品或促销信息），而文案中最重要的部分应突出促销优惠、商品特性等关键信息。通过适当的排版、设置文字大小、颜色对比等手段，确保信息的层次清晰，用户能够快速获取最重要的信息。

适应目标用户群体：视觉设计和文案的配合还需要根据不同目标用户的特点来调整。例如，对于年轻人群体，可以选择更具创意和幽默感的设计风格；对于中老年群体，则可能需要更加简洁直白、强调产品功能的文案与设计。

情感化传递：视觉设计和文案的结合不仅是信息的传递，还要通过情感化的方式打动用户。在广告设计中，通过情感化的画面和语言能够营造出对购买欲望或生活方式的向往，从而提高广告的吸引力。

1.3 认识电商心理学与消费者行为

电商美工设计的核心是通过了解消费者的心理活动与行为模式来优化购物体验并提高转化率。消费者在电商平台上的行为并非完全理性，很多时候受情感、环境、认知等多种因素的影响。因此，电商美工需要学会如何通过设计手段有效引导消费者的情感、决策和购买行为。

1.3.1 消费者心理学的基本原理

消费者的决策过程不仅仅是理性的选择，很多时候会受到心理偏差、情感反应和社会影响的作用。常见的心理学原理如下。

认知偏差：消费者常常受到"首因效应"（第一次印象的影响）和"框架效应"（信息呈现方式影响决策）等认知偏差的影响。例如，商品页面的首屏设计往往决定了用户的第一印象，因此，首屏的视觉效果需要在短时间内抓住用户眼球，呈现清晰的卖点，吸引用户深入浏览。

社会认同：人们倾向于根据他人的行为来做出决策。电商平台常常通过用户评价、购买人数等信息来建立社会认同感。设计师可以通过凸显这些社会认同元素（如用户评分、购买量、社交媒体分享等）来增强消费者的信任感和购买动机。

情感与自我价值：消费者购买行为常常和情感以及自我价值的满足相关。例如，很多人购买奢侈品不仅是为了实际的使用价值，更是为了满足自我展示的需求。电商设计应该通过色彩、排版、图像等传达产品的情感价值和独特性，从而激发消费者的购买欲望。

1.3.2 运用视觉设计影响消费者决策

设计不仅影响外观，还在于如何有效地引导用户决策。根据心理学研究，消费者在决策时会依据设计中呈现的信息来做出快速判断。

信息呈现的顺序和方式：人的大脑倾向于接收最直接的信息，设计应通过明确的视觉层次传递核心信息。例如，商品的核心卖点（如价格、优惠、功能）应在页面最明显的位置展示。

决策简化：过多的选择会增加消费者的认知负担，反而使他们更难做出决定。在视觉设计中，应减少消费者的决策负担，避免造成选择疲劳。例如，使用明确的按钮（如"立即购买"按钮）引导用户，在商品展示中提供清晰的对比信息（如颜色、尺寸等选择），避免过多选项导致的决策困难。

紧迫感与限时促销：心理学中的"稀缺性效应"表明，人们对于稀缺资源的需求会增加。在设计中，加入倒计时、限量促销等元素，可以激发消费者的紧迫感和购买欲望。

1.3.3　色彩与情感的关联

色彩不仅是重要的美学元素，还能直接影响消费者的情感和购买决策。电商美工需要了解这些色彩的心理学效应，结合品牌定位和产品特点，科学运用色彩来影响消费者的情感和行为。

不同颜色具有不同的心理效应。例如，红色可以刺激购买欲望，传达紧迫感和激情，常用于促销、打折或限时抢购的视觉设计。蓝色传递信任、冷静、专业感等信号，适用于高端商品或服务的展示，能够增强品牌的权威性。

绿色常常代表健康、环保，适用于有机产品或与环保相关的商品设计。黄色与橙色可以传达欢乐、活力与亲和力，适用于儿童产品或休闲商品的设计。

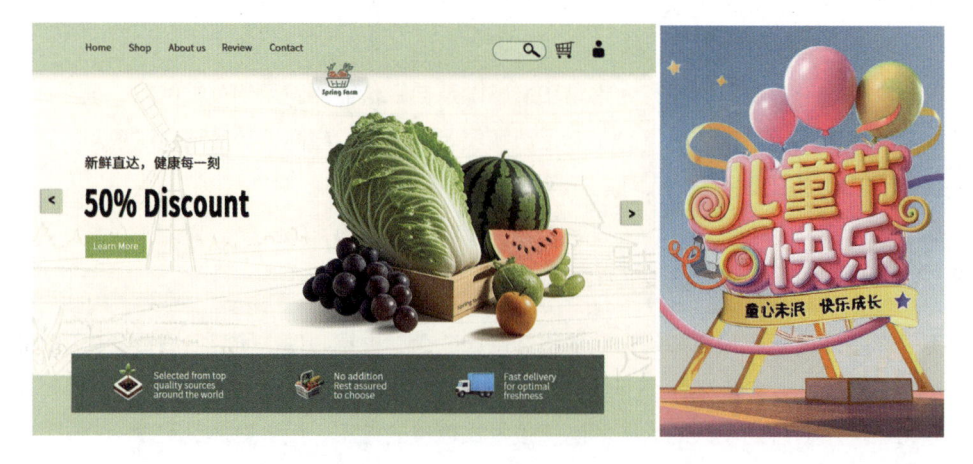

1.3.4 消费者购买路径与行为模式

消费者在电商平台中的购买过程通常是一个阶段性的行为路径，包括意识阶段、兴趣阶段、决策阶段和行动阶段。设计师需要在每个阶段提供合适的视觉引导。

意识阶段：吸引消费者的注意力，利用视觉冲击力强的元素（如大图、亮眼的色彩、对比强烈的广告）迅速抓住用户眼球。

兴趣阶段：通过高质量的产品图片、详细的功能介绍和真实的用户评价，激发用户的兴趣和好奇心，减少信息过载。

决策阶段：通过清晰的价值主张（如价格优势、免费试用、独特卖点等）帮助消费者做出决策，同时提供高可信度的信息（如认证标识、品牌保障等）。

行动阶段：应简化结算流程，减少烦琐步骤，凸显购买按钮，并提供明确的下一步操作提示。

1.3.5 用户信任感的建立与设计

信任是影响电商购买决策的关键因素。用户在虚拟购物环境中无法实际接触产品，设计需要通过以下手段来建立信任感。

清晰简洁的设计：无论是商品页面、结算页面，还是售后服务页面，设计都应简洁直观，避免给用户带来困惑或不安全感。简洁的设计能够提升专业感，使用户感到更加放心。

用户评价与社交证明：通过展示用户评价、推荐和社交媒体分享，可以增强潜在买家的信任感。设计师应确保这些社交认证元素被突出显示，让用户看到他人的购买经历。

信任标识与认证：展示安全支付、隐私保护等信任标识和第三方认证等，直接传达平台的安全性和可靠性。

1.4 电商品牌的视觉形象建设

电商品牌的视觉形象是品牌与消费者之间沟通的桥梁，也是品牌价值观和个性传递的载体。强而有力的品牌视觉形象能够增强品牌辨识度，提升品牌忠诚度，并帮助商家在激烈的市场竞争中脱颖而出。

1.4.1 品牌视觉形象的概念与重要性

品牌视觉形象不仅包括标志、色彩、排版、图像等元素，还涉及品牌文化的传达、消费者的情感共鸣以及品牌个性的表达。在电商平台上，品牌视觉形象更需要适应快速的视觉冲击力需求，同时兼顾易识别性和高效传达品牌价值的功能。

1.4.2　电商品牌视觉形象的核心元素

电商品牌的视觉形象由多个关键元素组成，每个元素都有助于塑造品牌个性并传达品牌信息。

1. 品牌标志

品牌标志是品牌视觉形象的核心，必须简洁、有辨识度，并能传达品牌的核心价值。品牌标志不仅是视觉识别的核心，还是消费者对品牌认知的第一印象，须确保其设计简洁且具备记忆点。

2. 标准色彩

色彩是品牌识别系统中非常关键的一个元素，它能够引起人们的情感共鸣和视觉记忆。品牌应该选择一种或几种能够代表品牌理念和个性的标准色彩，并在所有视觉元素中保持一致的应用。

3. 标准字体

字体是品牌识别系统中另一个重要的元素，它能够传达出品牌的个性和品位。品牌应该选择一种或几种符合品牌形象的字体，用于品牌名称、口号、产品说明等文字信息的呈现。

CAMILLE	Exotc350 DmBd BT
CAMILLE	方正黑体简体
CAMILLE	NOTO SANS SCHINESE LIGHT

4. 辅助图形

辅助图形是品牌识别系统中的补充元素，它们通常用于增强品牌标志的视觉效果和丰富品牌视觉形象。辅助图形可以是图案、纹理、线条等元素，它们应该与品牌标志在风格上保持一致。

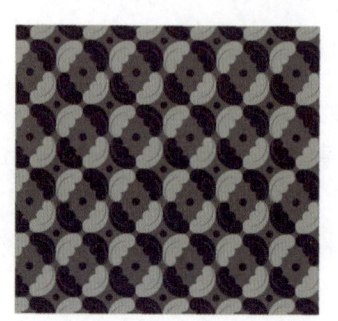

5. 包装风格

对于电商品牌来说，包装也是品牌识别系统中的一个重要组成部分。包装不仅具有保护产品、方便运输的功能，还能够传达出品牌的形象和个性。因此，品牌应该注重包装设计的创新和差异化，以吸引消费者的注意力，提升品牌形象。

1.4.3 电商环境下的VI应用

在电商环境下，品牌识别系统的应用需要综合考虑线上渠道的特性、消费者行为，以及品牌自身的特点和需求。通过精心设计和统一应用VI（Visual Identity）元素，品牌可以在激烈的市场竞争中脱颖而出，提升品牌识别度和消费者体验。

1. 电商平台内的VI应用

店铺首页与详情页：店铺首页是消费者接触品牌的第一站，因此，品牌标志、标准色彩和字体等VI元素应在此得到充分体现。通过统一的色彩搭配、字体选择和布局设计，营造出品牌独特的视觉氛围。同时，商品详情页也应保持与品牌整体视觉形象的一致性，如使用品牌特有的色彩和字体来展示产品信息和促销信息，以增强消费者对品牌的认知。

广告与推广：在电商平台上，广告和推广是品牌吸引流量和提升销量的重要手段。品牌应充分利用VI元素，如将品牌标志融入广告设计中，使用标准色彩和字体来吸引消费者的注意力。

客户服务与售后：在电商环境中，客户服务与售后环节同样重要。品牌应确保在这些环节中（如客服聊天窗口、售后说明页面等）都使用统一的VI元素，以维护品牌形象的一致性和专业性。

2. 社交媒体与移动应用的VI应用

社交媒体平台：社交媒体是电商品牌与消费者互动的重要渠道。品牌应在社交媒体平台上保持统一的VI应用，如使用品牌标志作为头像或封面，发布带有品牌色彩和字体的内容等。

移动应用：随着移动互联网的普及，越来越多的消费者通过移动应用来购物。品牌应确保移动应用界面设计与品牌整体视觉形象保持一致，如使用品牌标准色彩作为界面背景色，使用品牌特有的字体来展示商品信息和导航菜单等。

3. 线下活动与整合营销中的VI应用

尽管电商品牌主要依赖线上渠道进行销售和推广,但线下活动和整合营销同样重要。品牌应确保在线下活动中(如产品发布会、品牌体验店等)都使用统一的VI元素来营造品牌氛围。同时,还可以通过整合营销手段,如跨界合作、联合营销等,将品牌VI元素融入其中,以扩大品牌影响力和提升品牌形象。

1.4.4　电商品牌故事传播

在电商时代,品牌故事不仅是品牌识别的重要组成部分,也是与消费者建立情感连接的桥梁。一个引人入胜的品牌故事能引起消费者的共鸣,使品牌在竞争中脱颖而出,从而塑造独特的品牌形象。电商品牌故事传播的核心在于通过叙述品牌的背景、价值观和独特性,建立起与消费者的情感连接。

1. 品牌故事的核心要素

品牌起源与愿景:品牌故事往往从创立背景、创始人初衷以及品牌愿景开始。通过讲述品牌的起步历程和未来目标,品牌能够传达其初心与远大抱负。

品牌理念与价值观:品牌的核心理念和价值观是故事的灵魂。讲述品牌如何践行社会责任、推动可持续发展等,能增强消费者对品牌的信任与认同感,进一步提升品牌的情感价值。

品牌特色与差异化:在竞争激烈的市场中,品牌必须通过创新的产品设计、服务模式,或对特定社会议题的关注等方式展现其独特性。这些差异化特征是品牌故事中不可或缺的组成部分,能够帮助品牌在众多竞争者中脱颖而出。

消费者情感共鸣:成功的品牌故事应当能够与消费者产生情感共鸣。品牌不仅要讲述自己的历史,还要让消费者在故事中看到自己的影像,感受到品牌在满足其情感需求方面的潜力。

2. 电商品牌故事传播的策略

多渠道传播：品牌故事需要通过多种渠道进行传播，包括电商平台、社交媒体、短视频平台等。品牌应根据不同渠道的特点制定相应的传播策略，确保品牌故事能够精准触达目标受众。

创意内容：品牌故事的内容需要富有创意，并能通过引人入胜的叙述和生动的视觉呈现抓住消费者的注意力。

与KOL、UGC合作：通过与KOL（关键意见领袖）和UGC（用户生成内容）结合，可以增加品牌故事的可信度，促进广泛传播。KOL的推荐和用户的真实反馈，能增强品牌故事的影响力。

整合营销传播：品牌故事应与品牌的其他营销活动相结合，如促销、新品发布等，通过跨渠道传播加深消费者对品牌故事的认知与记忆。

3. 品牌故事传播的效果评估

品牌故事的传播效果应通过各类数据来评估，包括曝光量、点击率、转化率、用户评论等。还可以通过社交媒体分析工具和A/B测试等方法，了解品牌故事的影响力和传播效果，以便及时调整传播策略和内容。

1.5 数据驱动的优化策略

随着电商行业的竞争愈加激烈，传统的设计直觉和经验已经无法完全满足市场的需求，数据驱动的优化策略逐渐成为电商美工设计的重要手段。

数据驱动设计强调在设计过程中以数据为核心依据，通过科学的分析方法对用户需求、行为和偏好进行深入洞察，以更有效地满足目标用户群体的需求。这种设计策略并非仅仅依赖主观判断，而是基于真实的数据反馈进行动态调整，确保设计始终符合用户的期望。以下是一些在电商美工设计中常用的数据驱动优化工具和方法。

A/B测试：通过创建多个设计版本，随机展示给不同用户群体，并对比每个版本的表现（如点击率、停留时间、转化率等）找出最优设计。A/B测试常用于调整按钮位置、颜色搭配、图片展示方式等设计元素的优化。

热力图分析：热力图工具可以跟踪用户在页面上的点击、滑动、停留等行为，展示出页面上哪些区域最受用户关注。通过热力图分析，电商美工可以发现页面布局中被忽视的部分，或用户停留时间过长的地方，从而调整页面结构和设计，优化用户的浏览路径和体验。

用户行为分析：通过分析用户的浏览路径、停留时间、跳出率等数据，设计师可以了解用户在页面上的行为模式。这些数据能够帮助设计师识别用户可能遇到的障碍点或设计痛点。例如，某些区域不符合用户需求，或者导航不清晰，进而进行调整和改进。

转化率分析：转化率分析可以帮助设计师追踪用户从进入页面到完成购买的全过程，识别哪些设计元素对转化率产生了显著影响。例如，产品详情页中"立即购买"按钮的位置、大小或颜色是否影响了用户点击的频率，如何通过视觉设计促进用户做出购买决策。

第 2 章

电商广告与海报的三维设计

在当今视觉驱动的电商时代，三维设计已成为广告与海报创意表达的重要手段。通过三维技术，可以将商品的细节、材质和功能生动地呈现出来，创作出具有强烈视觉冲击力的作品。本章将聚焦三维设计在电商广告与海报中的应用，覆盖三维建模、灯光、材质、动画技术的实际操作，全面解析如何利用三维设计提升广告表现力与品牌价值。

2.1 认识 Cinema 4D 在电商广告与海报中的应用

Cinema 4D 是一款功能强大的三维建模、动画和渲染软件，在电商广告与海报设计中具有广泛的应用。它具有易用性和灵活性的特点，使设计师能够快速创建引人注目的视觉效果，为品牌传播和商品推广提供强有力的支持。

2.1.1 Cinema 4D的核心功能与优势

Cinema 4D的核心功能与优势如下。

1. 高效建模与渲染

Cinema 4D 提供了多种建模工具，能快速实现复杂的商品模型制作，如鞋子、化妆品瓶子、电子产品等；物理渲染器与第三方渲染器（如Redshift）结合，能生成高品质、逼真的产品效果图。

2. 动态效果与动画

Cinema 4D可用于制作动态商品展示广告，通过流体、布料、粒子等效果呈现产品功能或使用场景。在海报设计中，可输出动感十足的动态海报（GIF 或 MP4格式），吸引消费者目光。

3. 光影与材质的真实表现

Cinema 4D 的光影与材质系统可以精确还原产品的金属、玻璃、塑料等材质，为海报和广告增加真实感。

4. 高效整合与跨平台协作

Cinema 4D可与 Photoshop、After Effects 等软件无缝衔接，支持多款软件协作，提高工作效率。

2.1.2 Cinema 4D在电商广告中的应用

Cinema 4D在电商广告中有以下几点应用。

1. 产品三维展示

Cinema 4D 能生成 360°旋转视图，为消费者提供全方位的产品展示体验；模拟真实场景下的产品使用效果，如模拟家具摆放在室内、化妆品在使用中的细节等。

2. 制作动态广告

Cinema 4D能制作短视频广告，加入粒子特效（如粉末散开或液体飞溅），突出产品的特点；为电商促销活动设计动态开场动画。

3. 场景搭建与创意广告制作

通过三维场景的搭建，Cinema 4D能够创作出超现实风格或有未来感的广告画面，提升产品的品牌价值感。

2.1.3　Cinema 4D在海报设计中的应用

Cinema 4D在海报设计中有以下几点应用。

1. 三维文字与标志设计

Cinema 4D可以使用三维字体设计富有层次感的标题或品牌标志，使海报更加醒目；运用挤压、雕刻等工具制作个性化文字效果。

2. 将商品与场景结合

利用 Cinema 4D 构建产品专属场景，使产品成为视觉中心。例如，将手机放置在科技感十足的场景中，通过场景与产品的完美融合，突出产品的核心卖点，提升其吸引力。

3. 创意元素增强设计张力

Cinema 4D可以运用粒子效果（如烟雾、光线）和布料模拟（如飘动的丝带），丰富海报的视觉层次，吸引消费者注意。

2.2　Cinema 4D 在电商广告与海报中的工作流程

Cinema 4D由于灵活的工具和高效的工作流程在电商广告与海报设计中得到了广泛应用。利用Cinema 4D的核心功能完成广告与海报设计的制作流程包括建模型、材质、灯光与动画的创建及渲染。

1. 在Cinema 4D中创建模型

模型是电商广告与海报设计的基础。通过Cinema 4D的多边形建模、雕刻工具和生成器，可以高效创建符合设计需求的产品模型和背景元素。

产品模型的搭建：例如，可以建模电子产品、化妆品或日用品。

场景布局：通过复制工具和排列工具，构建有层次感的场景。

细节优化：通过布尔运算和曲线调整，提升模型的真实感和精度。

2. 在Cinema 4D中创建材质

材质决定了模型的外观与质感，是提升设计真实性的重要环节。Cinema 4D的材质编辑器支持复杂的节点系统，能够满足多样化的设计需求。

基础材质创建：掌握金属、玻璃、塑料等常用材质的参数设置方法，为模型赋予基本的视觉属性。

纹理贴图的应用：使用UV贴图和程序纹理为模型添加细腻的表面细节。

特殊材质效果：实现透明材质、发光材质和表面置换等高级效果。

3. 在Cinema 4D中创建灯光

灯光设置直接影响画面的氛围与产品展示效果。Cinema 4D提供了多种灯光类型和灵活的参数设置，可以满足电商广告的需求。

基础灯光布置：通过主光、辅光和背光的布局，突出产品质感和层次感。

HDRI环境光：使用高动态范围图像营造逼真的光照环境。

阴影和反射：调整阴影与反射效果，使画面更具立体感和视觉冲击力。

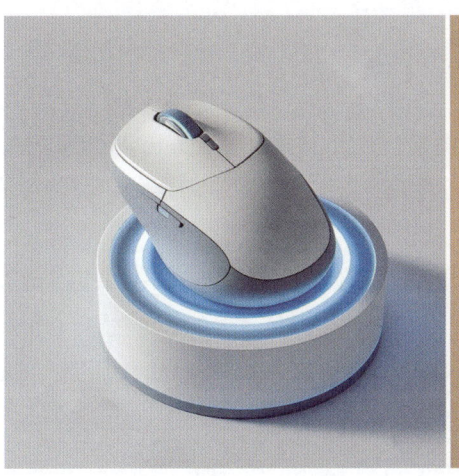

4. 在Cinema 4D中创建动画

动画为静态画面注入了活力，能够增强广告的吸引力。Cinema 4D的关键帧动画和动态系统非常适合电商广告的动画需求。

产品旋转与展示动画：通过关键帧设置，实现产品的旋转、缩放和移动效果。

粒子与特效动画：通过烟雾、光效或液体模拟，增加画面表现力。

5. 在Cinema 4D中渲染作品

渲染是将三维场景转换为最终图像或动画的重要步骤，也是展示设计成果的关键环节。Cinema 4D提供了多种渲染器（如标准渲染器、物理渲染器和第三方渲染器），支持高质量的光影表现和细腻的细节处理。

渲染设置优化：可以进行分辨率、帧速率、抗锯齿等参数的设置，确保输出质量符合电商广告和海报设计的需求。

光影与反射效果调试：设置全局光照、环境遮挡和光影过渡效果，使画面更加真实和具有层次感。

多通道渲染：分离渲染通道（如阴影、反射、颜色等），方便后期在Photoshop或After Effects中进一步调整画面效果。

渲染效率提升：通过降低多边形数量，优化材质贴图和使用分布式渲染，加快渲染速度，提升制作效率。

输出格式与后期处理：选择适合的文件格式（如PNG序列或EXR文件），为后期合成和调整提供高质量素材。

2.3 实操：创意三维场景设计

2.3.1 设计思路

案例类型：

该案例以三维软件Cinema 4D为工具，通过创意模型构建突出电商广告与海报设计中的视觉冲击力与趣味性，适合应用于高端产品推广或概念广告设计场景。

项目诉求：

1）表现创新性与吸引力

通过构造立方体、山体、环形和梯子等具有象征意义的元素，结合球体动态分布，塑造出具有未来感与创意性的空间场景，以吸引目标用户注意。

2）提升品牌记忆点

通过独特的三维空间组合，传递品牌或产品的理念，强调设计中的差异化特征，提升品牌在消费者心中的记忆点。

3）适配电商广告需求

通过动态的三维模型及其细节设计，展示适合在电商平台首页或推广海报中用于强调品牌创意和科技感的广告设计元素。

设计定位：

1）定位于高端视觉广告场景

本案例适用于电商广告中需要突出高端、科技感的品类（如电子产品、创意家居、艺术类商品），设计的三维场景可用于动态或静态广告素材的制作。

2）聚焦电商视觉营销的创新表达

通过非传统、非平面化的创意构建，为消费者打造沉浸式视觉体验，符合电商广告对于创意和实用性并重的要求。

3）强调情境化与互动性

模型中加入了漂浮环形、梯子和球体等元素，提供了叙事感和情境性，便于广告设计中延展品牌故事线，提升用户的互动与参与感。

2.3.2 项目实战

1. 创建立方体、梯子

步骤/01 在菜单栏中执行"创建"|"参数对象"|"立方体"命令。

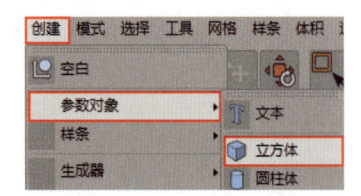

步骤/02 创建完成后，单击进入"对象"|"属性"面板，设置"尺寸.X"为2cm，"尺寸.Y"为300cm，"尺寸.Z"为2cm，"分段X/Y/Z"均为1。

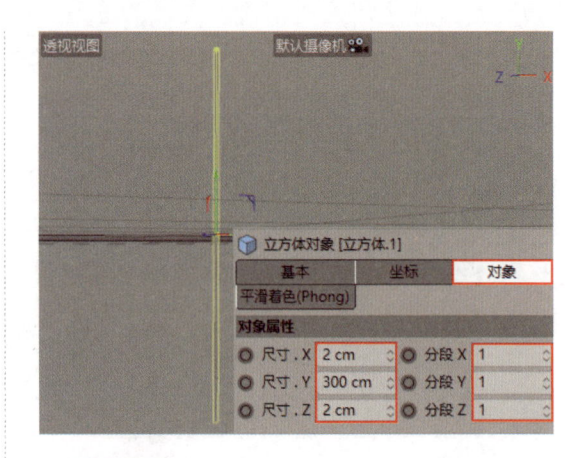

步骤/03 在正视图中按住Ctrl键并拖动鼠标左键向右复制。

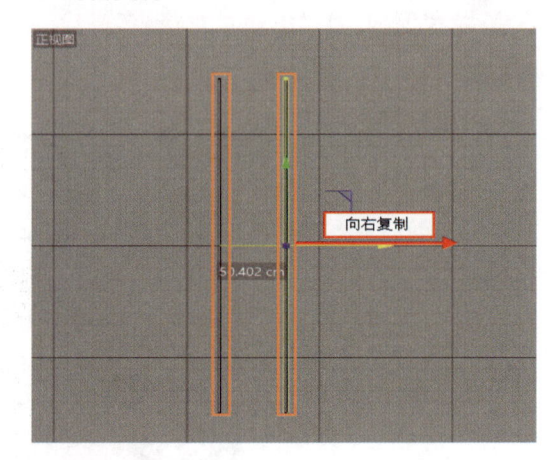

步骤/04 执行"创建"|"参数对象"|"立方体"命令。创建完成后，单击进入"对象"|"属性"面板，设置"尺寸.X"为30cm，"尺寸.Y"为2cm，"尺寸.Z"为2cm，"分段X/Y/Z"均为1，创建梯杆。

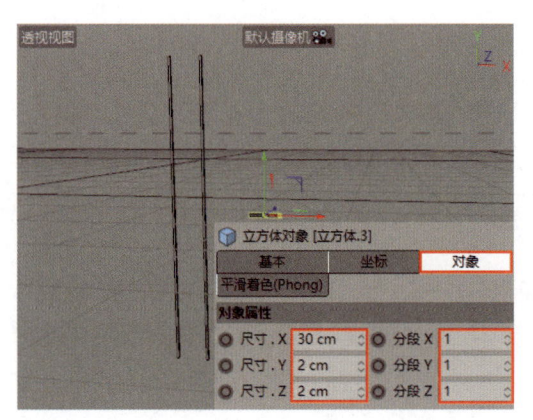

步骤/05 在菜单栏中执行"运动图形"|"克隆"命令。

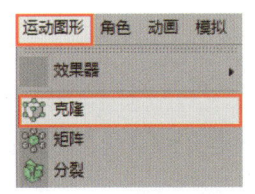

步骤/06 按住鼠标左键并拖动梯杆到"克隆"上,出现↓图标时松开鼠标。

步骤/07 创建完成后,单击进入"对象"|"属性"面板,设置"模式"为"线性","数量"为9,"总计"为65%,更改"位置.Y"参数为50cm,"步幅尺寸"为100%。

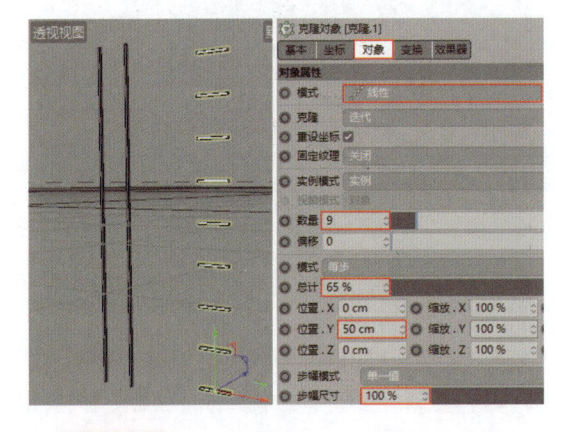

步骤/08 在右视图和正视图中选中刚才克隆好的梯杆,将其移动到梯边中间的位置。

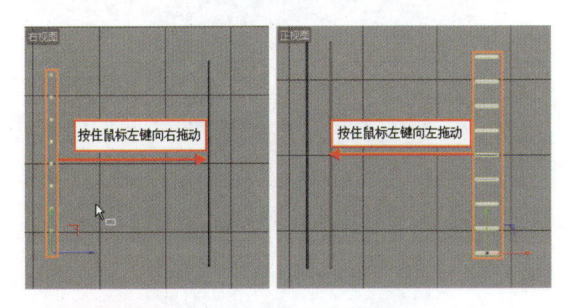

步骤/09 此时梯子创建完成。

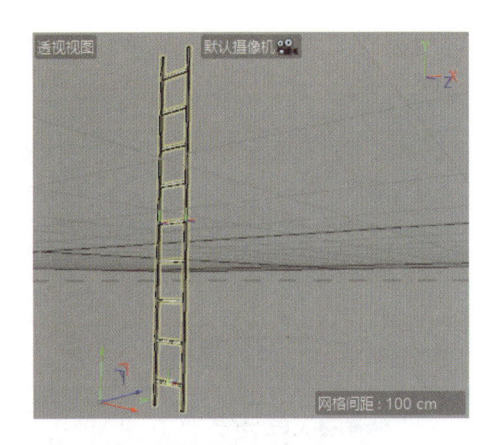

2. 创建圆环面,设置旋转效果

步骤/01 在菜单栏中执行"创建"|"参数对象"|"圆环面"命令。

步骤/02 创建完成后,单击进入"对象"|"属性"面板,设置"圆环半径"为80cm,"圆环分段"为100,"导管半径"为2cm,"导管分段"为16,"方向"为+Y。

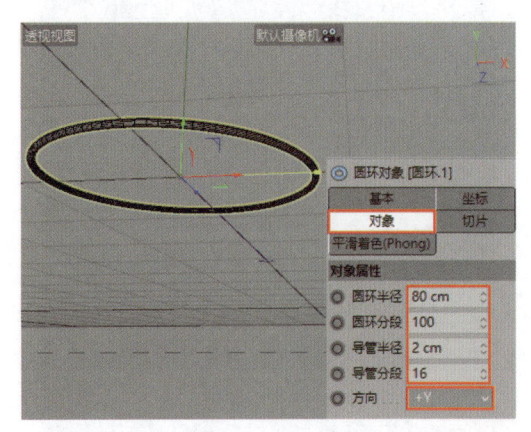

步骤/03　选中刚才创建的圆环面，按住Ctrl键沿Y轴向上拖动，复制出第二个圆环面。

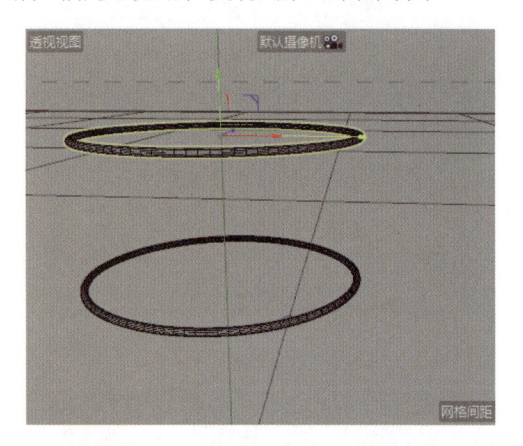

步骤/04　在圆环面选中的状态下，在工具栏中单击 按钮，此时画面效果如下。

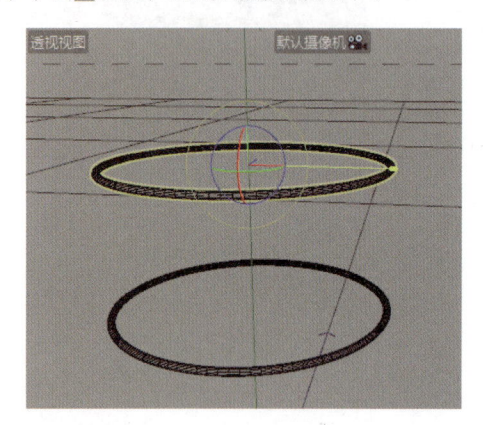

步骤/05　在右视图中选中X轴，待光标亮起时，按住Shift键的同时按住鼠标左键向右旋转-90°。

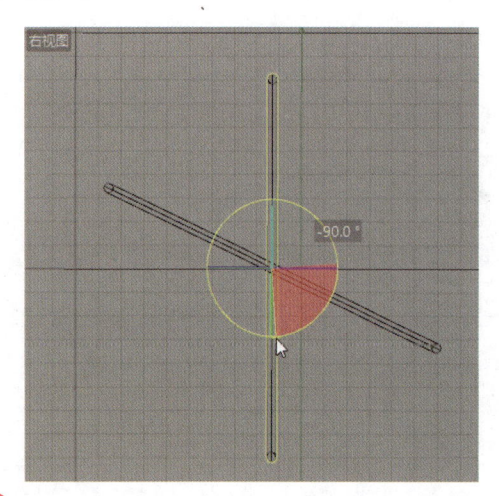

步骤/06　选中复制的圆环面，选中X轴，待光标亮起时，按住Shift键的同时按住鼠标左键向右旋转-25°。

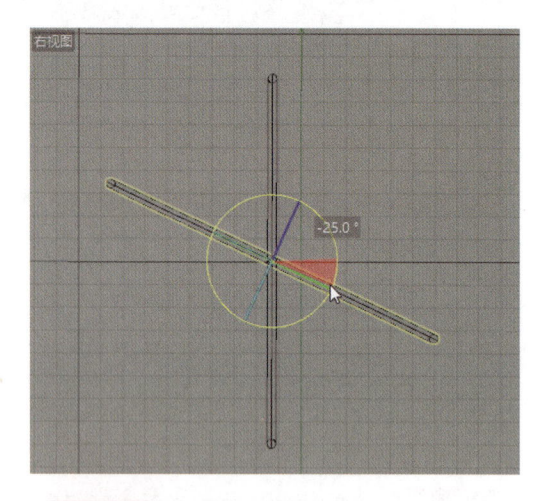

步骤/07　此时画面效果如下。

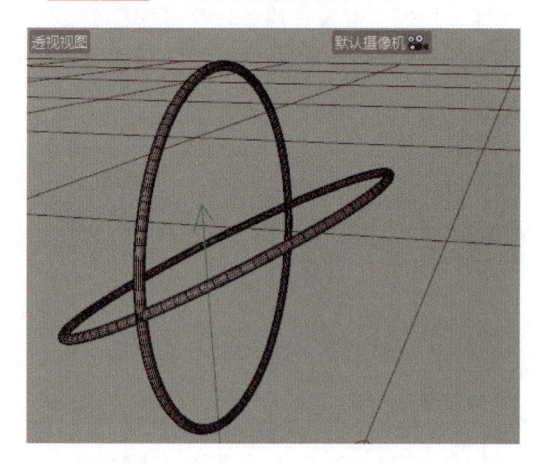

3. 创建地形和模型底座

步骤/01　在菜单栏中执行"创建"|"参数对象"|"地形"命令。

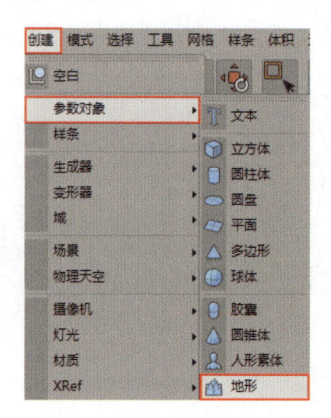

步骤/02 创建完成后，单击进入"对象"|"属性"面板，设置"尺寸"为200cm、100cm、200cm。

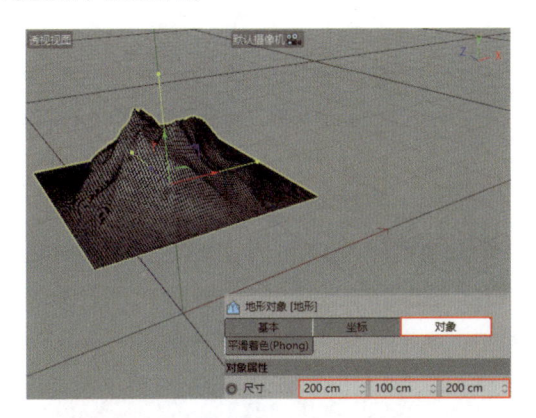

步骤/03 在菜单栏中执行"创建"|"参数对象"|"立方体"命令。

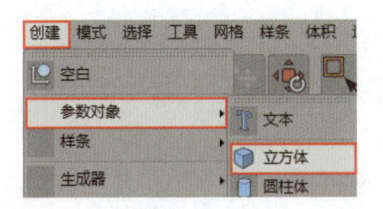

步骤/04 创建完成后，单击进入"对象"|"属性"面板，设置"尺寸.X"为200cm，"尺寸.Y"为300cm，"尺寸.Z"为200cm，"分段X/Y/Z"均为1。

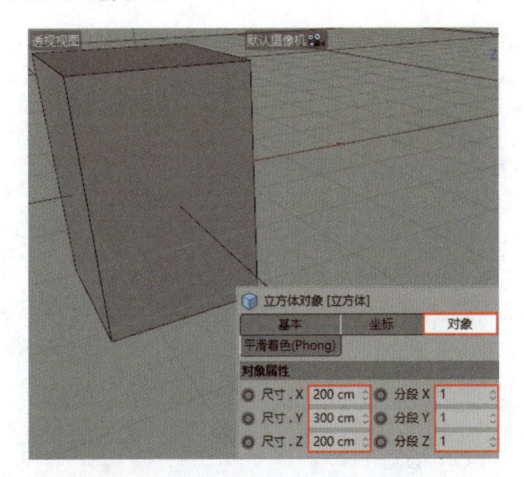

步骤/05 在正视图和右视图中分别拖动Y轴和Z轴，将立方体移动到地形的下方。

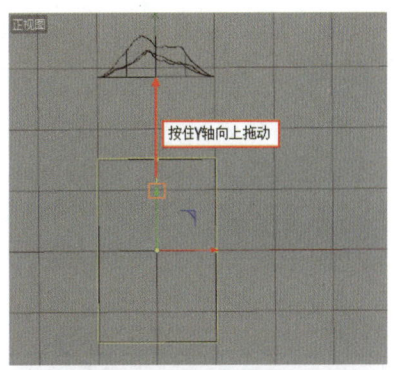

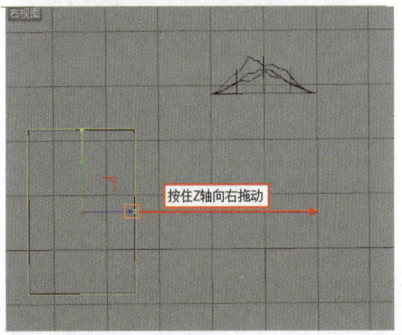

步骤/06 将拼接好的模型移动到圆环面下方，此时画面效果如下。

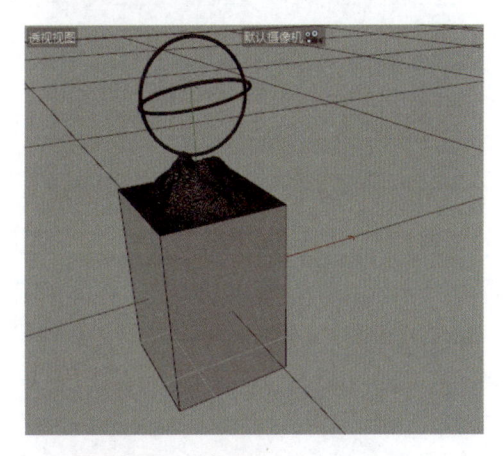

4. 移动梯子，创建球体

步骤/01 在工具栏中长按 按钮，在弹出的工具组中选择 （框选）工具。

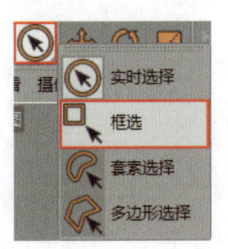

步骤/02 框选创建的梯子，在正视图中拖动X轴向右移动至立方体前。

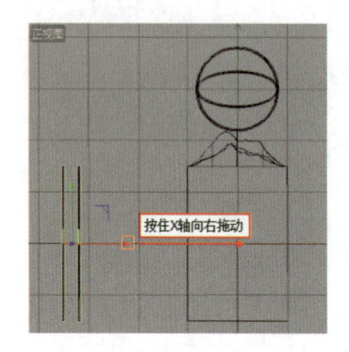

步骤/03 在梯子选中的状态下，单击左侧工具栏中的■（启用轴心）按钮，在右视图中，将轴心沿Z轴向右拖动到梯子前。

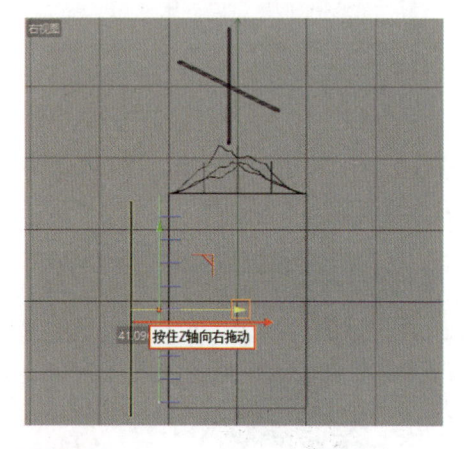

步骤/04 再次单击■（启用轴心）按钮取消应用。单击工具栏中的■（旋转）按钮，选中X轴，待光标亮起时，按住Shift键的同时按住鼠标左键向右旋转-10°。

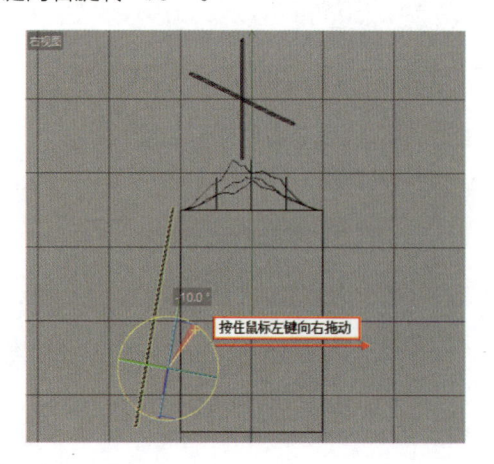

步骤/05 进入顶视图，在菜单栏中执行"创建"|"参数对象"|"球体"命令。

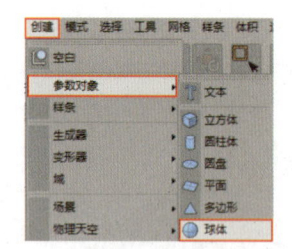

步骤/06 创建完成后，单击进入"对象"|"属性"面板，设置"半径"为20cm，"分段"为100，接着将球体移动到模型的左面。

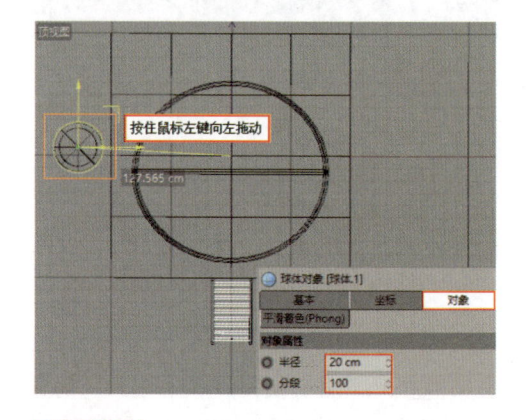

步骤/07 使用同样的方法，创建大小不同的球体，并在不同视图中将球体移动到合适的位置。

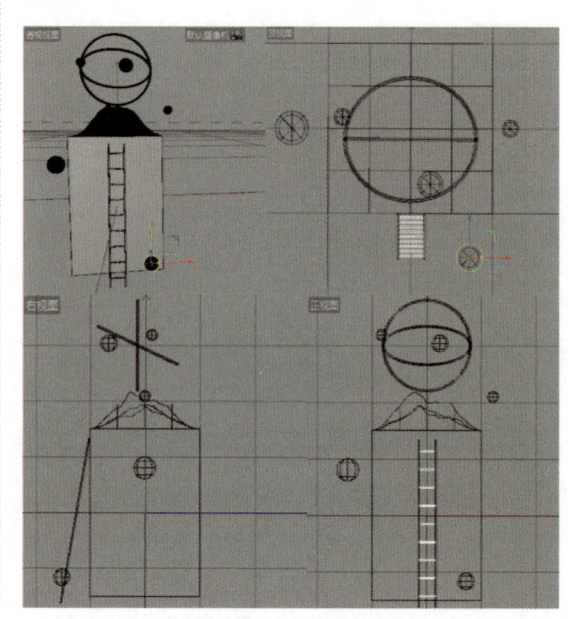

步骤/08 至此，本案例制作完成。

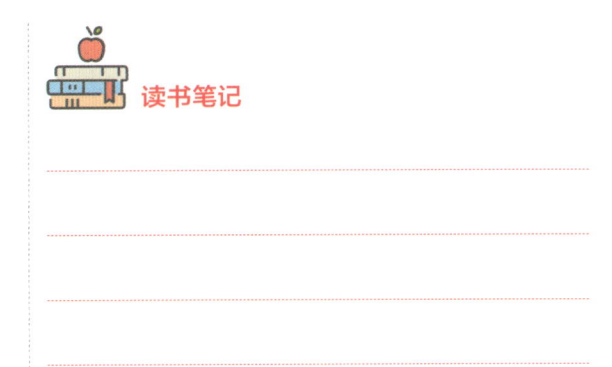

读书笔记

2.4 实操：创意装饰三维模型设计

2.4.1 设计思路

案例类型：

该案例通过Cinema 4D软件构建一枚悬挂的五角星模型，表面装饰以花朵图案与线条，展示三维装饰元素在电商广告与海报设计中的实际应用，适合用于节庆、品牌推广等场景。

项目诉求：

1）凸显节日氛围与品牌调性

通过悬挂的五角星模型，结合花朵图案与线条设计，打造出既能传递节日氛围又具有品牌辨识度的装饰元素。

2）满足多场景广告需求

模型设计以装饰性为主，能够灵活应用于电商首页、活动专题页、商品详情页等场景中，增强广告的整体美感与视觉吸引力。

3）提升广告设计的层次感

利用三维建模的立体效果和细节装饰，让电商广告的视觉层次更丰富，摆脱单一平面设计的局限。

设计定位:

1)定位于节庆及品牌装饰场景

该模型适用于电商广告中特定节庆活动(如春节、情人节、周年庆)或品牌宣传场景,强调节日氛围与品牌艺术性的结合。

2)聚焦广告装饰元素的创意性

通过五角星的花朵与线条装饰,强化创意与美感的表达,契合用户对独特装饰设计的审美需求,吸引更多消费者关注。

3)适配静态与动态广告

模型设计不仅适合作为静态装饰元素,也可以通过动态化处理(如悬挂晃动或旋转效果),为广告视频和互动页面增添趣味性和动态视觉效果。

2.4.2 项目实战

1. 使用"挤压"命令制作模型背景

步骤/01 在工具栏中长按 (样条画笔)按钮,在弹出的工具组中选择 (星形)工具,创建一个星形。创建完成后,单击进入"对象"|"属性"面板,设置"点"为5。

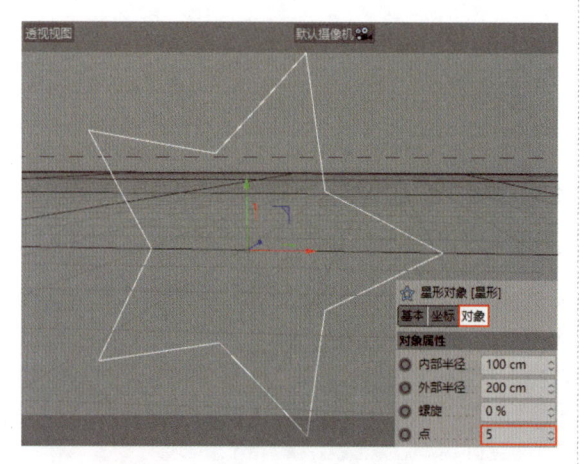

步骤/02 在"对象"选项卡中执行 (挤压)命令,接着按住鼠标左键并拖动创建的星形到"挤压"上,出现 图标时松开鼠标。

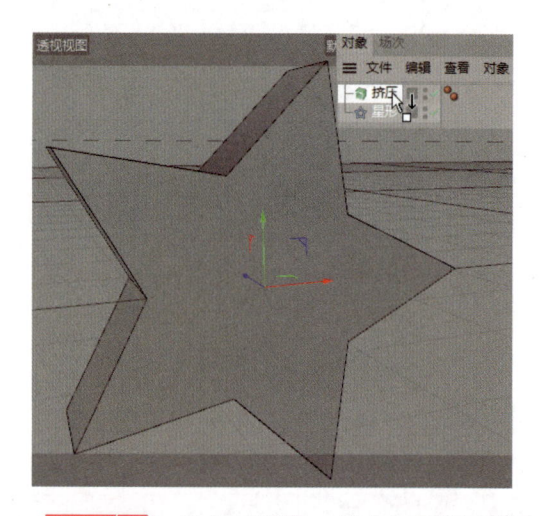

步骤/03 进入正视图,单击工具栏中的 (旋转)按钮,选中Z轴,待光标亮起时,按住Shift键的同时按住鼠标左键向左旋转-18°。

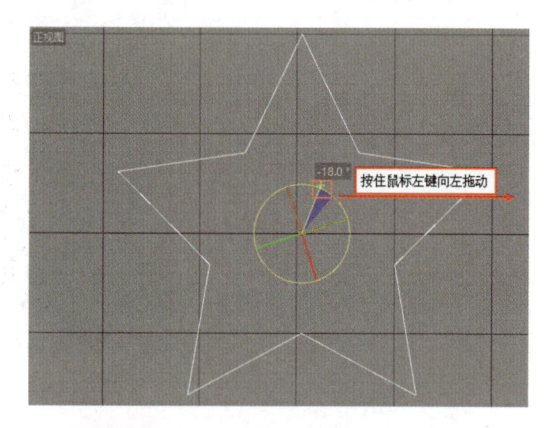

步骤/04 此时画面效果如下。

步骤/05 进入"对象"|"属性"面板,设置"偏移"为15cm。

2. 使用"扫描"和"样条画笔"工具制作表面纹样

步骤/01 在工具栏中长按 (样条画笔)按钮,在弹出的工具组中选择 (圆环)工具,创建一个圆环。创建完成后,进入"对象"|"属性"面板,设置"半径"为25cm。

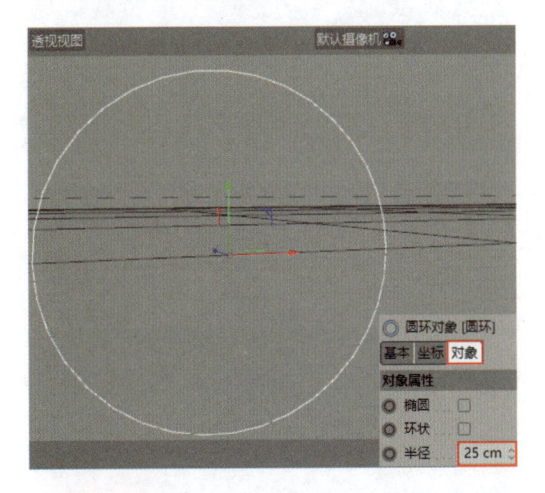

步骤/02 继续在工具栏中长按 (样条画笔)按钮,在弹出的工具组中选择 (星形)工具,创建一个星形图案。创建完成后,进入"对象"|"属性"面板,设置"内部半径"为3cm,"外部半径"为6cm。

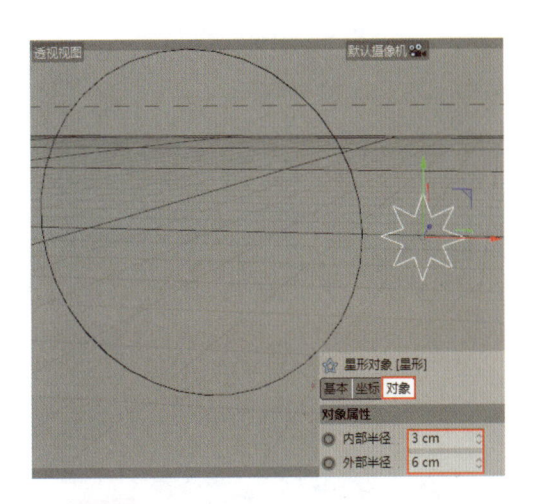

步骤/03 在工具栏中长按 (挤压)按钮,在弹出的工具组中选择 (扫描)工具,进入"对象"|"属性"面板,按住鼠标左键并拖动圆环到"扫描"上,出现↓图标时松开鼠标。

步骤/04 在"对象"选项卡中选择星形,按住鼠标左键将其拖动到"扫描"上,出现↓图标时松开鼠标。

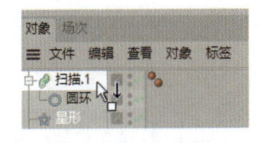

步骤/05 此时画面效果如下。

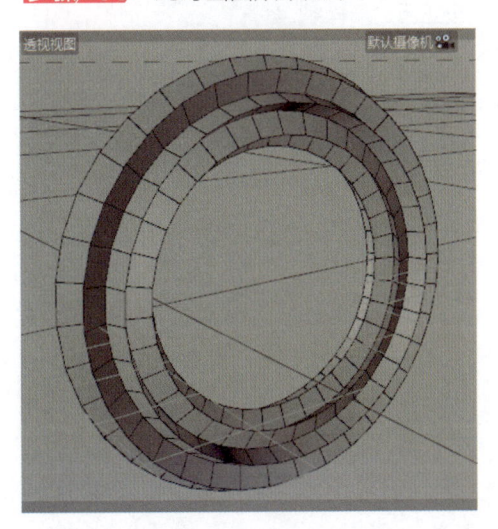

步骤/06 在正视图和顶视图中,将创建好的圆环沿坐标轴移动到星形中央。

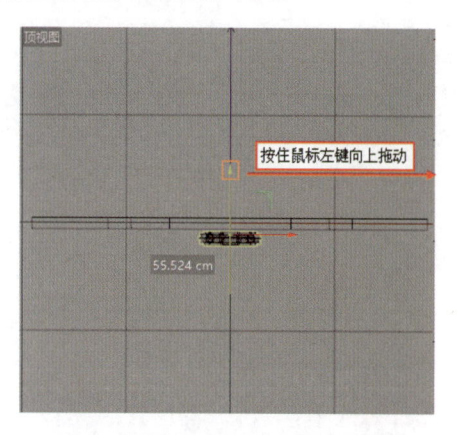

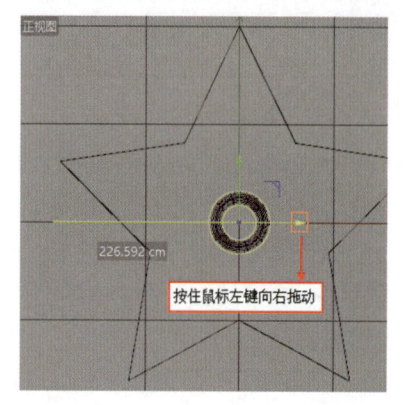

步骤/07 在工具栏中长按 ✏（样条画笔）按钮,在弹出的工具组中选择 ⬡（多边）工具,创建一个多边形。创建完成后,进入"对象"|"属性"面板,设置"半径"为50cm,"侧边"为5,此时得到一个正五边形样条。

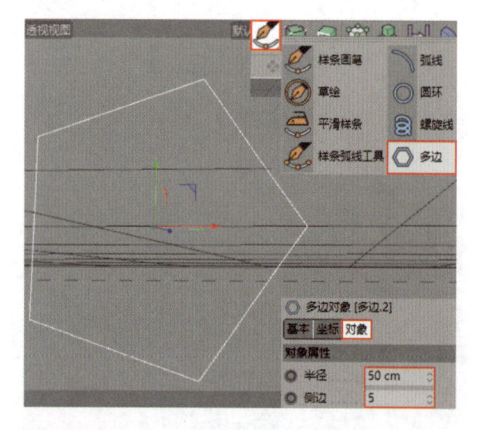

步骤/08 在左侧工具栏中单击 （转换为可编辑对象）按钮,然后单击 （点）按钮,此时正五边形变为可编辑锚点的图形。

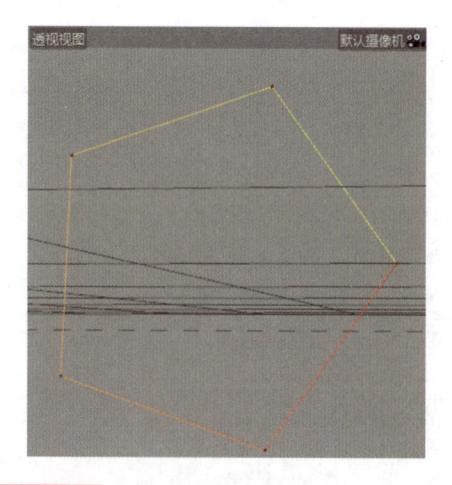

步骤/09 在正视图中拖动正五边形的其中一点,使其变成适合星形边角的不规则五边形。

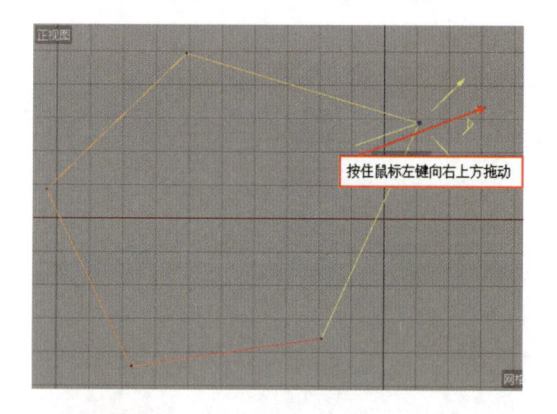

步骤/10 在工具栏中长按 ✏（样条画笔）按钮,在弹出的工具组中选择 ◯（圆环）工具,进入"对象"|"属性"面板,设置"半径"为3cm。

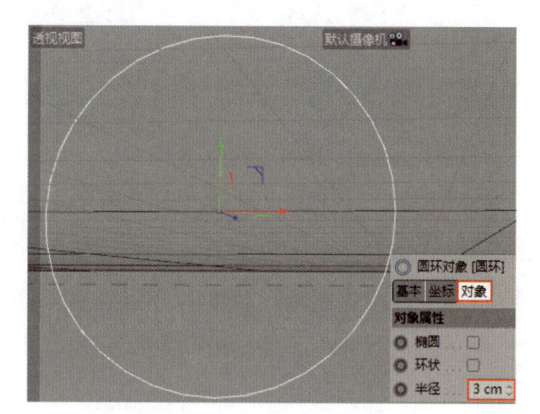

步骤/11 在工具栏中长按 按钮，在弹出的工具组中选择工具，进入"对象"选项卡，按住鼠标左键并拖动五边形到"扫描"上，出现↓图标时松开鼠标。继续在"对象"选项卡中按住鼠标左键并拖动圆环到"扫描"上，出现↓图标时松开鼠标。

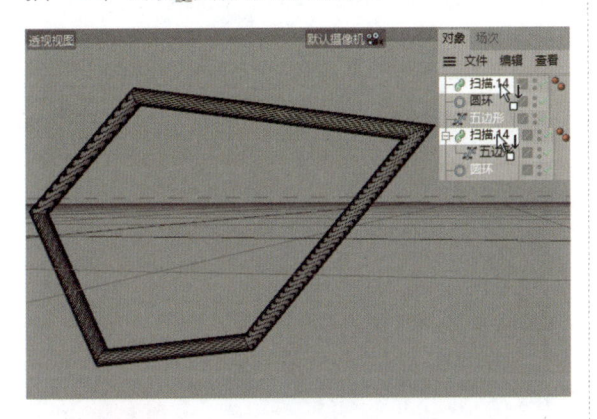

步骤/12 在正视图和顶视图中，将五边形沿坐标轴移动到星形上。

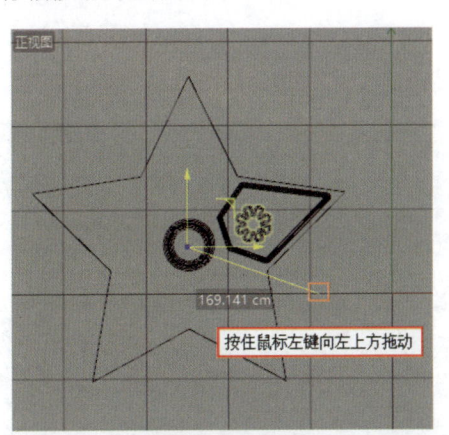

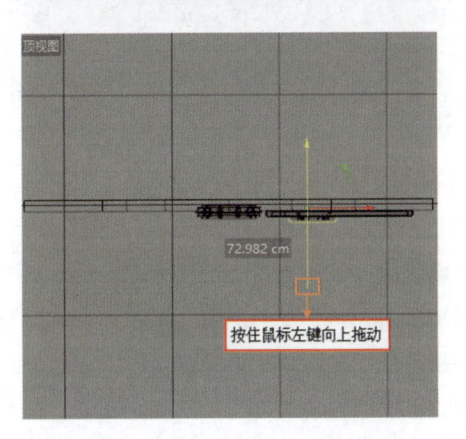

步骤/13 在工具栏中长按 按钮，在弹出的工具组中选择工具创建完成后，进入"对象"|"属性"面板，设置"内部半径"10cm，"外部半径"为20cm，此时得到一个花瓣形样条。

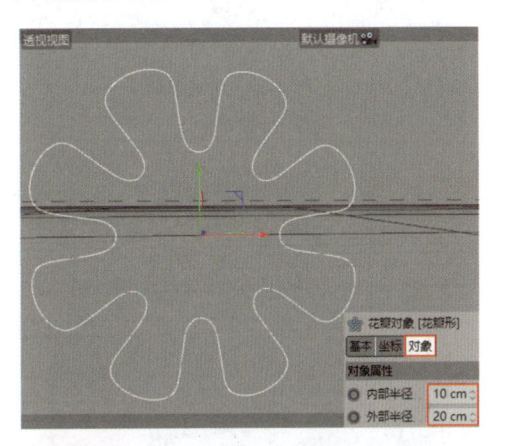

步骤/14 在工具栏中长按 按钮，在弹出的工具组中选择工具。创建完成后，进入"对象"|"属性"面板，设置"半径"为2cm，"侧边"为4，此时得到一个四边形样条。

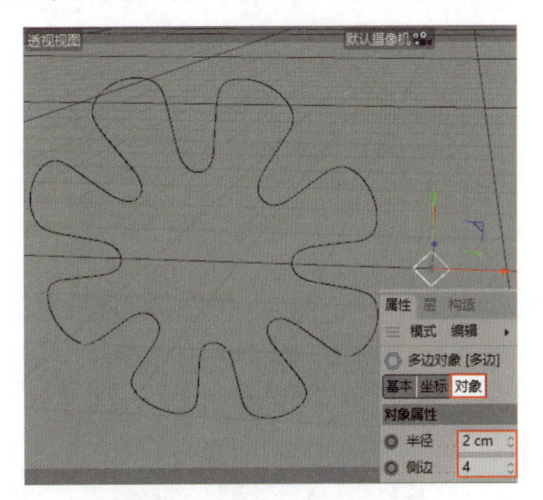

步骤/15 在工具栏中长按 按钮，在弹出的工具组中选择工具，进入"对象"选项卡，按住鼠标左键并拖动花瓣形到"扫描"上，出现↓图标时松开鼠标。继续在"对象"选项卡中按住鼠标左键并拖动四边形到"扫描"上，出现↓图标时松开鼠标。

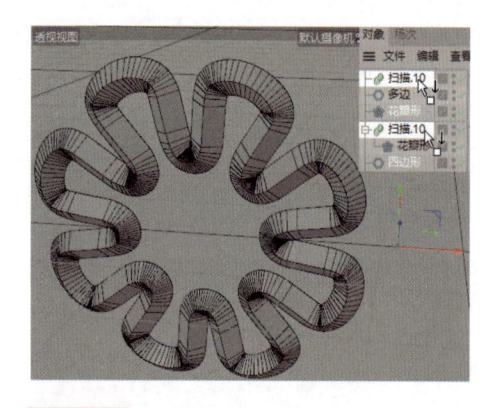

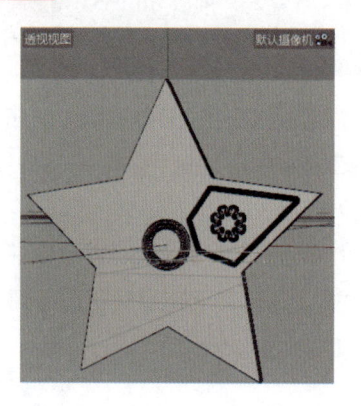

3. 制作边框和星形挂绳

步骤/01 在工具栏中长按 ✎（样条画笔）按钮，在弹出的工具组中选择 ☆（星形）工具。创建完成后，单击进入"对象"|"属性"面板，设置"点"为5。

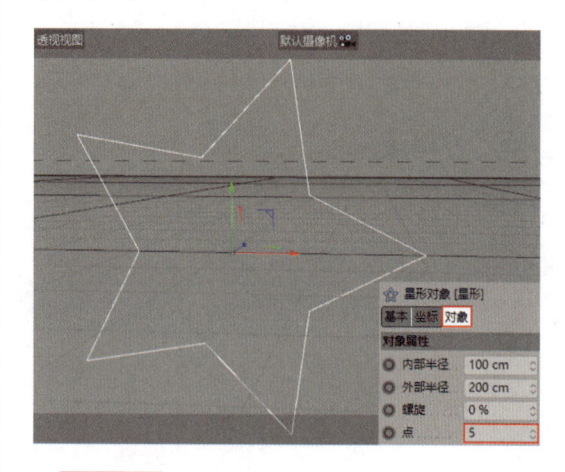

步骤/16 在正视图和顶视图中，将创建好的花瓣拖动到星形的五边形中。

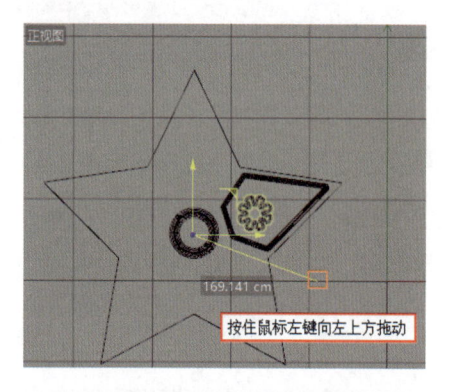

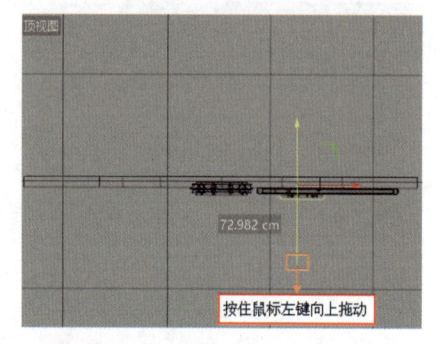

步骤/02 在工具栏中长按 ✎（样条画笔）按钮，在弹出的工具组中选择 ⬡（多边）工具。创建完成后，进入"对象"|"属性"面板，设置"半径"为6cm，"侧边"为5。

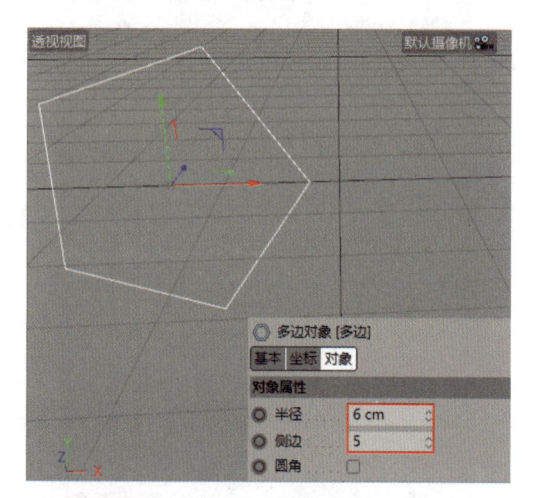

步骤/17 此时画面如下。

步骤/03 在工具栏中长按 ▣（挤压）按钮，在弹出的工具组中选择 ✎（扫描）工具，进入"对象"选项卡，按住鼠标左键并拖动星形到"扫描"上，出现⬇图标时松开鼠标。继续在"对象"选项卡中按住鼠标左键并拖动多边形到"扫描"上，出现⬇图标时松开鼠标。

第2章 电商广告与海报的三维设计

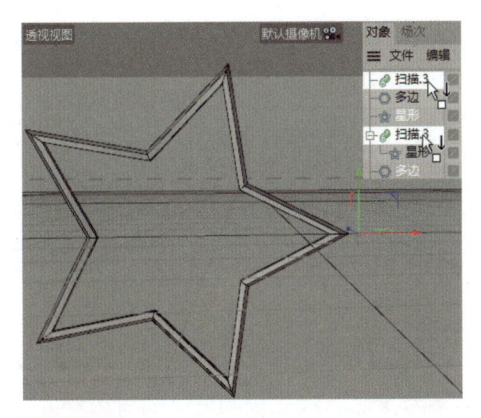

步骤/04 进入正视图，在工具栏中选择◎（旋转）工具，选中Z轴，待光标亮起时，按住Shift键的同时按住鼠标左键向左旋转-18°。

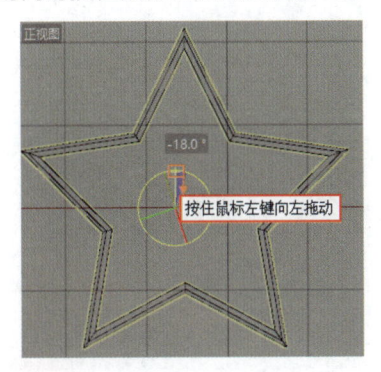

步骤/05 在正视图和顶视图中将旋转之后的边框拖动到星形背景上。

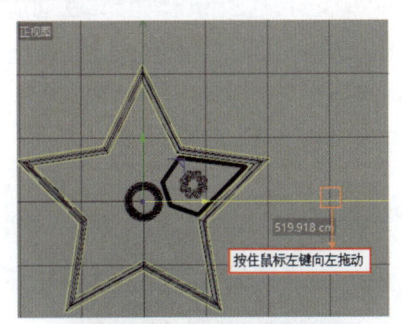

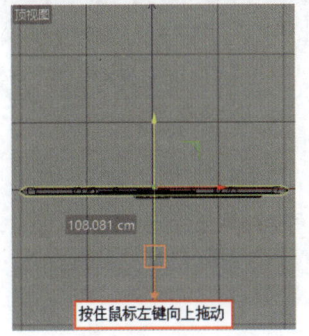

步骤/06 此时星形边框并没有将星形背景完全框住，因此，需在顶视图中将边框向上拖动复制一份。

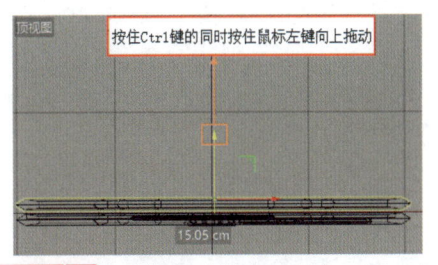

步骤/07 选择 （样条画笔）工具，在正视图中绘制一段蝴蝶结形状的线条，按Esc键完成绘制。

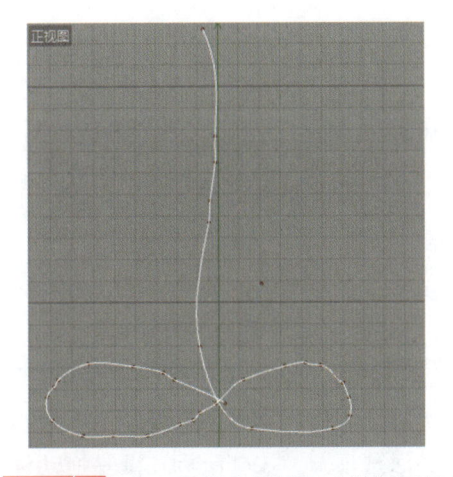

步骤/08 在工具栏中长按 （样条画笔）按钮，在弹出的工具组中选择 （圆环）工具。创建完成后，进入"对象"|"属性"面板，设置"半径"为1cm。

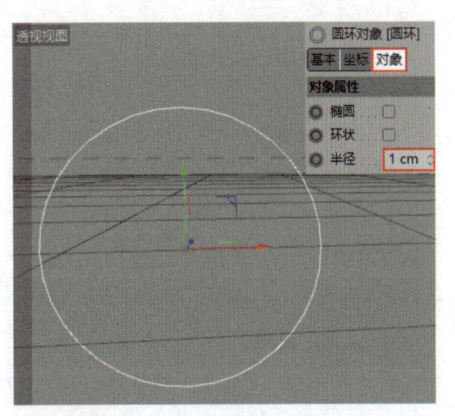

步骤/09 在正视图中，将创建好的圆环样

35

条向其右方及上方各复制一份。

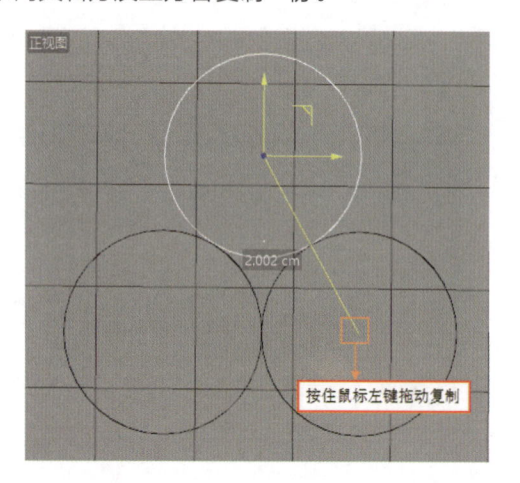

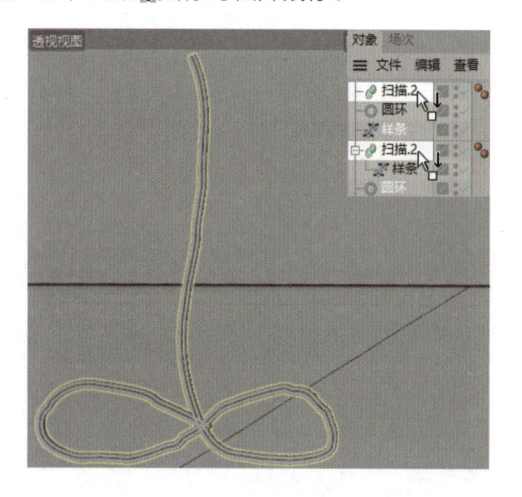

步骤/12 在正视图和顶视图中，将创建好的挂绳拖动到星形上方。

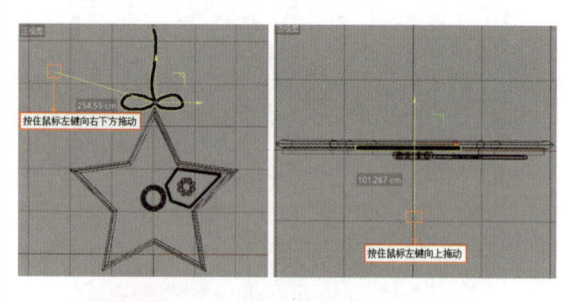

步骤/13 此时画面效果如下。

步骤/10 在工具栏中选择 ■（框选）工具，框选创建的3个圆环，并右击，在弹出的快捷菜单中选择"连接对象+删除"命令，连接圆环。

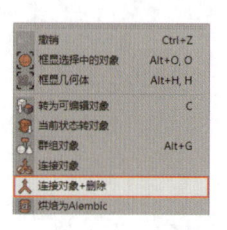

步骤/11 在工具栏中长按 ■（挤压）按钮，在弹出的工具组中选择 ■（扫描）工具，进入"对象"选项卡，按住鼠标左键并拖动样条到"扫描"上，出现 ↓ 图标时松开鼠标。继续在"对象"选项卡中按住鼠标左键并拖动圆环到"扫描"上，出现 ↓ 图标时松开鼠标。

4. 移动坐标轴，复制出其他纹样

步骤/01 按住Shift键连续单击四边形与花瓣，选中后单击左侧工具栏中的 ■（转换为可编辑对象）按钮，然后单击 ■（启用轴心）按钮，在正视图中拖动坐标轴至星形中心。

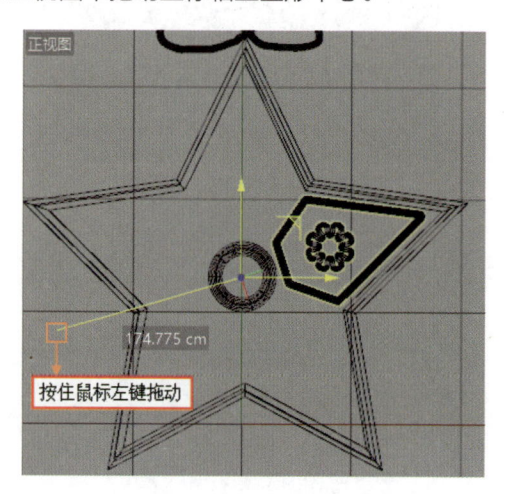

步骤/02 拖动完成后，再次单击 L（启用轴心）按钮，取消应用。在右侧"对象"栏中单击四边形，接着单击上方工具栏中的 ⊘（旋转）按钮，出现旋转坐标轴后，按住Ctrl键的同时按住Z轴连续旋转复制4个同样的纹样。花瓣纹样重复上述步骤即可得出。

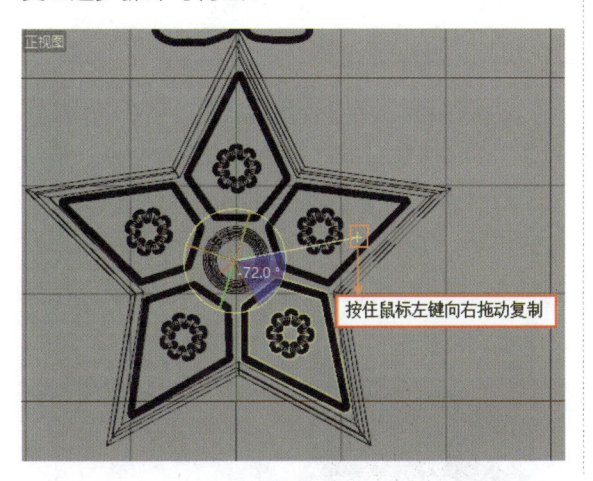

步骤/03 至此，本案例制作完成。

2.5 实操：三维立体文字墙设计

2.5.1 设计思路

案例类型：

本案例采用Cinema 4D三维软件制作一组具有立体效果的文字模型，内容为"MIRACULOUS GARDEN"，文字边缘设计了突出的效果，可以在电商广告与海报中作为主题标题或视觉中心。

项目诉求：

1）强化主题表达与吸引力

通过三维立体文字及突出的边缘效果，增强广告或海报中标题的视觉冲击力，确保观众能够快速聚焦并理解主题。

2）增加品牌高级感与识别度

立体文字的设计细节为广告增添层次感和艺术感，传递出品牌的高端调性，同时提高文字设计的辨识度和记忆点。

3）适配多元化电商场景

模型文字既可作为静态标题应用于首页、商品详情页，也可通过动态处理（如旋转或边缘发光效果）应用于宣传视频和交互页面。

设计定位：

1）定位于广告中的核心文字元素

文字内容"MIRACULOUS GARDEN"作为广告主题，通过三维建模和边缘突出设计成为视觉焦点，用于引导消费者情感共鸣与接收信息。

2）聚焦立体感与艺术细节

文字边缘的突出效果结合三维设计，赋予文字独特的质感与艺术性，展现创意文字排版的高级表达方式。

3）强调适配性与灵活性

文字模型可与背景场景、装饰元素进行多样化搭配，如自然风格、梦幻风格等，提升广告的整体视觉协调性和风格多样性。

2.5.2 项目实战

步骤/01 进入正视图，在工具栏中长按 （样条画笔）按钮，在弹出的工具组中选择 （矩形）工具，创建完成后，单击进入"属性"面板，设置"宽度"为3000cm，"高度"为1800cm。

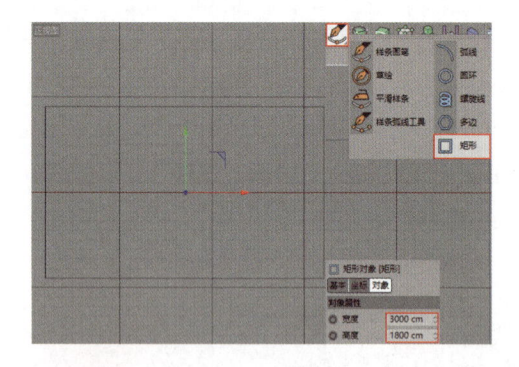

步骤/02 在工具栏中单击"挤压"按钮，进入"对象"选项卡，按住鼠标左键并拖动矩形到"挤压"上，出现 图标时松开鼠标。创建完成后，在"属性"面板中设置"方向"为"绝对"，"移动"为0cm、0cm、50cm。

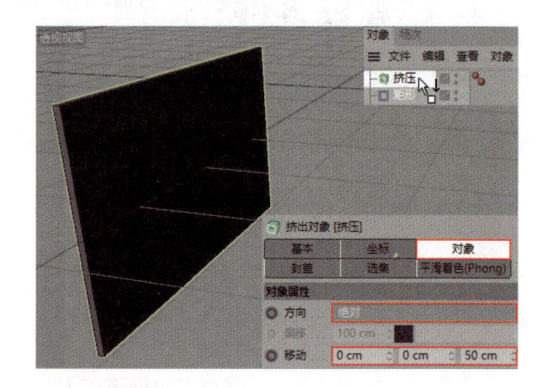

步骤/03 长按工具栏中的 （样条画笔）按钮，在弹出的工具组中选择 （文本样条）工具。设置完成后，进入"对象"|"属性"面板，输入文本"MIRACULOUS GARDEN"，设置"字体"为Arial Black，"对齐"为"中对齐"，"高度"为300cm，"水平间隔"为50cm，"垂直间隔"为10cm，"点插值方式"为"细分"。

第2章 电商广告与海报的三维设计

步骤/04 单击工具栏中的 ◎（挤压）按钮，在"对象"选项卡中按住鼠标左键并拖动文本到"挤压"上，出现↓图标时松开鼠标。

步骤/05 单击"对象"选项卡中的"挤压"选项，打开"属性"|"基本"选项卡，设置"显示颜色"为"开启"，在"颜色"中创建一种紫色。

步骤/06 在菜单栏中执行"创建"|"参数对象"|"胶囊"命令，创建完成后，进入"对象"|"属性"面板，设置"半径"为8cm，"高度"为180cm，"高度分段"为8，"封顶分段"为8，"旋转分段"为36。

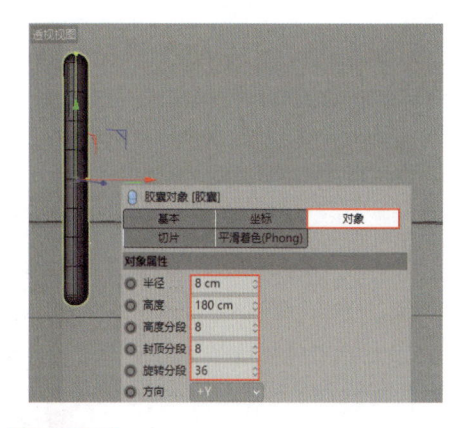

步骤/07 在正视图中，复制多份"胶囊"并调整相应的角度，再将其放入文本中的相应位置。

步骤/08 此时本案例制作完成。

读书笔记

2.6 实操：节庆主题礼品盒模型设计

2.6.1 设计思路

案例类型：

本案例通过Cinema 4D软件制作方形礼品盒模型，盒子以红色为主色调，缠绕着黄色的宽带装饰，顶部丝带由红色与黄色交织而成，整体设计充满节庆氛围，非常适合用作电商广告与海报的装饰或焦点元素。

项目诉求：

1）渲染节庆氛围

通过红黄色调的配色方案，传递喜庆、热烈的情感，契合节庆促销广告需求，吸引消费者关注并激发购买欲望。

2）突出广告核心产品

模型设计为礼品盒造型，象征节日或特别活动赠礼，能够有效强化广告中的情感关联和活动主题。

3）增强画面层次感与吸引力

礼品盒模型既可作为广告或海报的主视觉元素，也能作为点缀装饰，提升整体画面的丰富度与层次感。

设计定位

1）定位于节日促销与品牌活动

该模型适用于节日促销广告（如春节、圣诞节、周年庆）以及品牌礼品宣传场景，传递节庆氛围与品牌价值。

2）聚焦礼品盒象征意义

礼品盒代表惊喜与赠礼，通过红黄色调搭配的视觉冲击力，强化消费者对节日或活动的感知与参与感。

3）适配动态与静态广告

礼品盒模型可通过动态展示（如旋转或打开的动画效果），在电商广告视频中增强趣味性；静态模型则可用于促销海报或页面设计的核心装饰。

2.6.2 配色方案

主色：红色

模型采用红色作为盒子主色调，象征热情、喜庆，与节庆氛围高度契合，同时增强视觉吸引力。

辅助色：黄色

黄色宽带装饰象征明亮与幸福，搭配红色形成鲜明对比，同时保持视觉协调性。

2.6.3 项目实战

步骤/01 在菜单栏中执行"创建"|"参数对象"|"立方体"命令。创建完成后，单击进入"对象"|"属性"面板，设置"尺寸.X"为30cm，"尺寸.Y"为22.5cm，"尺寸.Z"为22.5cm，勾选"圆角"复选框，设置"圆角半径"为0.5cm，"圆角细分"为5。

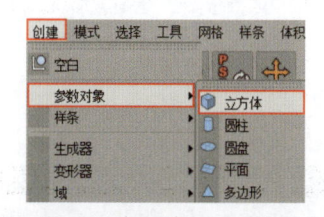

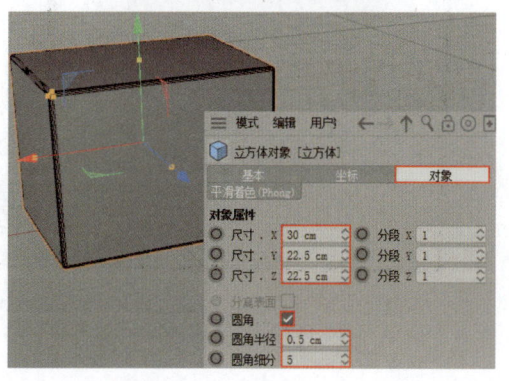

步骤/02 按住Ctrl键的同时按住鼠标左键，将其沿着X轴向右平移并复制。在左侧单击 （转换为可编辑对象）按钮，并单击 （多边形）按钮，然后按住Shift键在多边形上进行单击，依次选择多边形。

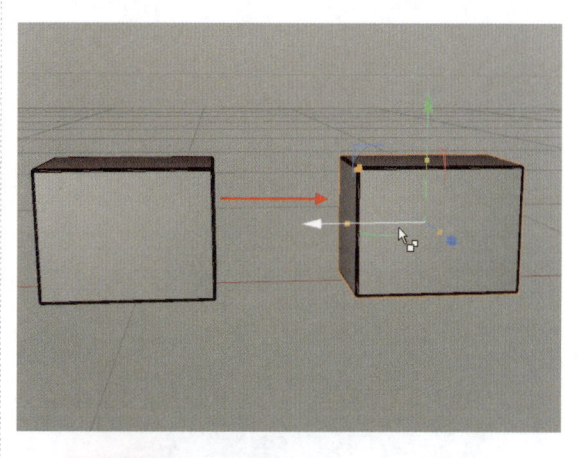

步骤/03 选择完成后，右击，在弹出的快捷菜单中选择"断开连接"命令。

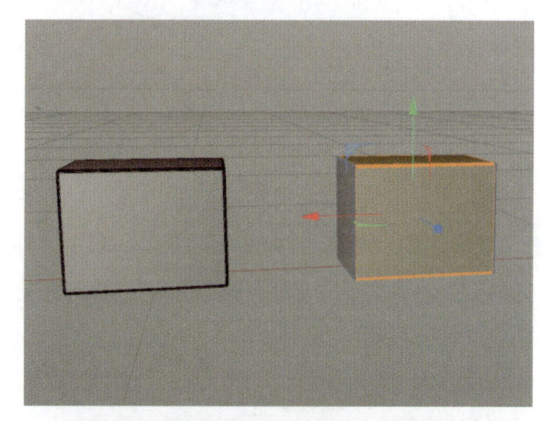

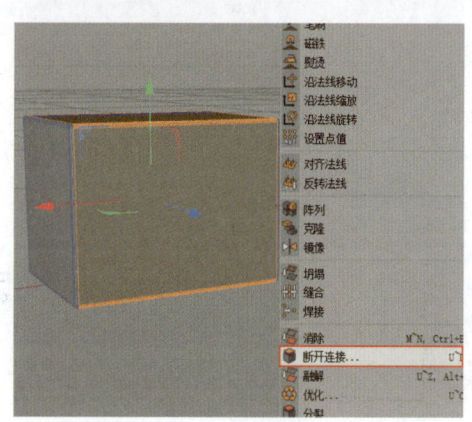

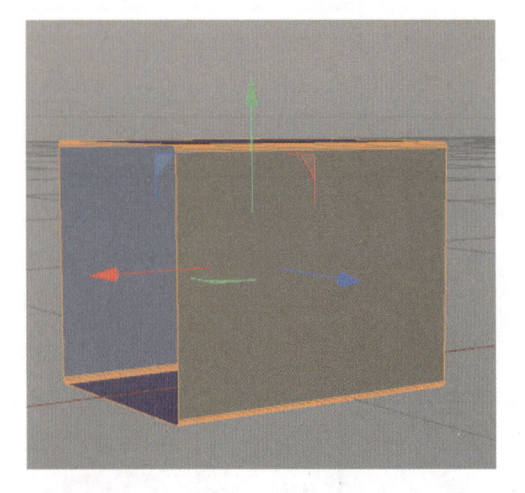

步骤/04 单击 ■（缩放）按钮，将其沿着x轴向内缩放。

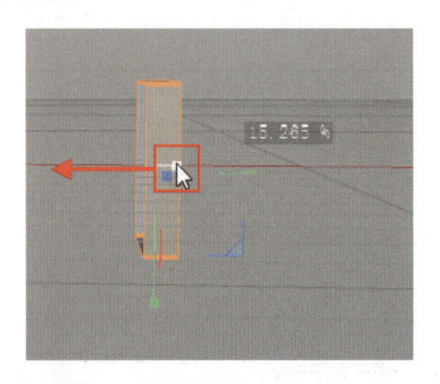

步骤/05 将其放置在合适的位置，然后右击，在弹出的快捷菜单中选择"挤压"命令。将光标定位在模型上，然后按住鼠标左键向外拖动，使其具有一定的厚度。

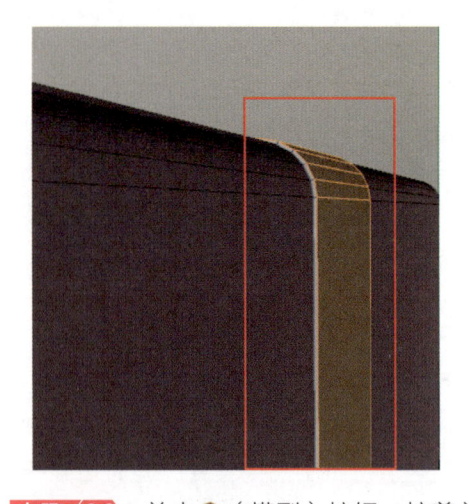

步骤/06 单击 ■（模型）按钮，接着单击 L（启用轴心）按钮，将轴心移动至合适的位置。再次单击 L（启用轴心）按钮，完成对轴心的设置。然后单击 ○（旋转）按钮，按住Ctrl+Shift键，将其沿着Y轴旋转90°。

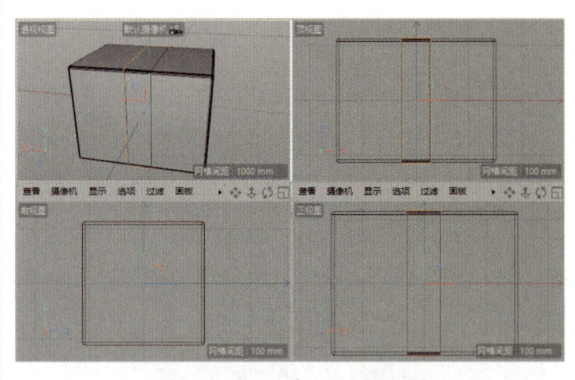

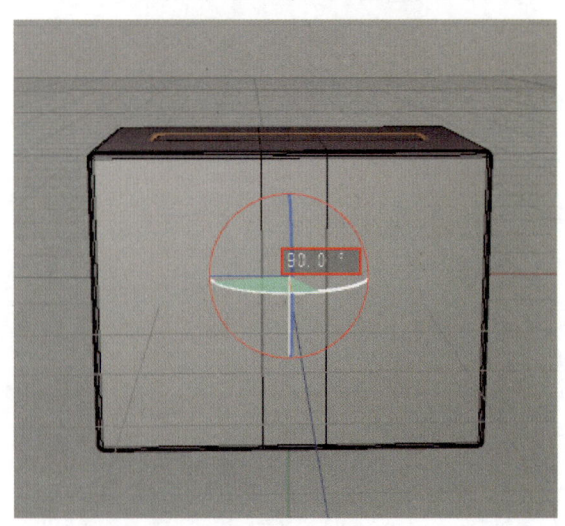

第2章 电商广告与海报的三维设计

步骤/07 释放鼠标后单击 ■（缩放）按钮，将其沿着Z轴进行缩放。

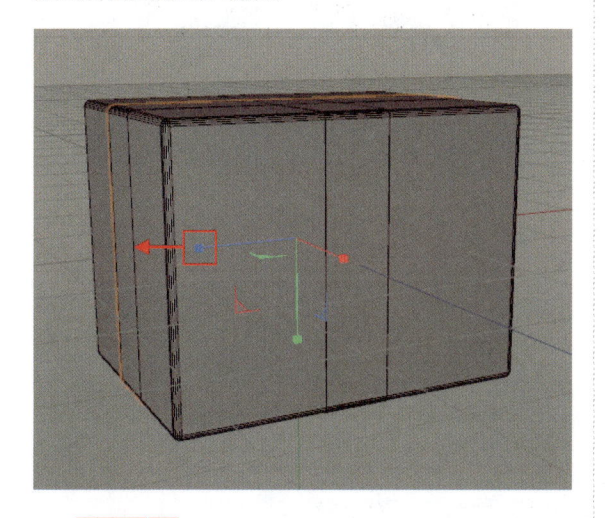

步骤/08 单击 ✎（样条画笔）按钮，接着进入正视图中，绘制闭合的样条线。

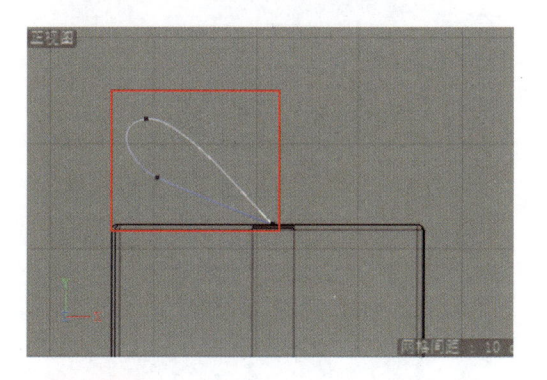

步骤/09 在菜单栏中执行"创建"|"生成器"|"挤压"命令。进入"对象"|"场次"|"内容浏览器"面板中，按住鼠标左键并拖动样条到"挤压"上，当出现↓图标时松开鼠标。

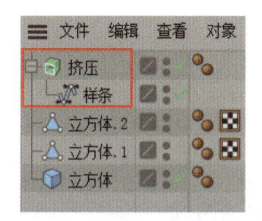

步骤/10 在"对象"|"场次"|"内容浏览器"面板中选中"挤压"的状态下，单击进入"对象"选项卡，设置"移动"最右边的数值为5cm。

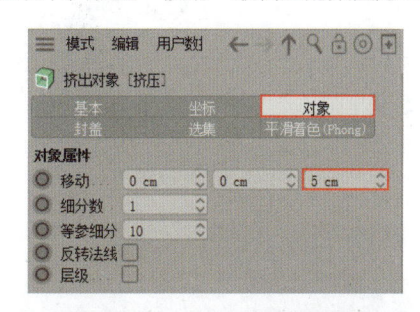

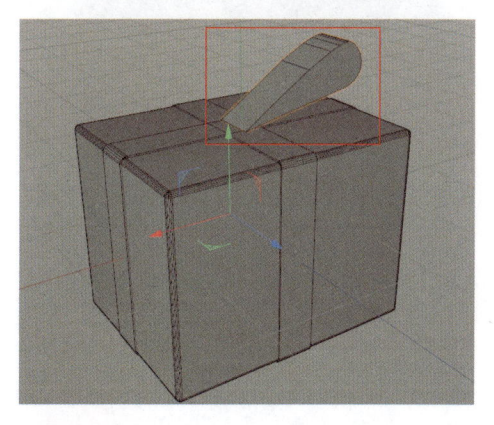

步骤/11 切换到"封盖"选项卡，取消勾选"起点封盖"和"终点封盖"复选框。

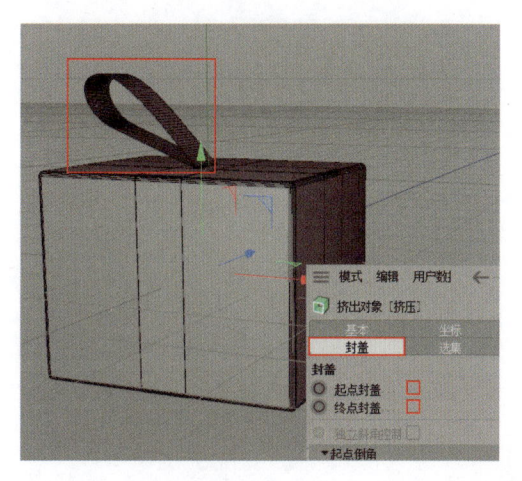

43

步骤/12 选中上一步创建的模型,接着将其沿着Y轴旋转90°并移动至合适的位置。然后使用同样的方式继续进行复制。

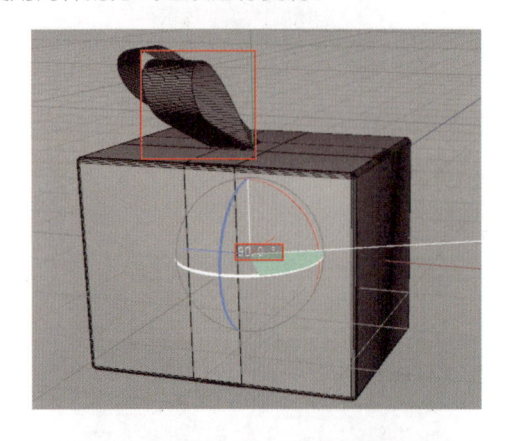

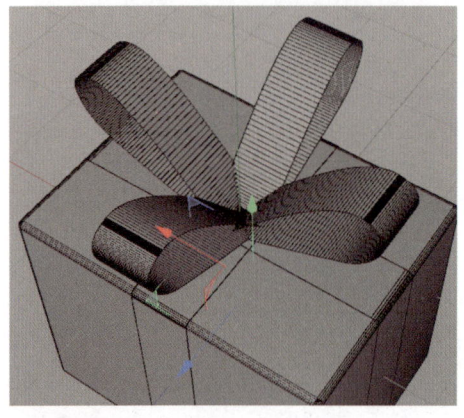

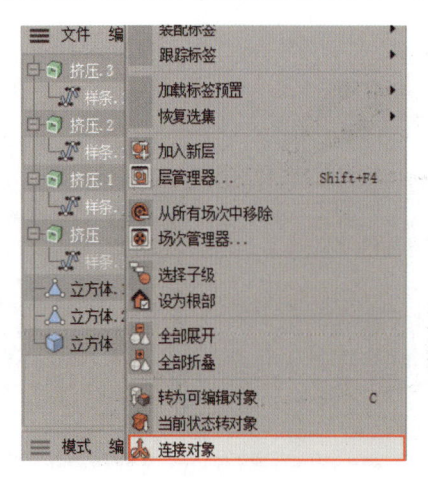

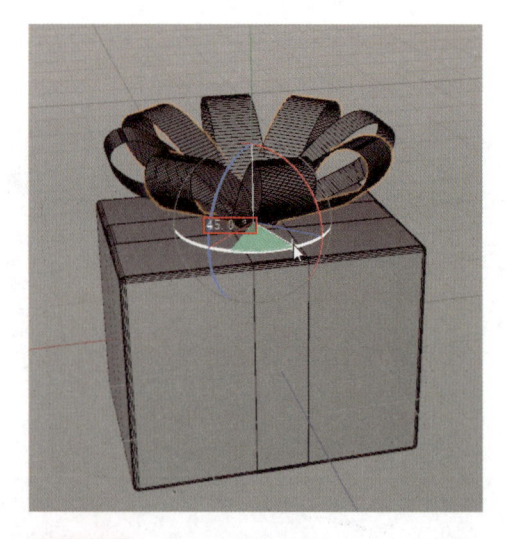

步骤/14 单击 ▣（缩放）按钮,将其均匀向内进行缩放,完成案例效果制作。

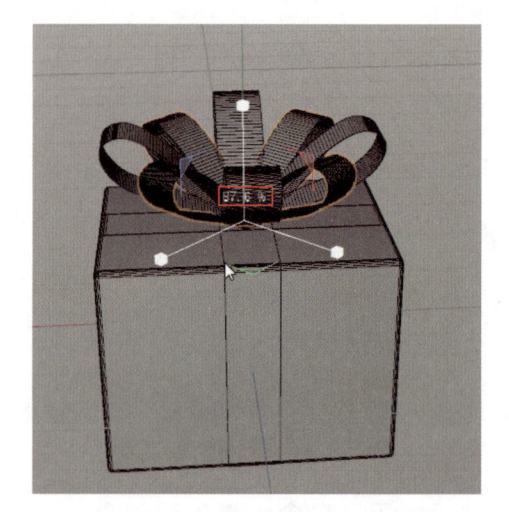

步骤/13 在"对象"|"场次"|"内容浏览器"面板中按住Shift键加选样条线,接着右击,在弹出的快捷菜单中选择"连接对象"命令。按住Ctrl+Shift键,将其沿着y轴复制并旋转45°。

2.7 实操：使用"灯光"特效制作强烈太阳光

2.7.1 设计思路

案例类型：

本案例通过Cinema 4D软件设置三盆植物的灯光效果，强调强光源在蓝色背景与黑色地面上的阴影投射，阴影边缘清晰不虚化，主要展示灯光在电商广告与海报设计中增强画面表现力的应用。

项目诉求：

1）突出产品与空间的立体感

通过强光源和清晰的阴影，提升植物在画面中的立体感与真实感，增强画面视觉层次感，吸引消费者的注意力。

2）营造品牌高级氛围

利用简洁配色与明暗对比，传递电商广告的质感与品牌调性，吸引高端消费群体。

3）提升广告的艺术表现力

通过灯光设计与阴影效果，赋予广告或海报艺术化的视觉体验，适配多种主题场景，如植物品牌推广或自然风格产品广告。

设计定位：

1）定位于高端电商广告与设计

案例适用于自然、环保类电商品牌或高端室内装饰品的广告设计，展现产品精致感与独特性。

2）聚焦灯光效果与空间构建

通过极简场景和高强度光源塑造产品主视觉，凸显广告的设计感与专业性，提升品牌辨识度。

3）适配静态与动态广告

灯光与阴影效果可在静态电商广告与海报中突出细节，也可通过光源移动在动态视频中实现丰富的光影变化。

2.7.2 灯光效果

1. 强光源定位

单侧或顶部强光照射，光线方向明确，突出植物的立体形态与细节质感。

2. 阴影清晰呈现

采用高强度光源，调整灯光角度，使阴影在蓝色墙面上呈现锐利边缘，与虚化阴影形成对比，增强画面冲击力。

3. 光影对比优化

通过调低黑色地面的反光率，提升光影对比度，确保植物与阴影成为画面的视觉焦点。

4. 配色与氛围协调

灯光色温偏冷，搭配蓝色背景与黑色地面，塑造出冷静、现代的氛围，契合高端电商广告需求。

2.7.3 项目实战

1. 渲染设置

步骤/01 打开本书配备的场景文件。

步骤/02 单击工具栏中的 ■（编辑渲染设置）按钮，开始设置渲染参数。设置"渲染器"为"物理"。单击"输出"选项，设置"宽度"为1200、"高度"为800，勾选"锁定比率"复选框；单击"抗锯齿"选项，设置"过渡"为Mitchell。

步骤/03 单击"物理"选项，设置"采样器"为"递增"；单击"全局光照"选项，设置"主算法"为"准蒙特卡罗（QMC）"，"次级算法"为"辐照缓存"，"采样"为"中"。

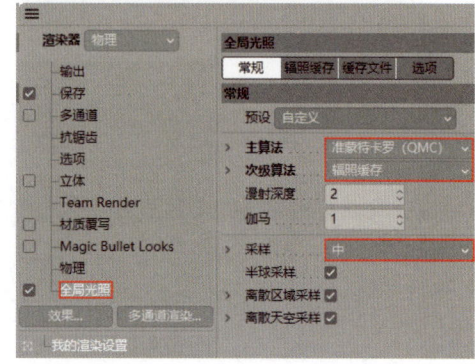

2. 创建"日光"

步骤/01 在菜单栏中执行"创建"|"灯光"|"日光"命令,在视图中创建一个"太阳光"。

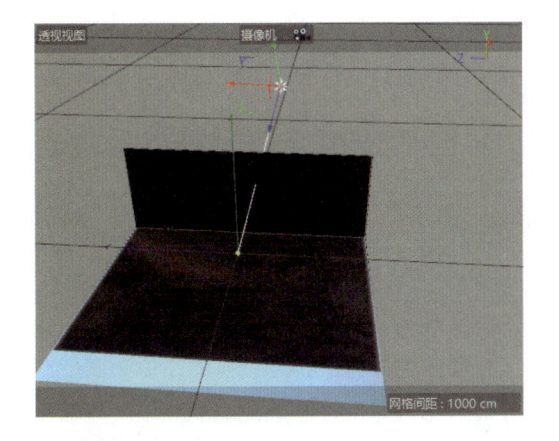

步骤/02 进入"对象"|"属性"|"太阳"面板,设置"纬度"为40°、0°、0°,"经度"为78°、0°、0°。

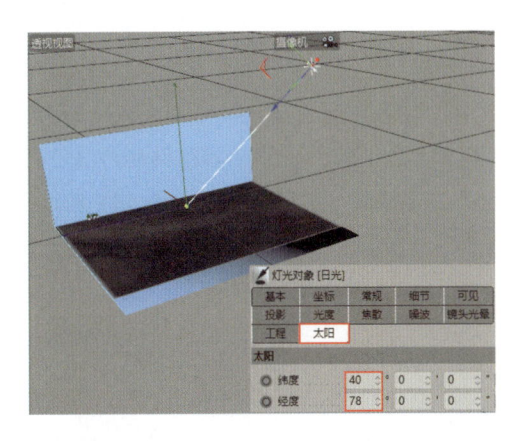

步骤/03 单击 ▶（渲染到图片查看器）按钮,渲染效果。

2.8 实操：制作渐变球材质

47

2.8.1 设计思路

案例类型：

本案例通过Cinema 4D软件制作大小不一的光滑三维球体，主要采用以橙色为主的彩色渐变材质，带有红色、紫色等暖色调，并结合蓝青色背景，与前景的透明玻璃质感三维文字形成对比，适用于电商广告与海报设计，展现青春活力与现代感。

项目诉求：

1）吸引消费者关注

通过明亮的渐变配色和质感细腻的三维材质，迅速吸引消费者目光，使广告画面充满吸引力与趣味性。

2）塑造品牌青春活力形象

暖色调渐变和球体的柔和光滑质感传递温暖与亲和力，蓝青色背景则提升整体时尚感，契合电商品牌年轻化定位需求。

3）增强画面的层次感与时尚感

大小不同与颜色渐变的球体搭配前景透明玻璃质感文字，构建层次丰富、极具现代设计感的广告画面。

设计定位：

1）定位于年轻消费群体的电商广告

本案例适用于食品类、饮料类、护肤品类等面向年轻消费群体的电商品牌广告，传递青春、活力和愉悦的视觉感受。

2）突出视觉美感与情感共鸣

材质与配色相结合，营造具有吸引力和情感共鸣的广告氛围，激发消费者的购买兴趣。

3）适配多平台与多媒介推广

该设计可应用于静态海报、电商平台主图，或通过动态材质变化，用作视频广告与社交媒体宣传。

2.8.2 材质效果

1. 球体材质设计

球体表面采用高光滑感材质，带有橙色为主的渐变效果，融入红色、紫色等辅助色调，营造暖色系的视觉冲击力，同时增强材质的食欲感和吸引力。

2. 文字材质设计

前景文字采用透明玻璃质感，结合柔和的光线与反射效果，使文字轻盈且富有空间感，与背景的球体形成鲜明对比。

3. 背景与材质对比

背景选用蓝青色，与球体的暖色渐变形成强烈冷暖对比，既保证画面的时尚感，又能强化视觉中心。

4. 光影细节优化

通过调整光照方向与强度，在球体与背景的接触区域形成微妙阴影，进一步增强球体的立体感与画面层次感。

2.8.3 项目实战

1. 制作"BANJI-玻璃"材质

步骤/01 打开本书配备的场景文件。

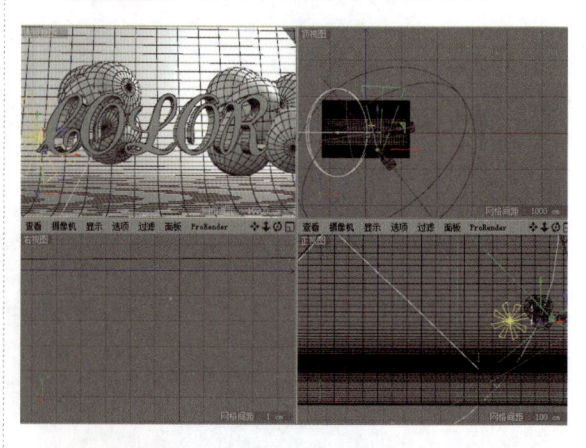

步骤/02 在材质管理器面板中执行"创建" | "着色器" | "BANJI-玻璃"命令。在材质管理器面板的空白区域出现一个"BANJI-玻璃"材质球。

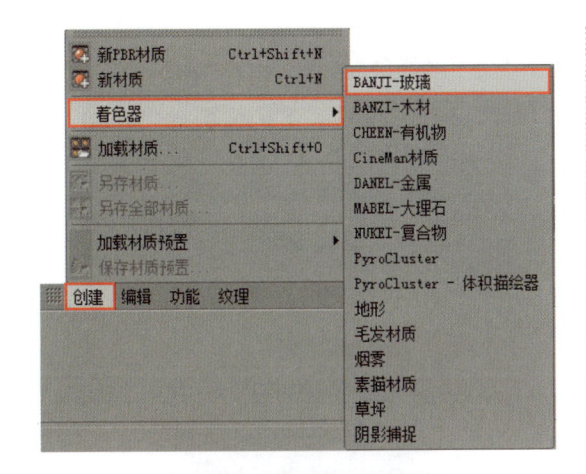

步骤/03 在材质管理器面板中使用鼠标左键双击该材质球，打开"材质编辑器"窗口，将材质命名为"玻璃材质"。在左侧侧边栏中，取消勾选"高光1"和"环境"复选框。在"漫射"层级下，设置"表面颜色"为蓝色，"表面光照"为50%，"体积颜色"为绿色，"体积光照"为150%，"投影透明"为20%。

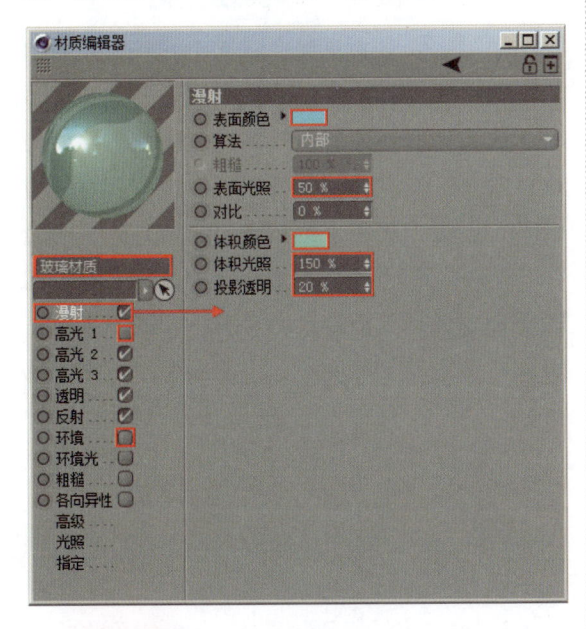

步骤/04 在左侧侧边栏中勾选"高光2"复选框，设置"强度"为50%，"尺寸"为6%，"闪耀"为100%，"衰减"为100%。

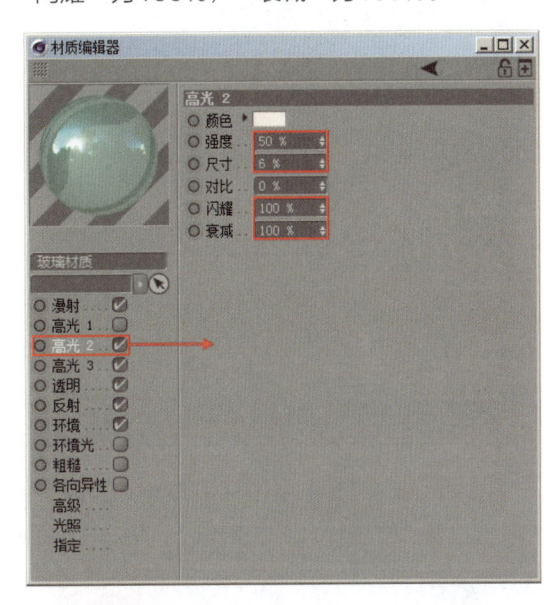

步骤/05 在左侧侧边栏中勾选"高光3"复选框，设置"颜色"为荧光绿。

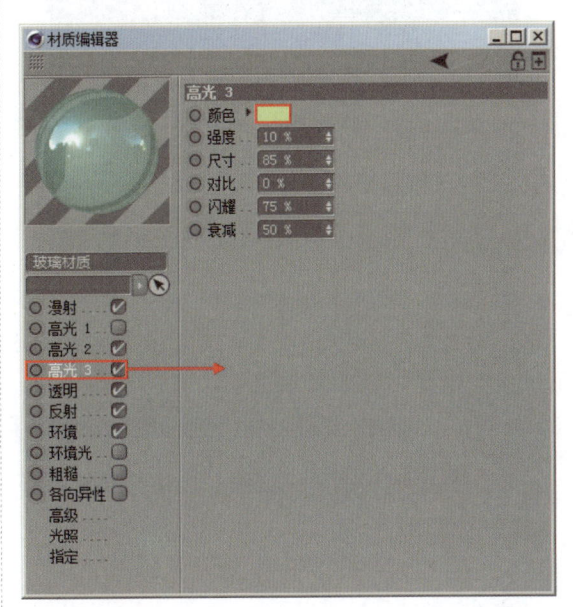

步骤/06 在左侧侧边栏中勾选"透明"复选框，设置"前边透明"为10%，"后边透明"为4%，"边缘透明"为35%，"折射指数"为1.2。

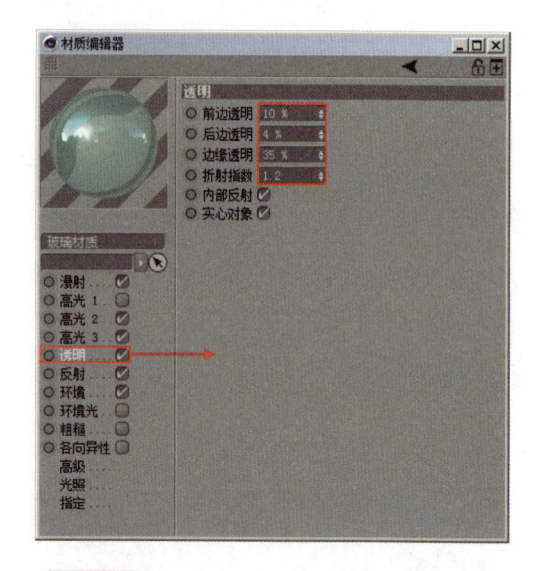

步骤/07 在左侧侧边栏中勾选"反射"复选框，设置"反射颜色"为青色，"反射边缘颜色"为淡黄色。

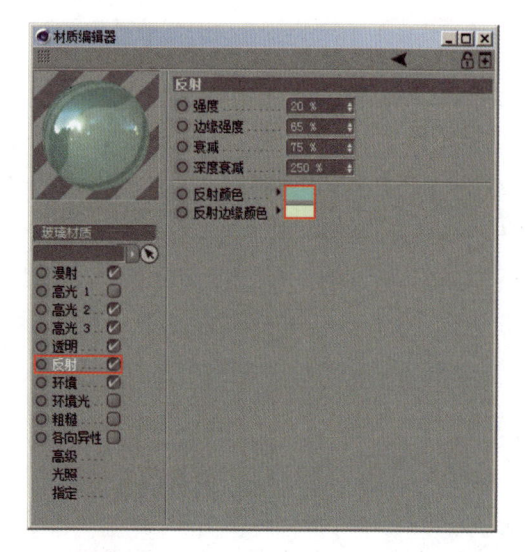

步骤/08 将调节完成的"玻璃材质"赋予场景中的模型。

2. 制作彩球材质

步骤/01 在材质管理器面板中执行"创建"｜"新材质"命令。在材质管理器面板的空白区域出现一个材质球。

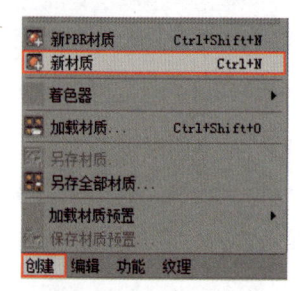

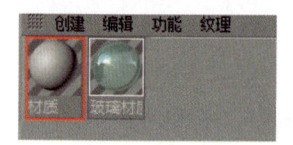

步骤/02 在材质管理器面板中使用鼠标左键双击该材质球，打开"材质编辑器"窗口，将材质命名为"彩球材质"。在左侧侧边栏中勾选"发光"和"透明"复选框，在"颜色"层级下，设置【颜色】为橙色（H为17°，S为77%，V为98%）。接着单击"纹理"右边的按钮，选择"渐变"，单击下方的效果框，选择"着色器"选项卡，设置渐变颜色为彩色

读书笔记

渐变，并设置渐变的"类型"为"二维-圆形"。

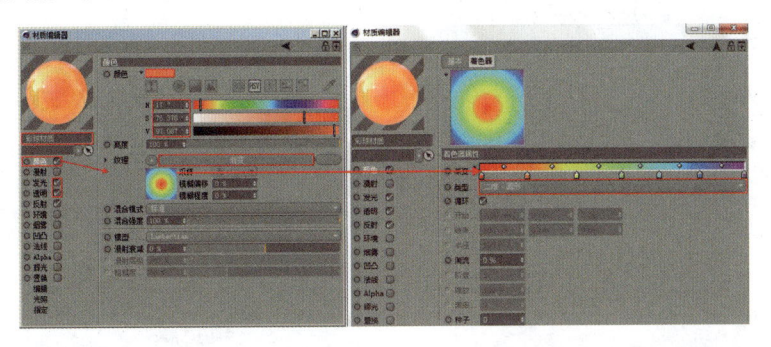

步骤/03 在左侧侧边栏中勾选"发光"复选框，设置"反射颜色"为橙色（S为100%）。

步骤/04 在左侧侧边栏中勾选"透明"复选框，设置"颜色"为暗橙色，H为27°，S为51.969，V为81.553。

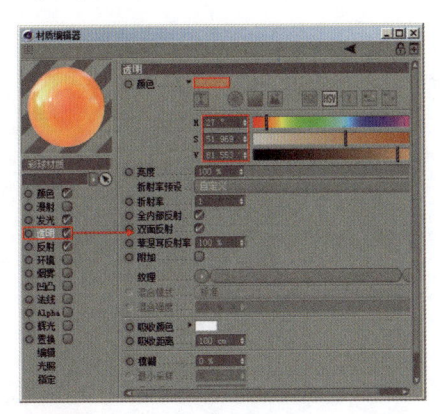

步骤/05 在左侧侧边栏中勾选"反射"复选框，单击"添加"按钮，在弹出的列表中选择"反射（传统）"选项。接着双击 层1 按钮，将其命名为"默认反射"。

步骤/06 在"默认反射"下设置"粗糙度"为9%，"反射强度"为100%，"高光强度"为0，"凹凸强度"为100%，单击"纹理"右边的 按钮，设置纹理为"菲涅尔（Fresnel）"。

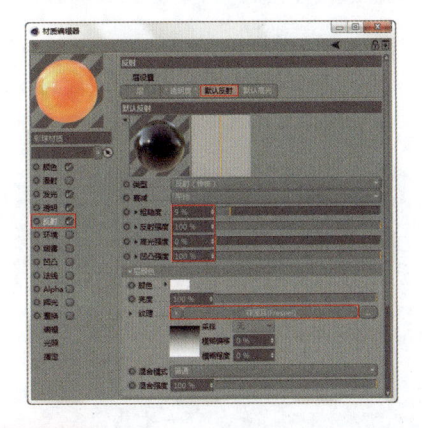

步骤/07 单击"透明度"标签，设置"类型"为"反射（传统）"，"粗糙度"为9%，"反射强度"为100%，"高光强度"为0，"凹凸强度"为100%。

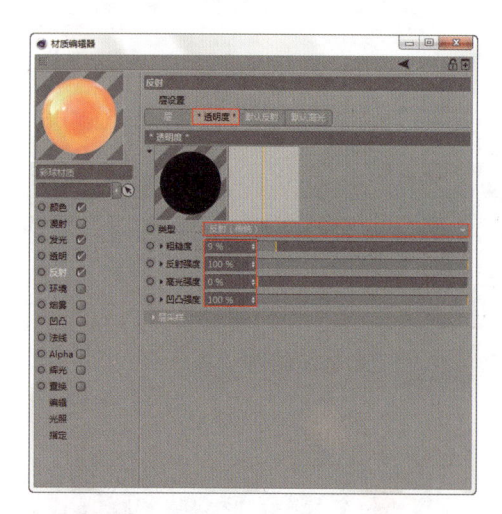

步骤/08 将调节完成的"彩球材质"赋予场景中的模型。

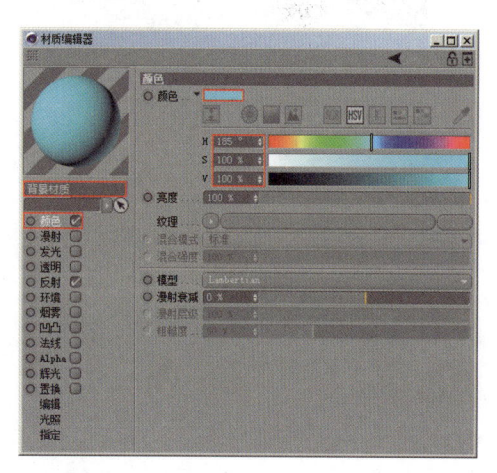

步骤/02 将调节完成的背景材质赋予场景中的模型。

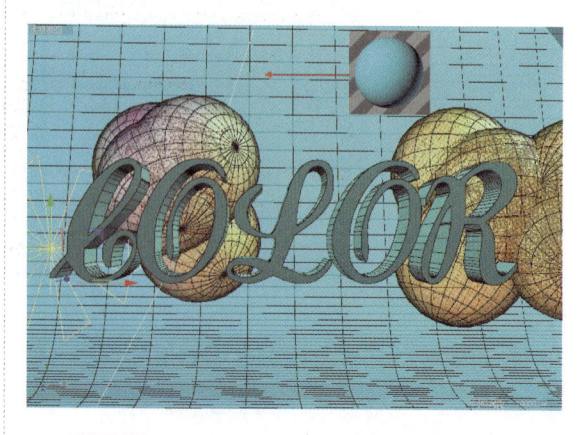

步骤/03 最终渲染效果如下。

3. 制作背景材质

步骤/01 再次创建一个材质球,双击打开"材质编辑器"窗口,并将其命名为"背景材质"。在左侧侧边栏中勾选"颜色"复选框,设置"颜色"为蓝色。

读书笔记

2.9 实操：制作石榴材质

2.9.1 设计思路

案例类型：

本案例通过Cinema 4D软件制作逼真的红石榴材质效果，结合深色低饱和度的桌面背景，展现水果的质感与色彩对比。该设计主要用于电商广告与海报，突出产品的真实感与高品质形象。

项目诉求：

1）突出产品的真实感与新鲜感

通过高还原度的石榴质感与明暗对比，体现水果的鲜美与饱满，增强消费者的食欲感和购买欲。

2）构建高端品牌视觉形象

以深色桌面作为背景，与鲜红的石榴形成色彩对比，传递高品质与专业感，适配高端水果电商或健康食品品牌。

3）提升广告的艺术表现力

通过细腻的材质表现与光影设计，将静态水果呈现为具有艺术氛围的视觉主体，增强广告的感染力和记忆点。

设计定位：

1）定位于高端电商水果广告

本案例适用于精品水果品牌广告，尤其适用于主打高品质和健康理念的电商品牌。

2）强调真实感与情感共鸣

红石榴质感逼真，结合深色背景营造氛围，既能满足消费者对产品真实感的期待，又可以激发健康与自然的情感共鸣。

3）适配电商主图与宣传海报

设计适用于电商平台的主图和详情页，也可延展为线下海报、宣传册封面等，展示品牌调性和产品特色。

2.9.2 材质效果

1. 石榴材质设计

石榴表面细节丰富，呈现出逼真的颗粒质感与光泽。通过高光增强水果的鲜嫩感，同时调整反射光线，强调石榴饱满且充满汁水的质感。

2. 桌面材质设计

深色低饱和度的桌面材质，表面略带粗糙质感，与石榴的光滑表面形成对比，同时降低背景干扰，突出主体。

3. 色彩对比与和谐

石榴的鲜红色与桌面的深色形成强烈对比，色彩搭配明暗分明，突出视觉层次感，同时营造高端氛围。

4. 光影优化

调整灯光角度使石榴产生柔和阴影，增强立体感。桌面反射光控制在低强度范围内，以提升画面的质感统一性。

2.9.3 项目实战

1. 渲染设置

步骤/01 打开本书配备的场景文件。

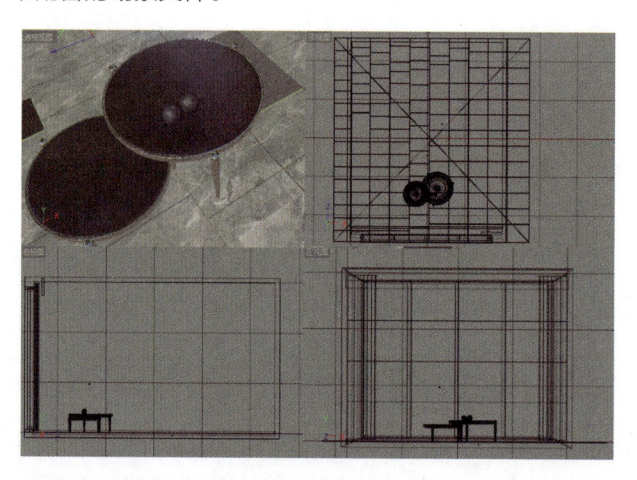

步骤/02 单击工具栏中的 ■（编辑渲染设置）按钮，开始设置渲染参数。设置"渲染器"为"物理"。单击"输出"，设置"宽度"为1500、"高度"为915，勾选"锁定比率"复选框。单击"抗锯齿"，设置"过渡"为Mitchell。

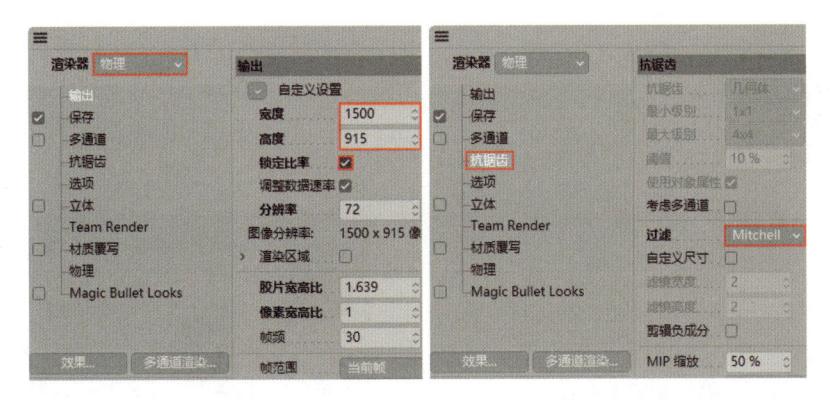

步骤/03 单击"物理",设置"采样器"为"递增"。接着单击"效果",在弹出的菜单中选择"全局光照"选项,设置"主算法"为"准蒙特卡洛(QMC)","次级算法"为"辐照缓存","采样"为"高"。

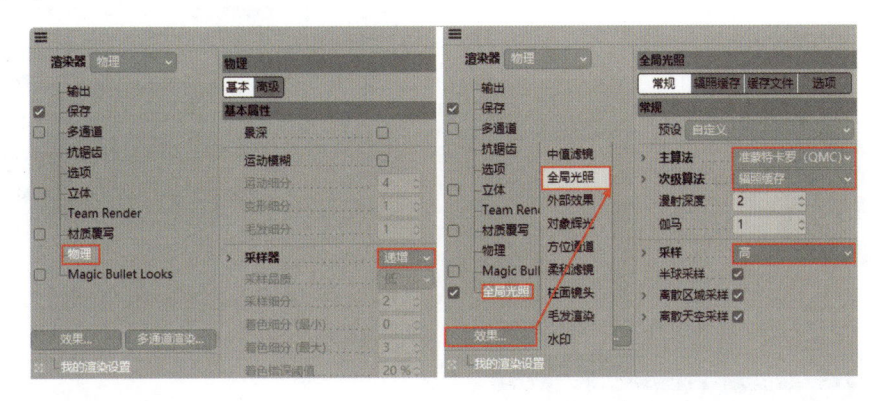

2. 创建石榴材质贴图

步骤/01 执行"创建"|"材质"|"新的默认材质"命令,此时新建一个材质球,将其命名为"石榴"。双击该材质球,进入材质编辑器修改参数。勾选"颜色"复选框,单击"纹理"右边的图标,在打开的下拉列表中选择"加载图像"选项,并添加本书配备的位图贴图"石榴1.png"。

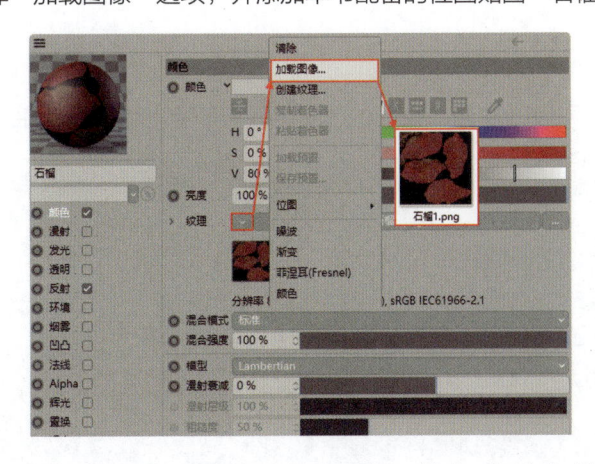

步骤/02 勾选"反射"复选框,并进入该操作面板,单击"添加"按钮,在弹出的列表中选择"反射(传统)"选项。

步骤/03 随后进入该操作面板，设置"粗糙度"为20%，"反射强度"为200%，"高光强度"为50%，"亮度"为10%。

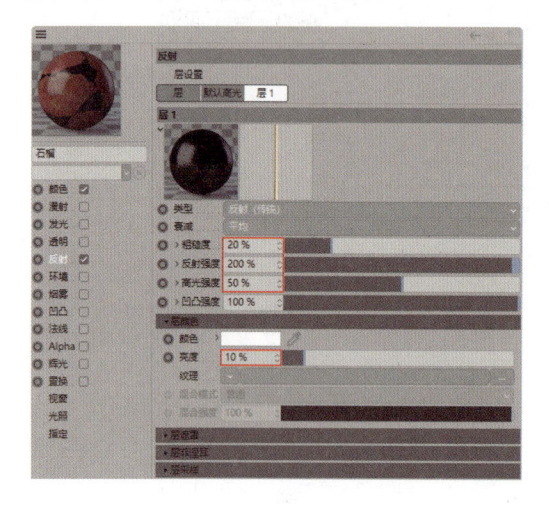

步骤/04 单击"默认高光"标签，设置"宽度"为55%。单击"纹理"右边的图标，在打开的下拉列表中选择"加载图像"选项，并添加本书配备的位图贴图"石榴2.png"。

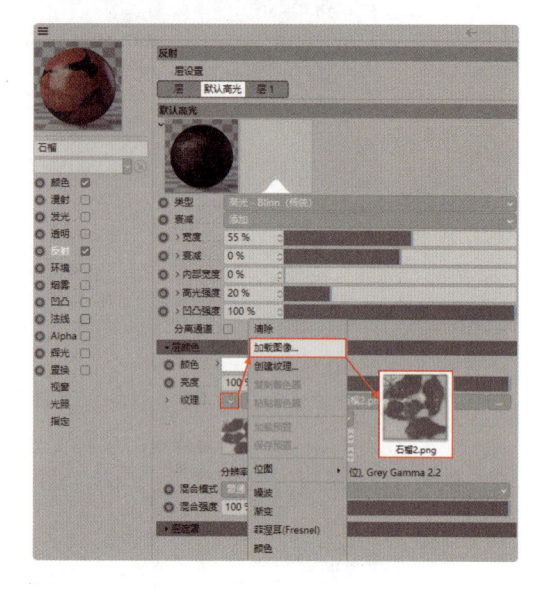

读书笔记

步骤/05 勾选"法线"复选框并进入其操作面板，单击"纹理"右边的图标，在打开的下拉列表中选择"加载图像"选项，并添加本书配备的位图贴图"石榴3.png"，然后设置"强度"为130%。

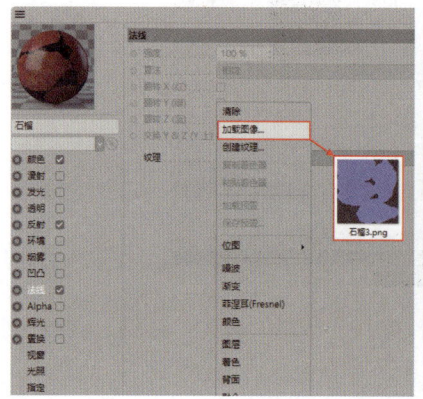

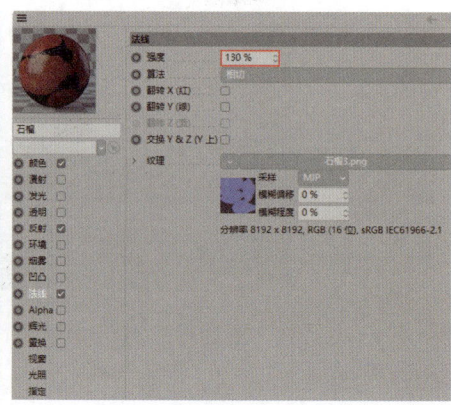

步骤/06 创建完成后，将该材质拖动至视图中石榴的位置上。

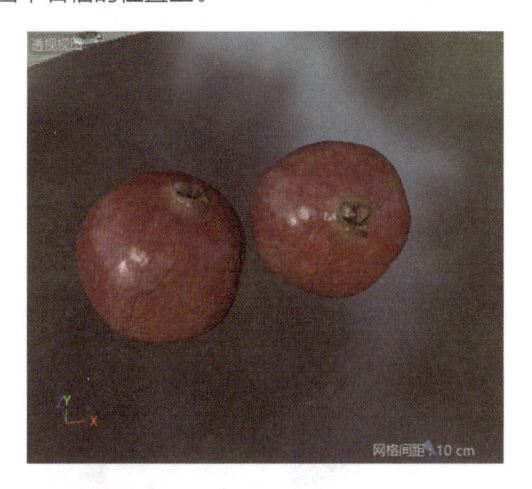

3. 创建灯光

步骤/01 在菜单栏中执行"创建"|"灯光"|"区域光"命令，创建完成后，进入"对象"|"属性"面板，单击"常规"标签，设置"强度"为40%。

步骤/02 单击"细节"标签，设置"外部半径"为150cm，"垂直尺寸"为260cm。

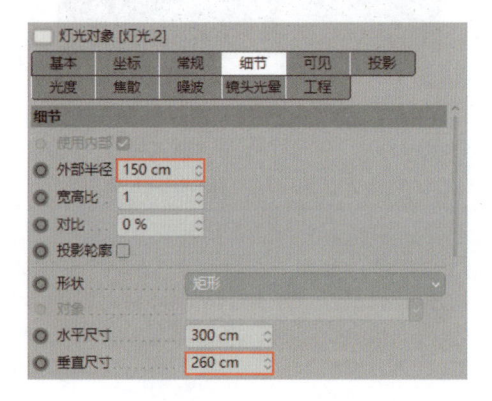

步骤/03 创建完成后，在视图中将该灯光拖动到合适的位置上。

步骤/04 在菜单栏中执行"创建"|"灯光"|"区域光"命令，创建完成后，进入"对象"|"属性"面板，单击"常规"标签，设置"强度"为30%。

步骤/05 接着单击"细节"标签，设置"外部半径"为150cm，"垂直尺寸"为260cm。

步骤/06 创建完成后，在视图中将该灯光拖动到合适的位置上。

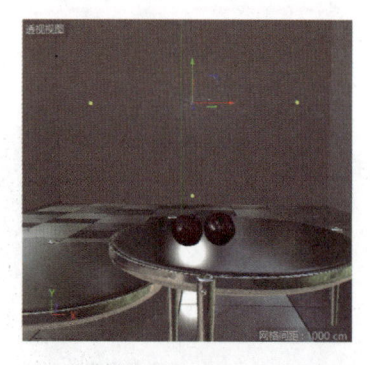

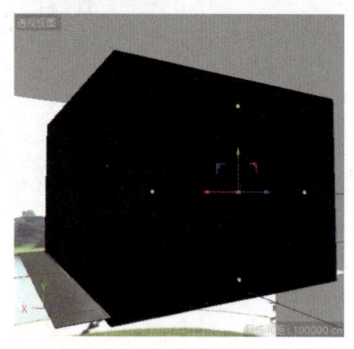

> **步骤/07** 在菜单栏中执行"创建"|"灯光"|"无限光"命令,创建完成后,进入"对象"|"属性"面板,单击"常规"标签,设置"颜色"为金黄色,"强度"为130%,"投影"为"区域"。

> **步骤/08** 创建完成后,在视图中将该灯光拖动并旋转至合适的位置上。

> **步骤/09** 此时本案例创建完成。

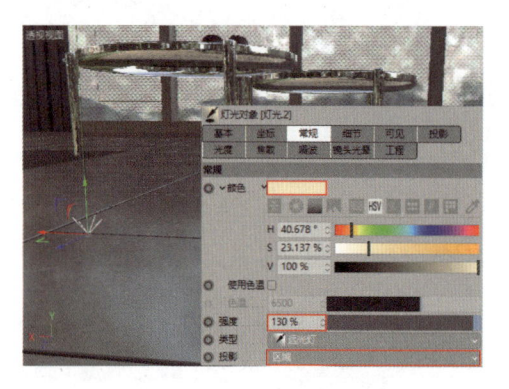

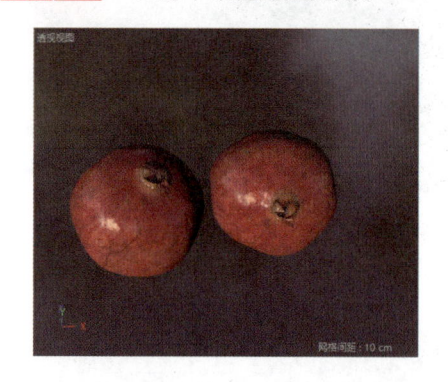

读书笔记

2.10 实操：创建趣味倒放爆炸文字动画

2.10.1 设计思路

案例类型：

本案例利用Cinema 4D软件制作趣味倒放的爆炸文字动画，展现粒子从远处发散逐渐聚拢，最终形成一个完整的数字"9"。动画以红色和紫色的碎片粒子为主体，配合浅灰色背景，突出视觉冲击力，适用于电商广告与海报设计中的动态展示场景。

项目诉求：

1）吸引消费者关注

通过爆炸与倒放的动态效果，营造戏剧性与趣味性，吸引观众的注意力，使广告画面更具表现力。

2）增强品牌的年轻与活力形象

红紫色调碎片与浅灰背景的搭配，传递时尚感与活力氛围，适合年轻消费群体定位的电商品牌。

3）提升广告创意与差异化

通过创新的动画形式，突出品牌独特的表达方式，强化品牌识别度和竞争力。

设计定位：

1）适用于电商促销活动动态广告

该动画特别适用于倒计时页面、活动预告、促销广告等场景，传递紧张感与期待感，增强消费者的参与欲望。

2）营造品牌的现代科技感

通过高质量的动态粒子效果和动画形式，展现品牌在技术与设计上的专业水准，契合电商平台的创新风格。

3）兼容多平台推广

动画可用于电商网站首页、社交媒体动态宣传，以及短视频平台的品牌推广，实现全方位的传播覆盖。

2.10.2 动画效果

1. 粒子动画设计

碎片粒子由红色与紫色组成，色彩相近却富有层次感，通过细微的色彩渐变展现立体感与光泽感，使动画更具视觉吸引力。

2. 倒放效果设计

粒子从爆炸状态逐渐聚拢成完整数字"9"，倒放形式增加趣味性，激发观众的好奇心与注意力。

3. 背景与粒子对比

浅灰色背景简洁且具有包容性，衬托出红紫色粒子的动感和视觉重点，同时避免干扰主体动画的表达。

4. 光影与动感优化

通过动态光影设置，使粒子在运动过程中呈现自然变化，增强粒子的立体感与动画的真实性。

2.10.3 项目实战

步骤/01 打开本书配备的场景文件。

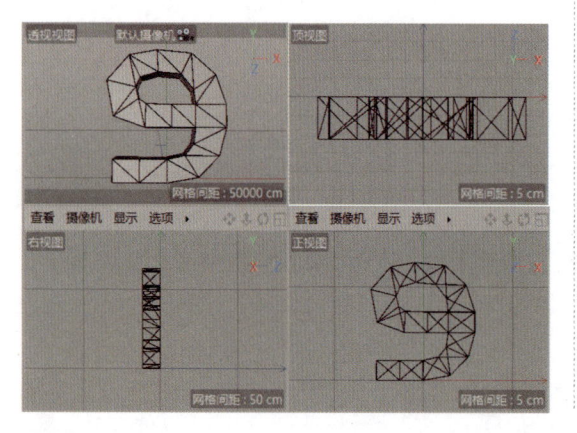

步骤/02 在菜单栏中执行"创建"|"变形器"|"爆炸"命令。

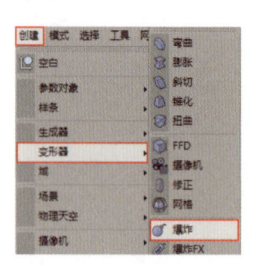

步骤/03 按住鼠标左键并拖动爆炸到"数字"上，出现↓图标时松开鼠标。

步骤/04 创建完成后，进入"对象"|"属性"面板，将时间轴移动至第0F，将"强度"设置为100%并单击其前面的○按钮，待其变红后在第0F处出现第一个关键帧。

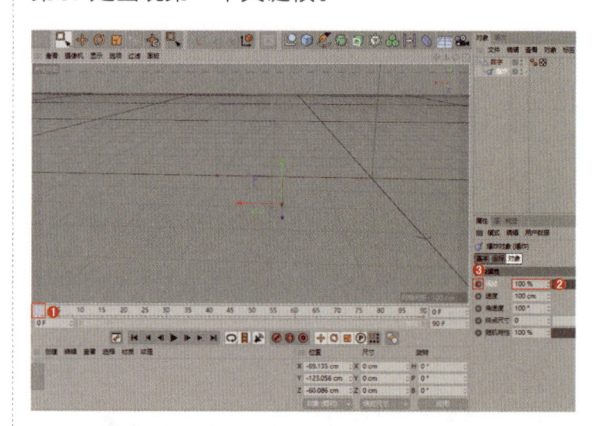

步骤/05 将时间轴移动至第70F，将"强度"更改为0，再次单击○按钮，此时出现第二个关键帧。

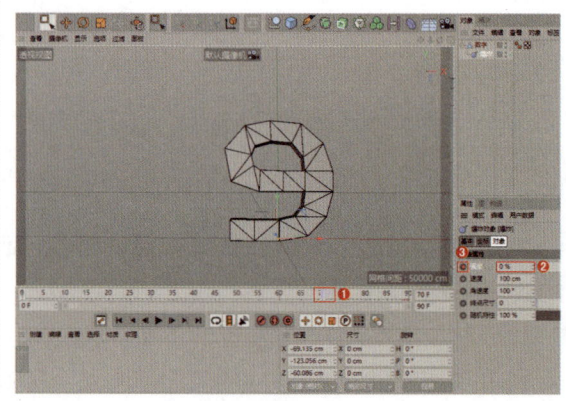

步骤/06 设置完成后单击 ▶（向前播放）按钮，即可将创建完成的动画进行播放。

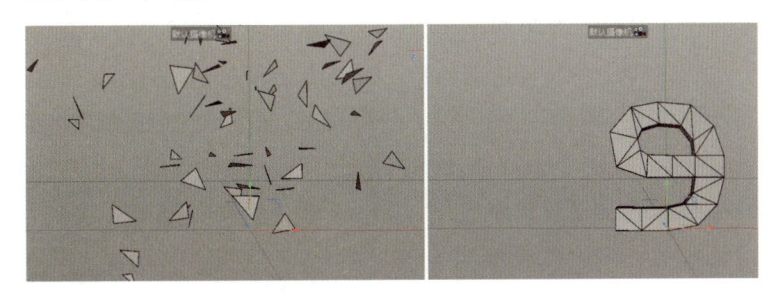

2.11 实操：制作粒子飞散广告动画

2.11.1 设计思路

案例类型：
本案例通过Cinema 4D软件制作一个以柠檬味糖果为主角的动态展示动画。画面中绿色与黄色的胶囊状糖果从两侧飞向中间，最终聚焦在产品瓶子上。动画背景为蓝色，整体呈现干净清新的风格，完美契合电商广告与海报设计需求。

项目诉求：
1）突出产品特色
案例通过糖果动态展示和鲜明色彩搭配，强调柠檬味糖果的清新与健康特性，吸引消费者的视觉注意力。

2）提升产品价值感

案例采用精致的动画形式，强化产品在消费者心中的高品质形象，并传递品牌的创新与专业性。

3）构建购买冲动

案例将动态效果结合产品瓶子聚焦展示，突出核心产品，激发消费者的好奇心与购买欲望。

设计定位：

1）适用于健康食品广告

该动画设计适用于健康糖果或功能性食品的电商广告，以突出产品天然、清新和高品质的属性。

2）契合年轻消费群体

明亮、活泼的配色与流畅的动画形式，迎合年轻消费者对健康、时尚食品的审美需求，增强品牌吸引力。

3）多场景推广应用

动画可用于电商平台首页动态展示、产品详情页视频展示，以及社交媒体广告，兼顾推广效果与实用性。

2.11.2 动画效果

1. 糖果动态展示

绿色和黄色的胶囊状糖果从画面左右两侧向中间飞行，动态轨迹自然，呈现轻盈感与流畅感。糖果在飞行中轻微旋转，增加真实感与趣味性。

2. 瓶子核心聚焦

糖果最终汇聚到画面中央的产品瓶子上，瓶子周围设置轻微光晕效果，突出产品核心，同时营造视觉层次感。

3. 背景与配色搭配

蓝色背景作为主要基调，呈现干净清新的视觉效果，与绿色和黄色糖果形成清爽明亮的色彩对比，同时增强整体画面的视觉冲击力。

4. 光影与质感优化

糖果表面材质光滑，采用柔和反射光处理，展现高品质感。背景光影变化不大，避免干扰主体动画，同时增强画面的整体和谐感。

2.11.3 项目实战

1. 创建圆柱体，制作瓶子

步骤/01 在菜单栏中执行"创建"|"参数对象"|"圆柱体"命令，创建完成后，进入"对象"|"属性"面板，设置"半径"为31cm，"高度"为43cm，"高度分段"为1，"旋转分段"为100。

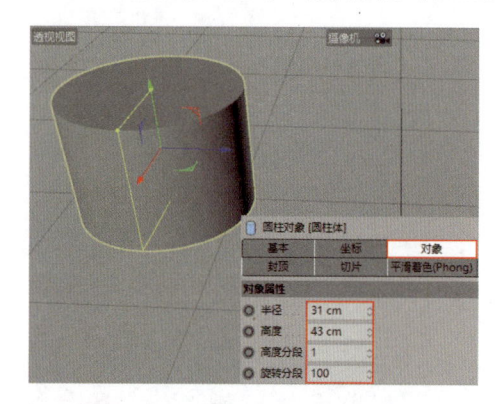

步骤/02 在圆柱体选中的情况下单击（转换为可编辑对象）按钮，再单击左侧工具栏中的"边"按钮。使用"实时选择"工具连续选中圆柱体的边，接着在菜单栏中执行"网格"|"倒角"命令，进入"对象"|"属性"面板，设置"偏移"为9cm。

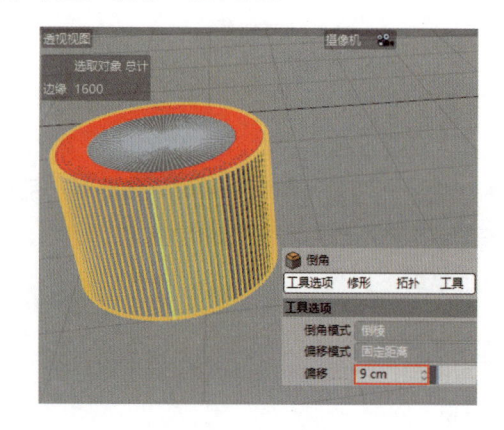

步骤/03 继续执行"创建"|"参数对象"|"圆柱体"命令,创建完成后,进入"对象"|"属性"面板,设置"半径"为45cm,"高度"为161cm,"高度分段"为20,"旋转分段"为20。

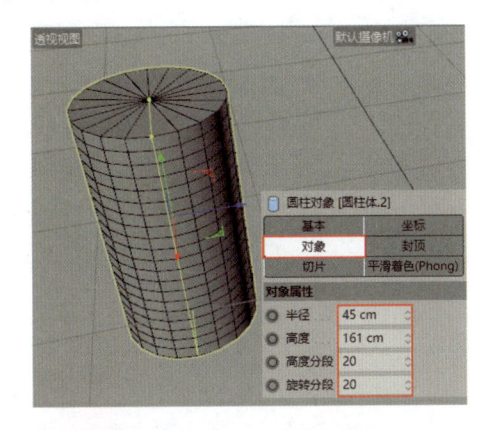

步骤/04 在正视图中选中圆柱体,单击 (转换为可编辑对象)按钮,接着单击"点"按钮,使用"框选"工具框选圆柱体直径上的点,单击工具栏中的"缩放"按钮,依照瓶体的构造进行创建。

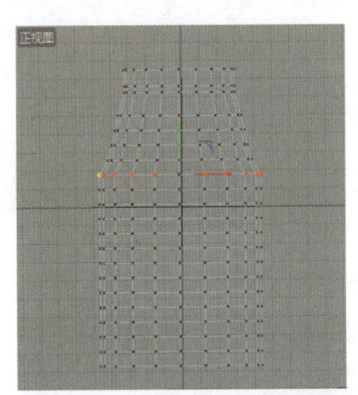

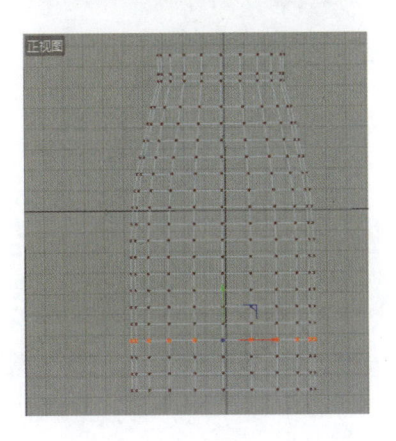

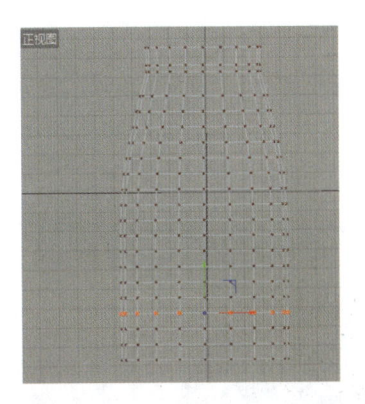

步骤/05 创建完成后,在正视图中使用"实时选择"工具选中圆柱体的底面,将其删除。

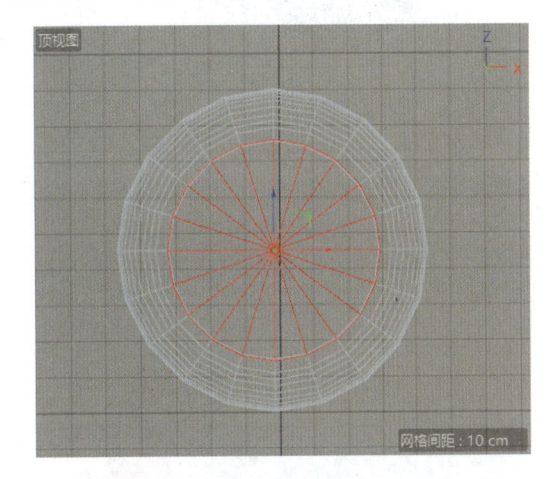

步骤/06 单击工具栏中的"细分曲面"按钮,拖动圆柱体到"细分曲面"上,出现 ⬇ 图标时松开鼠标。

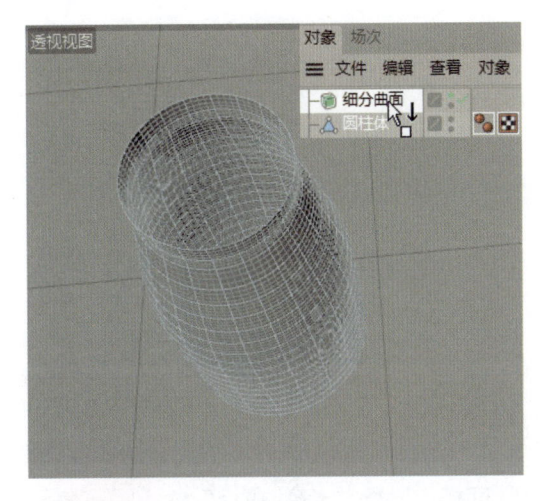

步骤/07 继续在工具栏中长按"细分曲面"

按钮，在弹出的面板中选择"布料曲面"选项，单击进入"对象"|"属性"面板，设置"厚度"为1.5cm。在"对象"选项卡中拖动"细分曲面"到"布料曲面"上。

20。设置完成后进入"封顶"面板，取消勾选"封顶"复选框。

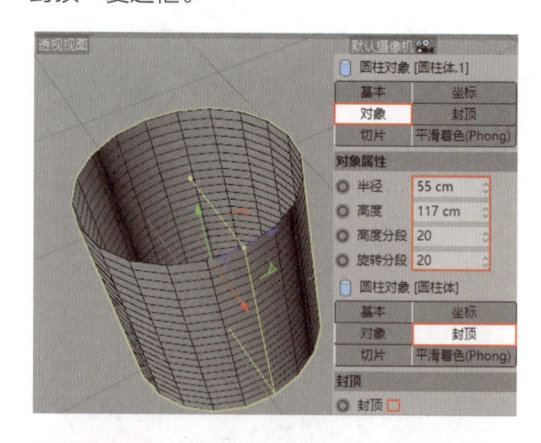

步骤/08 在顶视图和正视图中，将创建好的瓶盖拖动到瓶子上方。

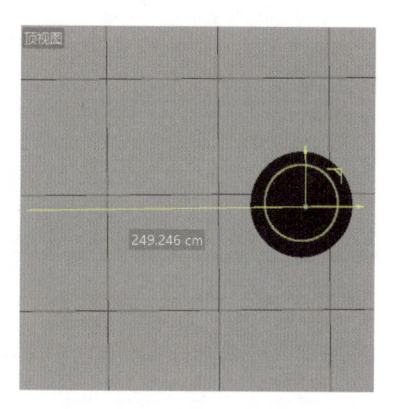

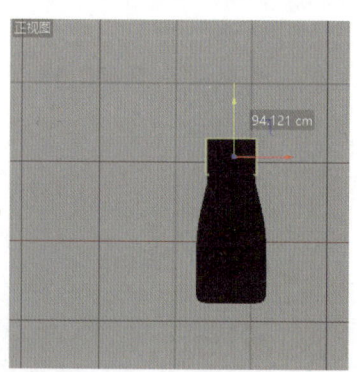

步骤/09 执行"创建"|"参数对象"|"圆柱体"命令，创建完成后，进入"对象"|"属性"面板，设置"半径"为55cm，"高度"为117cm，"高度分段"为20，"旋转分段"为

步骤/10 重复之前的方法，使用缩放工具将圆柱体进行变换。

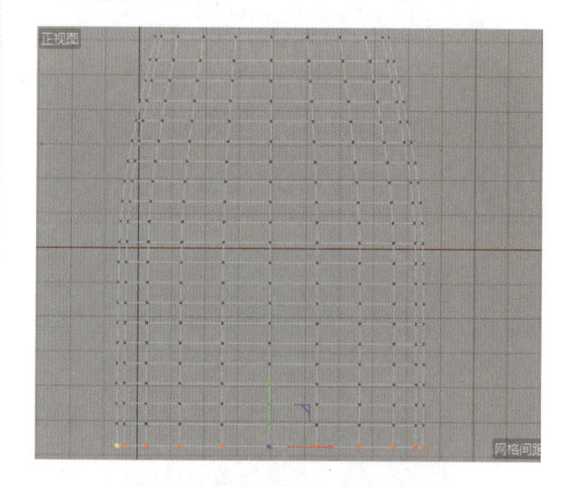

步骤/11 创建圆柱体的细分曲面。

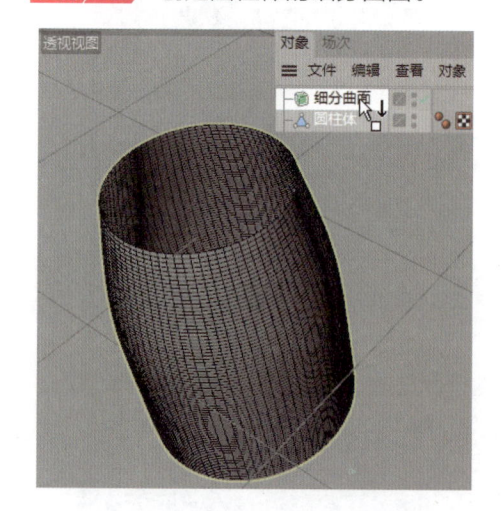

步骤/12 在顶视图和正视图中,将创建好的包装纸拖动到瓶子上。

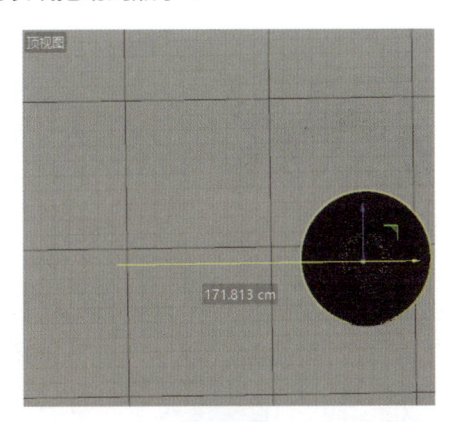

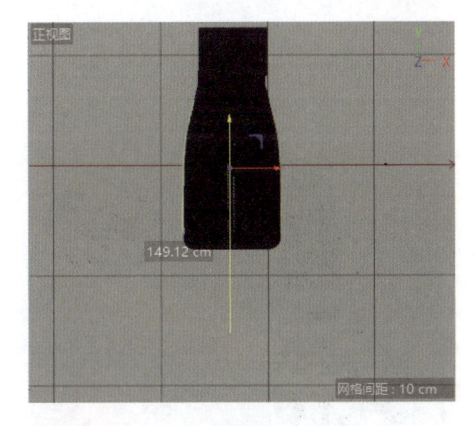

步骤/13 此时画面如下。

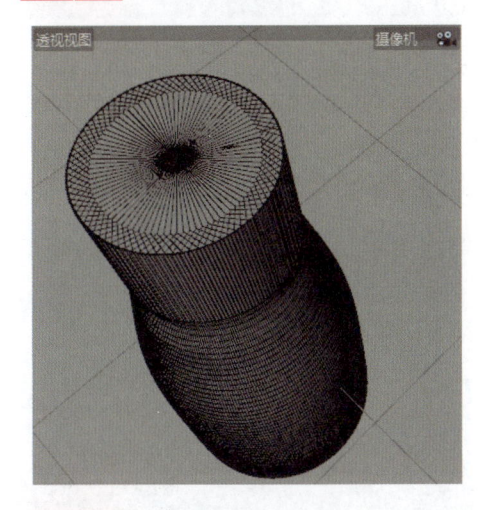

步骤/14 在"对象"面板中框选创建的瓶子,按住Shift键旋转-30°。

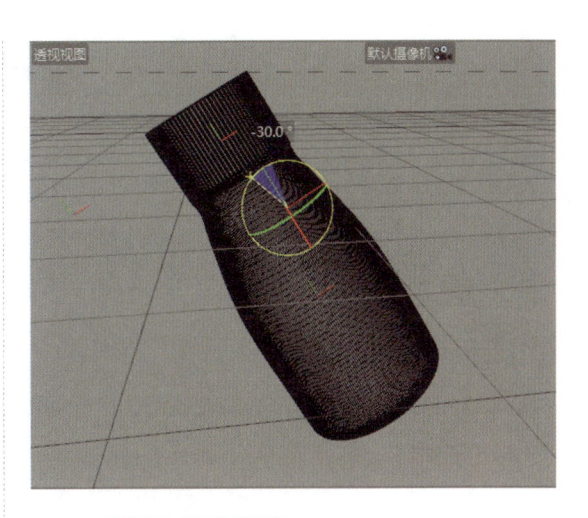

2. 创建飞散的胶囊

步骤/01 在菜单栏中执行"创建"|"参数对象"|"胶囊"命令,创建完成后,进入"对象"|"属性"面板,设置"半径"为8cm,"高度"为40cm,"高度分段"为20,"封顶分段"为20,"旋转分段"为16。

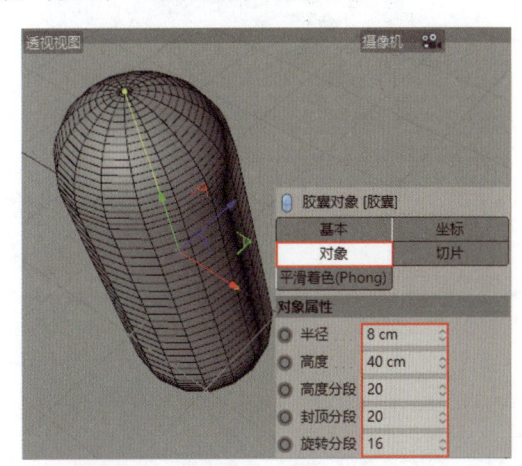

步骤/02 执行"模拟"|"粒子"|"发射器"命令,创建完成后,进入"对象"|"属性"面板,设置"编辑器生成比率"为20,"渲染器生成比率"为20,"旋转"为50°,勾选"显示对象"复选框。接着进入"对象"选项卡,拖动胶囊到"发射器"上,出现↓图标时松开鼠标。

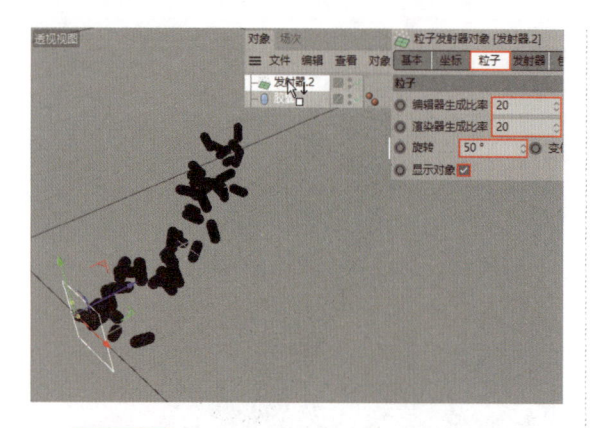

步骤/03 将创建好的胶囊拖动到瓶子的左方。

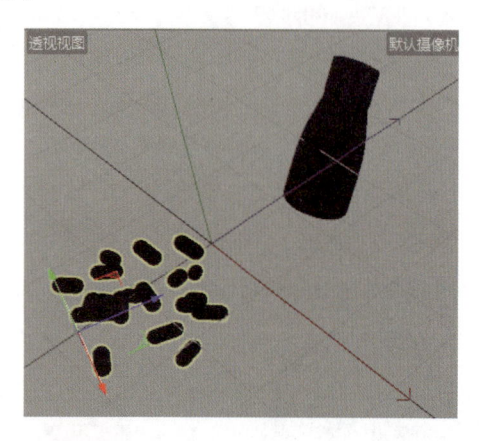

步骤/04 重复以上操作，在视图中创建第二个胶囊。

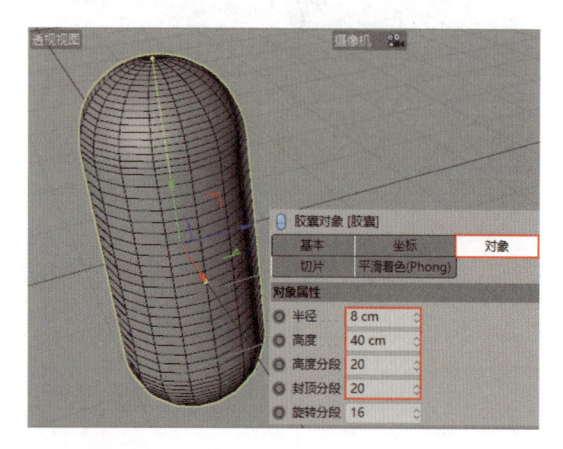

步骤/05 执行"模拟"|"粒子"|"发射器"命令，创建完成后，进入"对象"|"属性"面板，设置"编辑器生成比率"为20，"渲染器生成比率"为20，"旋转"为120°，勾选"显示对象"复选框。接着进入"对象"选项卡，拖动胶囊到"发射器"上，出现⬇图标时松开鼠标。

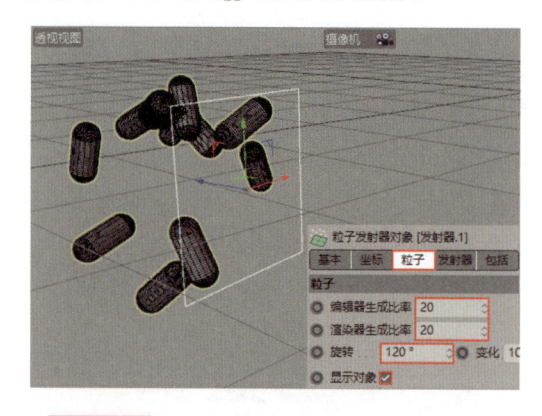

步骤/06 将创建好的胶囊拖动到瓶子的右方。

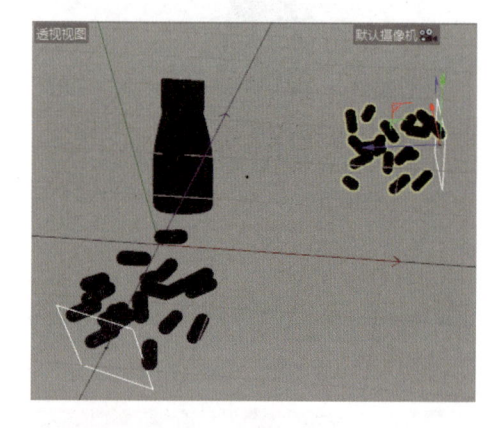

3. 创建"风力"和摄影机

步骤/01 执行"模拟"|"力场"|"风力"命令，创建完成后，进入"对象"|"属性"面板，设置"速度"为7cm，"紊流"为10%。

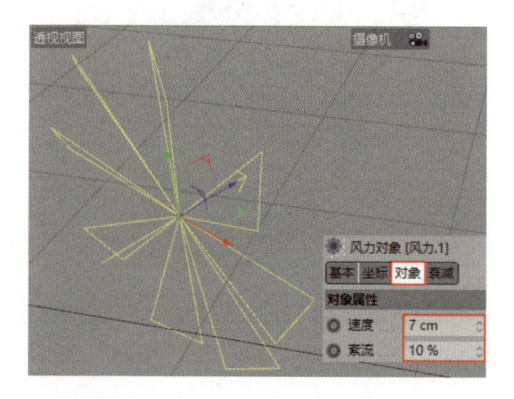

步骤/02 创建完成后，将其拖动并旋转到

胶囊中间的位置。

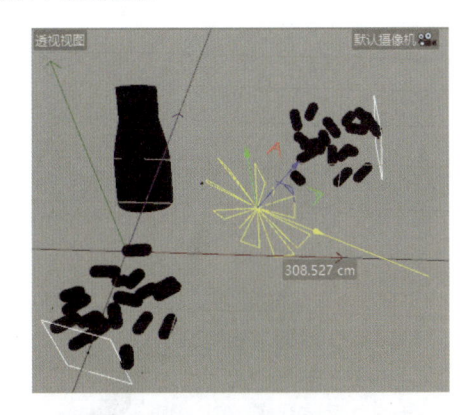

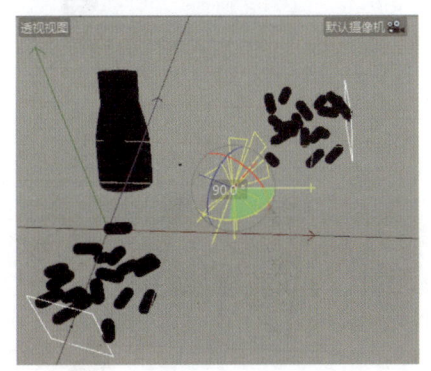

钮，创建完成后，将其调整到视图中合适的位置，创建兴趣点。

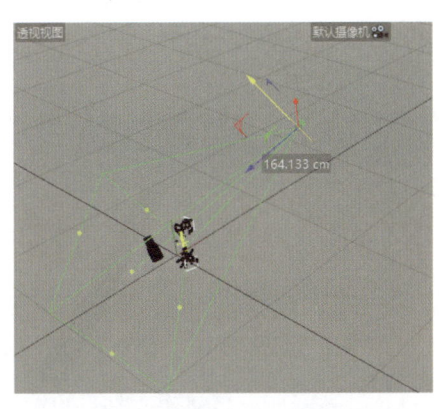

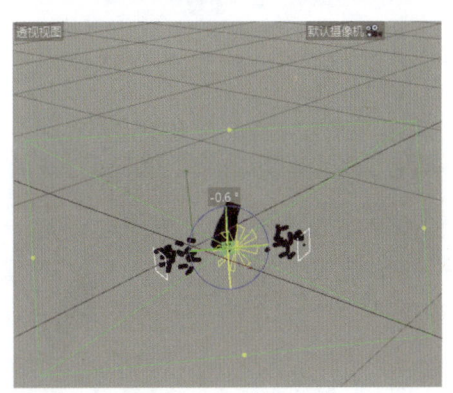

步骤/03 在工具栏中单击 ■（摄影机）按

步骤/04 此时本案例制作完成。

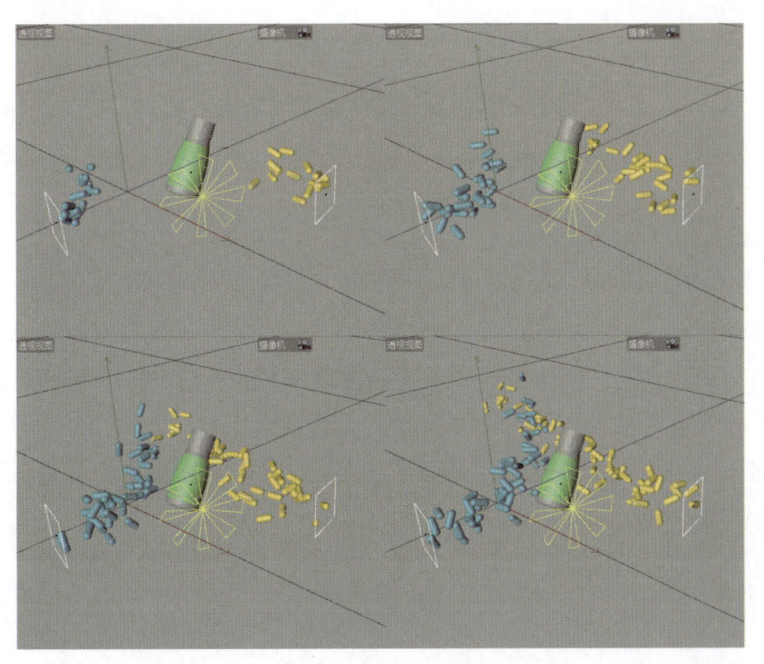

2.12 实操：制作布料下落动画

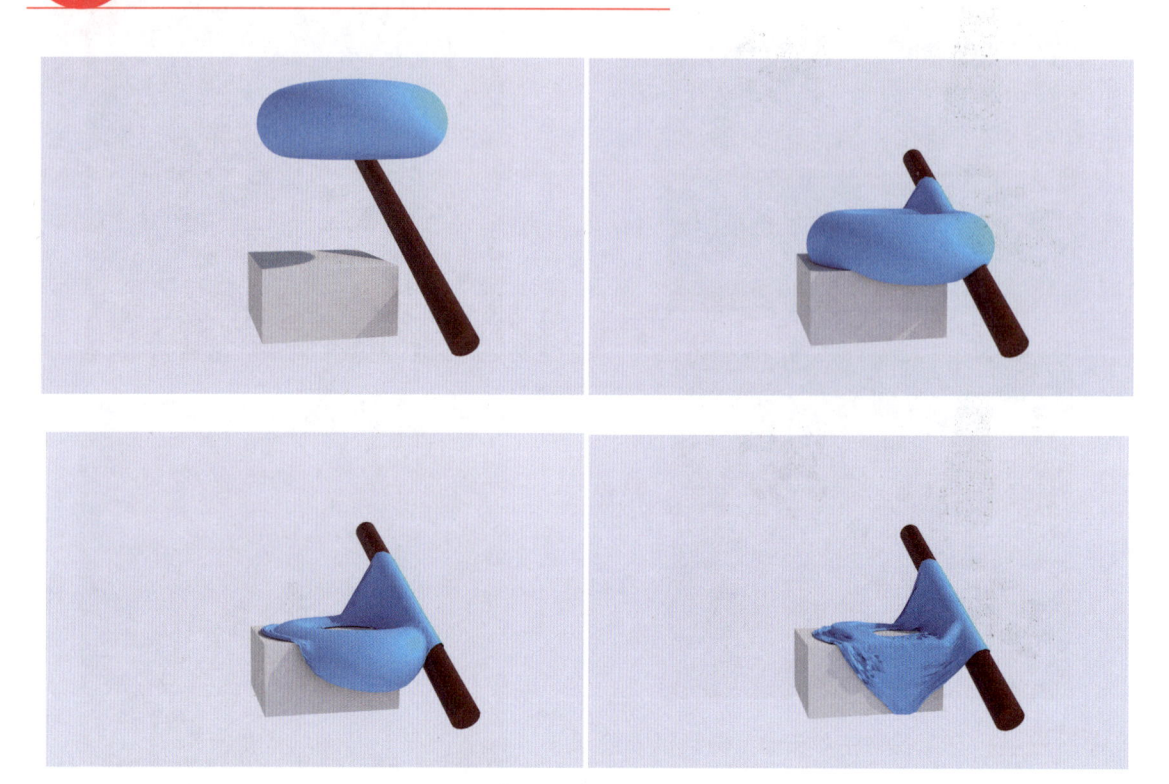

2.12.1 设计思路

案例类型：

本案例通过Cinema 4D软件制作一段具有实验性质的小动画，展示圆环形布料模拟的下落与碰撞过程。动画中，圆环从上方掉落，先接触静止的倾斜小木棍，产生真实布料下滑与碰撞的动态效果，最终部分落在静止的长方体上。该案例以趣味性和写实动态为核心，适用于电商广告与海报设计中的视觉吸引与创意展示。

项目诉求：

1）营造品牌创意与科技感

通过趣味性的小动画实验，表现品牌的创新与探索精神，为电商广告注入趣味元素。

2）增强视觉吸引力

利用布料模拟技术与细腻的动态效果，增强广告画面的层次感与吸引力，让观众停留与关注。

3）提升品牌调性

以高质量的动画呈现和独特的实验风格，塑造品牌独特的设计语言和品质形象。

设计定位：

1）适用于电商品牌创意宣传

动画适合在电商品牌的宣传视频、动态广告以及社交媒体短视频中展示，以趣味性和科技感吸引消费者的关注。

2）辅助产品推广

虽然动画内容不直接展示产品，但通过技术与视觉的创新性体现品牌实力，可在促销页面或品牌文化展示中应用，间接提升产品价值感。

3）吸引年轻受众

实验性质的趣味动画与年轻消费者的好奇心高度契合，增强品牌对目标消费群体的吸引力。

2.12.2 动画效果

1. 布料属性模拟

圆环设计为布料质感，动态表现出真实的柔性与碰撞感。在与倾斜小木棍接触时，展现自然的下滑与形变效果，使动画更具真实感和细腻度。

2. 碰撞效果优化

圆环在接触长方体时的停顿和二次动态，突出了物理引擎的模拟能力，使画面更加生动、有趣。

3. 场景设计

倾斜小木棍与长方体作为静止物体，采用简洁的设计风格，避免干扰圆环的动态展示，突出主体效果。背景以浅灰或低饱和色调为主，增强整体的和谐感。

2.12.3 项目实战

步骤/01 在菜单栏中执行"创建"|"参数对象"|"圆柱体"命令，创建完成后，进入"对象"|"属性"面板，设置"半径"为20cm，"高度"为500cm，"高度分段"为1。

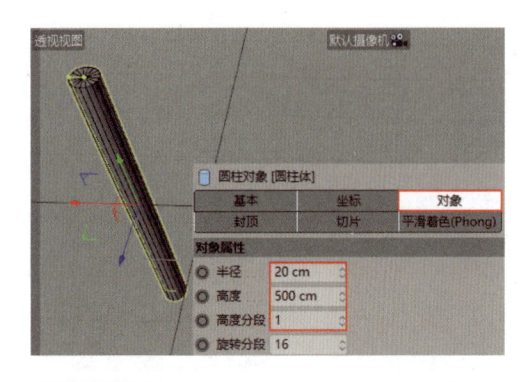

步骤/02 创建完成后，按住Shift键沿Z轴将圆柱体图形向右旋转-60°。

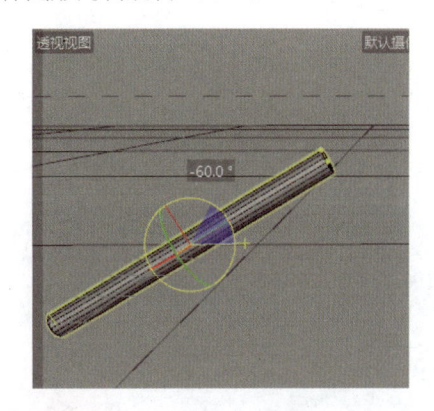

步骤/03 在"对象"面板中选择"圆柱体"选项，执行"标签"|"模拟标签"|"布料碰撞器"命令。

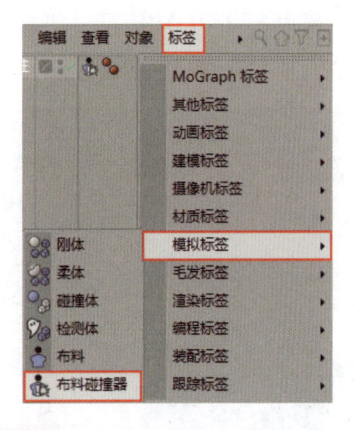

步骤/04 继续在菜单栏中执行"创建"|"参数对象"|"立方体"命令，创建完成后，进入"对象"|"属性"面板，设置"尺寸.Y"为100cm。

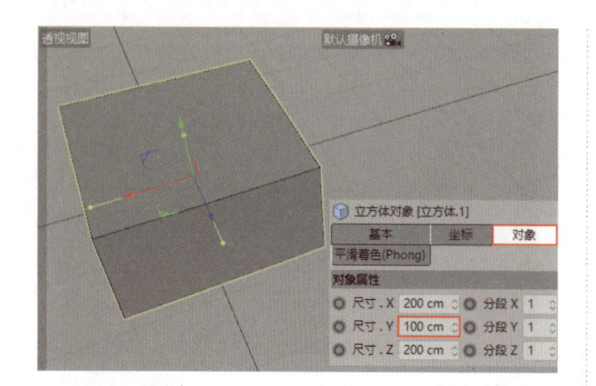

步骤/05 创建完成后，将立方体图形移动到圆柱体图形旁边。

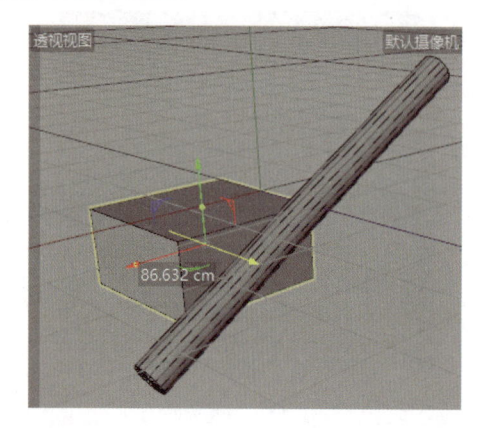

步骤/06 在"对象"面板中选择"圆柱体"选项，执行"标签"|"模拟标签"|"布料碰撞器"命令。然后在菜单栏中执行"创建"|"参数对象"|"圆环面"命令，创建圆环。

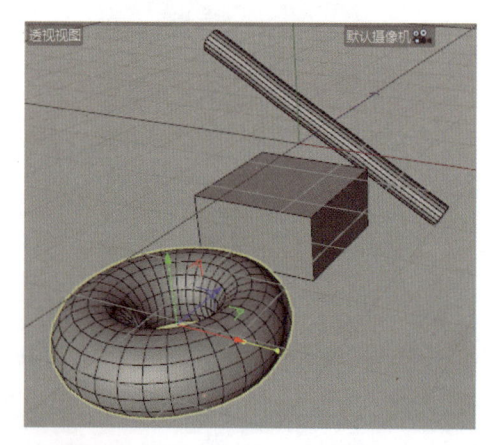

步骤/07 在透视图中，将创建好的圆环移动到圆柱体和立方体图形的上方。

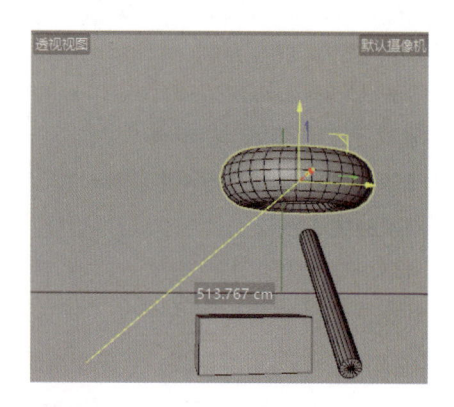

步骤/08 在"对象"面板中选择"圆环面"选项，执行"标签"|"模拟标签"|"布料"命令。在工具栏中选择"细分曲面"工具，进入"对象"选项卡，按住鼠标左键并拖动圆环面到"细分曲面"上，出现⬇图标时松开鼠标。

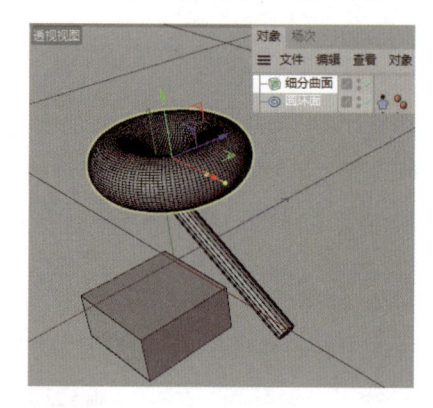

步骤/09 单击左侧工具栏中的🖱（转换为可编辑对象）按钮，再单击▶（向前播放）按钮，此时可以看到圆环面呈布料状态向下掉落。至此，本案例制作完成。

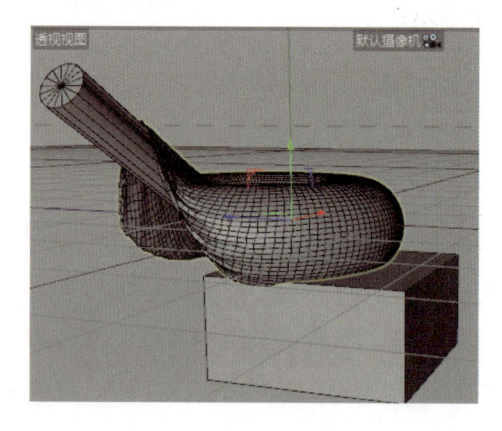

第 3 章

电商广告与海报设计的创意及构思

创意是提升电商广告与海报效果的关键，通过独特的创意设计与构思，可以创作出引人注目的画面，以及生动、有趣、震撼的故事情节，吸引消费者的注意力，激发其好奇心或情感共鸣，使消费者更容易接受广告，强化广告的传播效果与影响力。本章将带领读者认识电商广告与海报的创意的概念与作用，了解多种创意表现方法，以提升整体效果。

3.1 认识电商广告与海报的创意

创意是广告的灵魂，它不仅仅是简单的视觉或文字设计，更是通过创新思维和策略，将产品或服务的卖点以一种引人入胜的方式呈现出来。

3.1.1 什么是创意

随着经济的发展，商业广告从之前的"投入大战"上升到广告创意的竞争，因此，创意也就愈发受到重视。那么，什么是创意呢？可以简单地将其理解为创造某种意象。商业广告创意是指在广告制作过程中，通过独特的构思和新颖的表现手法，创作出能够吸引目标受众注意力并有效传达信息的广告内容。

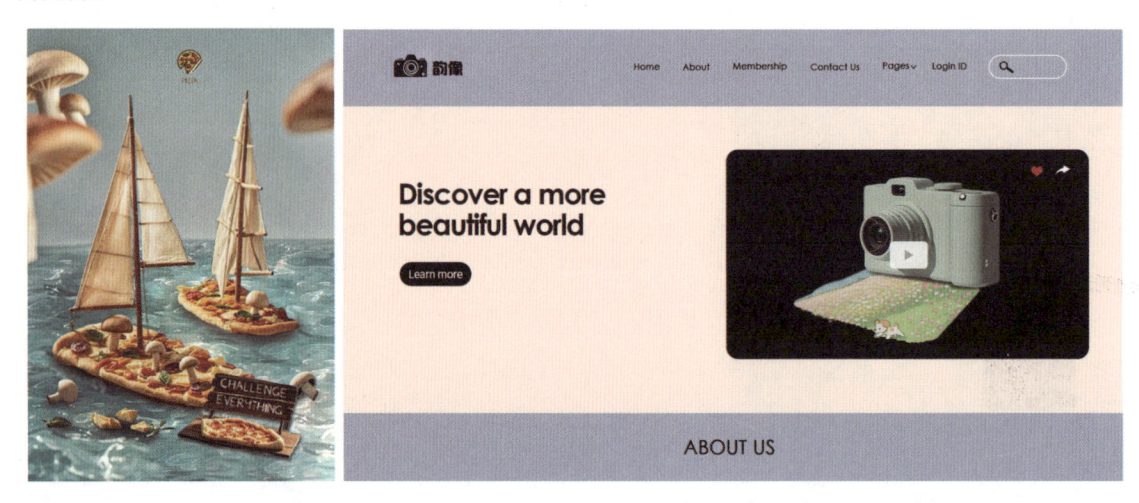

创意与策略密不可分，策略是创意的基础和方向，创意是策略的表现和延伸。广告策略是指在广告活动中，为实现广告目标而制定的整体计划和方法，包括市场分析、目标受众定位、传播渠道选择等。创意则是在策略的指导下，通过创新的构思和表现手法，将广告信息生动、有趣地传递给目标受众。

3.1.2 创意在电商广告与海报中的作用

在信息爆炸的时代,消费者每天都会接触大量的广告信息。独特的创意可以帮助广告在众多信息中脱颖而出,吸引目标受众的注意力。具有创意的广告能够给受众留下深刻的印象,增强广告信息的记忆效果。创意的表达方式使广告更容易被观众记住,并在需要时想起相关产品或服务。

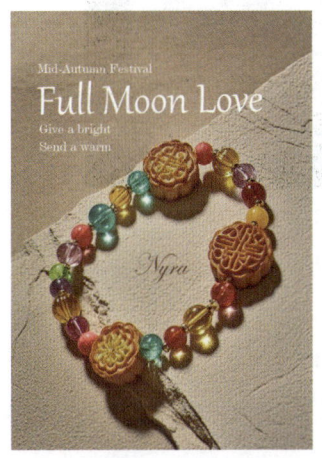

有创意的广告能够有效传递品牌的核心价值和形象,帮助建立和巩固品牌认知。通过创意,品牌可以塑造独特的个性和风格,与目标受众建立情感连接。同时,有创意的广告还能够激发消费者的购买欲望,推动产品或服务的销售。通过巧妙的创意表达,广告能够有效地传递产品优势和独特卖点,促使消费者做出购买决策。

广告基本的目的就是广而告之,通过极具创意的想法加深消费者对于品牌的印象。创意在电商广告与海报中的作用如下。

1. 提升广告效果

有创意的广告能够提升广告的传播效果,增加受众的关注度和记忆度,从而提升广告的整体效果。有效的创意能够使广告投入产生更高的回报。

2. 广告创意降低传播成本

商业广告的投放需要大量资金的支持,而一个富有创意的广告能够轻松被人记忆,从而减少广告投放,降低传播成本。

3. 有助于品牌增值

成功的品牌需要与消费者产生共鸣,而广告创意是品牌对消费价值的一种召唤。

4. 提升消费者的审美

广告既是一种商业行为,也是一种文化行为。广告有着很强的传播力和影响力,富有美感与创意的广告能够调动消费者潜意识的品行追求,提升消费者的审美,并产生模仿效应。

3.1.3 电商广告与海报创意应遵循的原则

创意是商业广告的灵魂,也是对设计师的考验,需要设计师具有丰富的创新思维。商业广告创意不仅需要灵感,也需要有丰富的理论知识,同时还需要遵循一定的创意原则。

1. 独创性原则

与众不同的创意总是能够被人关注，并通过新奇性引发人们浓厚的兴趣，在消费者脑海中留下深刻的、不可磨灭的印象。

2. 通俗性原则

广告要面向广大的受众群体，其创意内容要以消费者的理解为限度。晦涩难懂的创意只会浪费宝贵的资源，通俗易懂的创意更能被受众接纳和认可。

3. 蕴含性原则

商业广告创意设计通常不会停留在表层，而是要使"本质"通过"表象"显现出来，这就需要创意形式蕴含更深层次的含义，具有吸引人一看再看的魅力。

4. 实效性原则

商业广告创意能否达到促销的目的基本上取决于广告信息的传达效率，这就是商业广告创意的实效性原则。

3.1.4 广告创意思维方式

广告创意的产生须依赖多种思维方式，这些思维方式可以帮助我们从不同角度和层次去构思创意。

以下是几种主要的创意思维方式。

1. 逻辑思维

逻辑思维是以严密的逻辑推理为基础的一种思维方式，它通过系统化的分析来逐步得出结论。例如，某品牌洗发水在广告中展示了产品如何解决特定发质问题，通过详细的对比测试数据，清晰地向消费者说明其效果，从而增加了广告的说服力。

2. 形象思维

形象思维通过将创意具象化来表现。这种方式将创意元素"变成"另一种形象，便于直观展示。例如，某品牌饮料在广告中使用了一个巨大的冰块形象来象征产品的清爽感，使观众能够直观地感受到产品的凉爽效果。

3. 直觉思维

直觉思维通常依靠突然的灵感和第一感觉，相比其他思维方式，它更具跳跃性和随意性。例如，一家新兴科技公司在广告中通过突发奇想的画面组合展示了未来技术的奇幻效果，迅速引起观众的关注和兴趣。

4. 聚合思维

聚合思维是指广告策划人员根据市场调研结果、品牌定位和受众需求，将各种信息（如产品特点、目标受众、竞争对手情况等）聚合起来，形成一个统一的广告主题或创意点。例如，某品牌汽车希望推出一款面向年轻消费者的新车，广告策划人员可能会收集关于年轻消费者的喜好、市场上同类车型的优缺点等信息。通过聚合思维将这些信息进行整合，最终形成一个能够吸引年轻消费者的广告创意。

5. 发散思维

发散思维通过拆解和重新组合元素来产生新创意。这种方式鼓励突破常规，寻找新的可能性。例如，推广一款新口味的薯片时，选择以"味觉探险"为主题，通过一系列趣味横生的场景展示薯片带来的新奇体验，以此吸引目标受众的注意。

6. 逆向思维

逆向思维是对事物、定论、观点进行反向思考的一种思维方式。这种方法可以帮助发现隐藏的创意机会。例如，在推广一款饮料时，广告创意人员可能会从饮料的口感、颜色、包装、使用场景等多个方面入手，通过发散思维产生多个创意点，如强调饮料的清新口感、独特的颜色搭配、时尚的包装设计或有趣的饮用场景等。最终，这些创意点可能会组合成一个或多个广告方案，以吸引目标受众的关注和兴趣。

7. 联想思维

联想思维通过脑海中不同表象之间的自由联系来产生创意。这种方式没有固定的思维方向，常常依赖偶然的联想。例如，一家巧克力品牌在广告中将巧克力的丰富口感与浪漫约会场景联系起来，巧妙地营造出一种甜蜜的氛围。

3.2 电商广告与海报创意的表现方法

3.2.1 适当夸张

适当夸张是指通过合理地放大或夸大某些元素或特征，更直观地展示产品的特点，增强广告的幽默感和趣味性，给观者留下深刻印象。

这款蘑菇罐头的横幅广告采用满版型构图，使图像更具视觉冲击力。适当夸张的手法充分展示了蘑菇含量极高的优点，能够吸引用户对产品产生兴趣并进行购买。

色彩点评：
- 以橄榄绿为主色调，色彩明度适中，给人愉悦、自然的感觉，这与蘑菇罐头天然、健康的特点相呼应。
- 淡蓝色的天空与黄色的阳光形成了冷暖对比，增强了画面的视觉吸引力，使广告更加吸睛。
- 红色作为点缀色用于文字部分，与背景形成强烈的对比，增强了文字的辨识度，使广告信息传递得更加清晰。

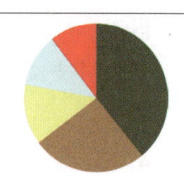

CMYK：78,58,100,31
CMYK：38,60,92,1
CMYK：9,0,74,0
CMYK：23,0,5,0
CMYK：0,95,89,0

地毯污渍清理剂的产品宣传海报通过适当夸张的手法，将背景设置在地毯上方，玻璃碎片将油污与地毯分隔，生动直观地展示了清理剂的功效，使广告具有较强的趣味性，能够吸引用户的注意。

色彩点评：
- 以青蓝色作为背景色，给人一种严谨、专业的感觉，能够提升用户对广告的信任感，让他们更愿意尝试和购买清理剂产品。
- 以黄色作为辅助色，与背景形成鲜明的冷暖对比，提升了广告的视觉冲击力。

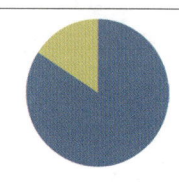

CMYK：86,51,27,0
CMYK：23,18,84,0

3.2.2 突破刻板印象

突破刻板印象的广告能够打破常规的形象与认知，运用独特和令人意外的元素，与其他广告形成鲜明对比，提升这种广告的影响力。

这款奶酪的产品推荐广告通过使用卡通元素打造出手工制作的视觉效果，餐盘中的卡通图案增强了广告的童趣感和设计感，能够获得消费者的喜爱，激发他们的兴趣。

色彩点评：
- 以暖色调的火鹤红色为主色，给人明快、温馨的视觉感受。
- 淡蓝色的餐盘作为辅助色，带来清新感的同时也与背景形成对比，使广告的色彩层次更加鲜明。
- 为白色文字底部添加阴影，使文字更加立体、突出，增强了设计感和可读性，方便消费者接收广告信息。

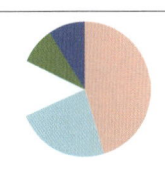

CMYK：8,44,33,0
CMYK：48,7,14,0
CMYK：1,1,0,0
CMYK：75,46,100,7
CMYK：97,80,19,0

个性化推荐广告以不同组乐器的对比说明牙齿敏感的坏处，引起用户重视牙齿健康。该广告没有从劝告的角度进行设计，而是通过生动有趣的对比来传达信息，更容易被用户接受。

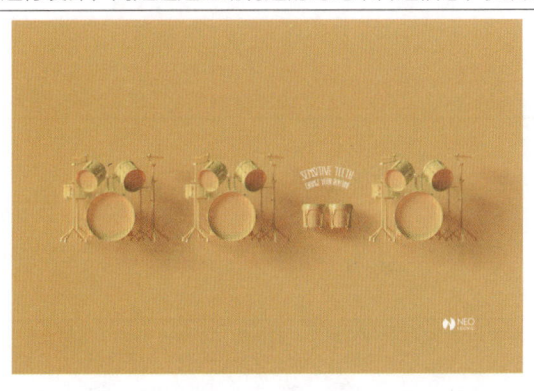

色彩点评：
- 橙黄色作为主色，色彩明度与纯度极高，这种明亮的色彩能够快速吸引用户的注意。
- 白色作为辅助色被用作文字颜色，十分醒目和突出，使得广告信息能够更清晰地传达给用户。

CMYK：14,38,85,0
CMYK：0,0,0,0

3.2.3 创新应用技术

利用新的技术手段，如AR、VR和AI，可以为消费者提供沉浸式的广告体验，增强消费者的互动性和参与度，从而提升广告的记忆度和影响力。

电子产品横幅广告通过从电视中走出的花豹展现4K超清的色彩与画质的逼真程度。这种沉浸式的广告体验可以提升用户的带入感和参与度，留下深刻印象。

色彩点评：
- 整个画面呈暗色调，给人一种神秘、深邃、压抑的感受。这种色彩选择带来了视觉与心理的双重冲击，增强了广告的震撼力和吸引力。
- 白色文字在低明度的画面中更加醒目、明亮，这种对比使得文字具有较高的辨识度。

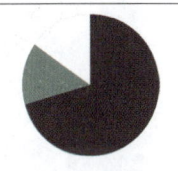

CMYK：80,78,80,62
CMYK：73,50,65,5
CMYK：0,0,0,0

春夏季新品推送开屏广告采用花卉作为主体，通过半透明的效果打造出唯美、梦幻的广告画面，为用户带来美的享受。

色彩点评：
- 淡紫色作为画面主色调，色彩纯度适中，给人柔和、雅致的视觉感受。
- 深青色作为辅助色，与淡紫色形成纯度对比，增强了画面的视觉重量感，使画面更具吸引力。

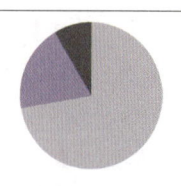

CMYK：29,23,12,0
CMYK：47,46,7,0
CMYK：83,61,56,10

3.2.4 互动性广告

互动性广告通过设计互动元素让消费者参与其中，使其能够更深入地体验与了解产品信息或品牌故事，从而加深对品牌的认知与兴趣。

节日促销宣传海报的设计通过使用礼物盒、气泡等元素表现出节日气氛的欢快，具有较强的活力感，能够带动观者情绪，吸引观者的兴趣，激发他们参与活动的欲望。

色彩点评：
- 紫色常常给人浪漫、神秘的感觉，以紫色为主色调能够突出广告活动的时尚性，吸引年轻用户的注意。
- 玫红色作为辅助色与紫色搭配，更显明快、鲜活，给人愉悦和欢快的感觉。

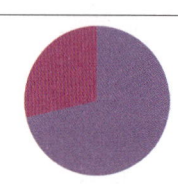

CMYK：51,61,0,0
CMYK：28,85,0,0

这幅超市折扣活动的宣传海报采用了中心构图的设计方式，将促销等重要信息放置在画面中间位置，居中排版方式使版面更加均衡、稳定，方便观者接收信息，从而提升广告的传播效果。

色彩点评：
- 草莓红作为主色调，红色属于暖色调，色彩鲜艳夺目，给人一种明快、热情的感觉，符合促销活动的主题。
- 白色作为辅助色，色彩明亮，与红色形成强烈对比，使文字信息清晰可辨。
- 淡绿色作为点缀色，具有装饰、丰富画面色彩的作用，也增强了画面的活力和吸引力。

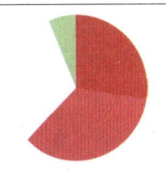

CMYK：13,94,69,0
CMYK：8,88,44,0
CMYK：0,0,0,0
CMYK：35,0,53,0

3.2.5　故事化

故事化广告通过画面和文字讲述有趣或感人的故事，引起观者的兴趣和情感共鸣，使消费者记住广告内容，从而增强观者对品牌的认知和好感度。

该产品宣传海报借助母亲节进行宣传，以情动人，通过文字内容表现出产品成分的有机、健康、绿色，使消费者信任产品并建立对品牌的好感。背景中水彩花卉的图案增强了海报的视觉美感，给消费者带来了美的享受。

色彩点评：
- 淡灰色作为背景色，色彩纯度适中，给人柔和、安静的感觉。
- 深紫色、宝石红、淡绿色作为点缀色，丰富了海报的色彩，使画面更加吸睛。

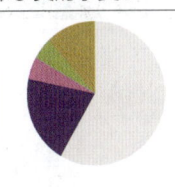

CMYK：8,10,6,0
CMYK：82,93,25,0
CMYK：21,74,8,0
CMYK：38,24,88,0
CMYK：29,41,88,0

网站横幅广告通过将各种各样的蔬菜摆放成气球的样式，并将调料设计为一对情侣的图案，以趣味化的设计吸引消费者的兴趣，给消费者留下深刻印象，使其对广告产生好感。

色彩点评：
- 亮灰色背景简约干净，吸引观者将目光聚焦图案与文字。
- 绿色辅助色健康自然，红绿互补，增添了活力与冲击力。
- 深紫点缀色醒目突出，辨识度高。

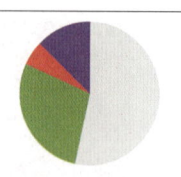

CMYK：11,9,9,0
CMYK：62,24,100,0
CMYK：7,98,86,0
CMYK：79,90,14,0

3.2.6 引发好奇心

设置悬念可以激发观者对广告内容的好奇心，使观者对广告内容和品牌产生兴趣。

网站横幅广告采用满版式构图，将背景设置在生活空间中，以增强消费者的带入感。低明度的环境营造了神秘感，可以吸引观者对广告产生兴趣，继而了解香薰产品。

色彩点评：
- 使用低明度的蓝色作为主色调，增强了画面的神秘感，吸引观者的目光和兴趣。
- 白色文字在低明度背景的衬托下更具辨识性，可读性较高。

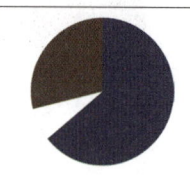

CMYK：99,84,57,31
CMYK：0,0,0,0
CMYK：69,72,89,47

个性化推荐广告采用满版式和重复构图。通过猫咪周围掉落的猫毛组成不规则圆圈，创造运动感和韵律感，使画面更富活力，吸引观者对广告产生兴趣。

色彩点评：
- 浅棕色作为背景色，能够营造温馨的居家氛围，使观者产生身临其境的感受。
- 猫咪的淡米色毛发与背景形成鲜明对比，增强了画面的层次感，使猫咪在画面中更加突出，拉近了与观者的距离。

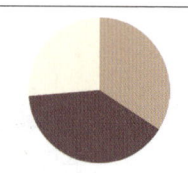

CMYK：21,36,40,0
CMYK：57,80,67,19
CMYK：1,2,11,0

3.2.7　创新展示方式

360°展示、全景展示等全新的展示方式,可以为观众提供与众不同的视觉体验,与消费者进行更深入的互动。

二手汽车的电子邮件广告采用了俯瞰的角度进行呈现,强化了观者的主观视角,将观者置于主导地位,为他们带来与众不同的视觉体验,增强了广告与观者的互动性。

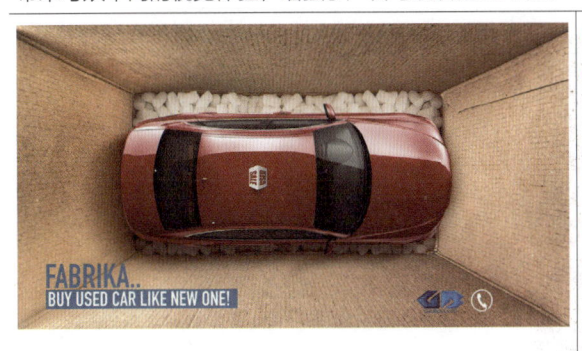

色彩点评:
- 以深橙色作为背景色,暖色调能够给人温馨、温暖和亲切的感觉,增强观者对广告的好感。
- 深红色的车身与青蓝色的文字形成鲜明的冷暖对比和对比色对比,增强了广告的视觉冲击力,可以加深观者对广告的记忆。

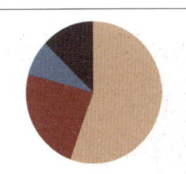

CMYK:20,44,51,0
CMYK:43,100,100,11
CMYK:87,59,21,0
CMYK:84,81,79,66

该3C产品的电子邮件广告采用了仰视的角度进行展示,使画面更显空间感,增强了画面的冲击力和压迫感,能够给观者留下深刻印象,加深对广告的记忆。

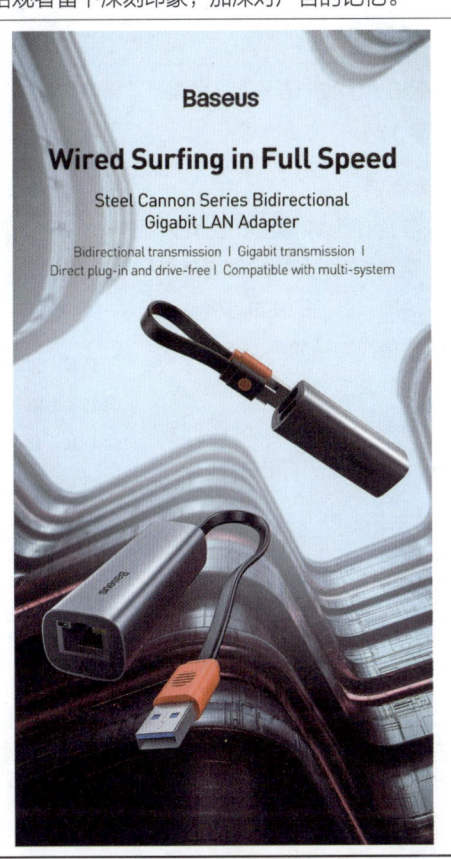

色彩点评:
- 浅蓝色作为背景色,增强了画面的广阔感。冷色调通常给人一种冷静、专业的感觉,能够增强广告的可信度。
- 黑色文字和规整平稳的字体具有较强的可读性,便于观者阅读广告内容。
- 橙色作为点缀色,色彩明亮鲜活,增强了画面的活力感。

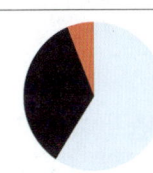

CMYK:14,4,0,0
CMYK:93,88,89,80
CMYK:7,82,90,0

3.2.8　创意排版

通过对图形、文字、颜色与布局等元素进行创新排版，可以增强广告的创意性和独特性，使消费者对广告产生更深刻的印象。

品牌推广广告通过将文字、图形和其他装饰性元素3D化，以立体的形式展示，并采用环绕式构图，形成清晰的前后层次，增强了广告的趣味性，使用户更容易接受广告。

色彩点评：
- 红色背景通过明度变化形成暗角效果，既丰富了色彩层次，又引导用户视线集中于画面中心。
- 白色文字在红色背景的衬托下更加突出醒目，便于观者阅读。
- 橙黄色作为点缀色，与红色背景形成邻近色的暖色调搭配，增添了画面和谐感与活力，带来明快、热情的视觉体验。

CMYK：15,94,98,0
CMYK：0,0,1,0
CMYK：13,41,59,0
CMYK：3,35,68,0

该款酒的横幅产品宣传广告将酒与文字结合，打造出极具创意和个性的广告画面，增强了广告的趣味性和设计感，同时也带来了活力感和运动感，能够为消费者留下与众不同的印象。

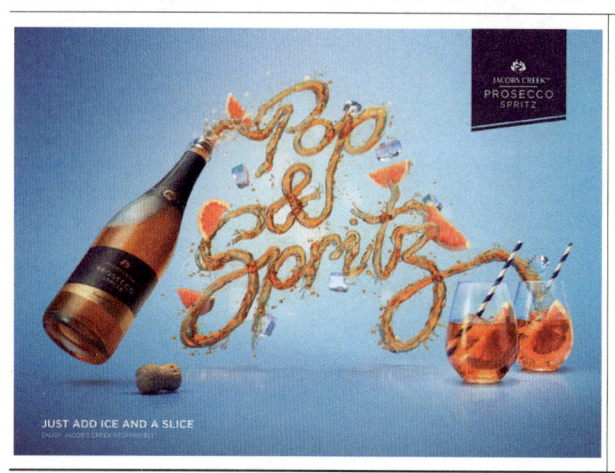

色彩点评：
- 蓝色作为背景色，色彩清新、纯净，可以给观者带来清凉、舒适的视觉感受。
- 橙色作为辅助色，常常被视为充满活力、热情的象征，与蓝色背景形成鲜明的对比，增强了广告的视觉冲击力。

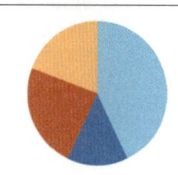

CMYK：51,0,7,0
CMYK：81,41,7,0
CMYK：15,75,100,0
CMYK：2,32,66,0

3.2.9　创新的对比

通过将两种截然不同的元素进行对比，可以突出产品或服务的特点和优势，使消费者更容易记住广告内容和品牌。

第3章 电商广告与海报设计的创意及构思

该轮胎产品的品牌广告采用了对比的方式，将轮胎与旅行场景衔接，直观展示了产品的使用场景，强调了产品的用途和优势，方便消费者了解产品。

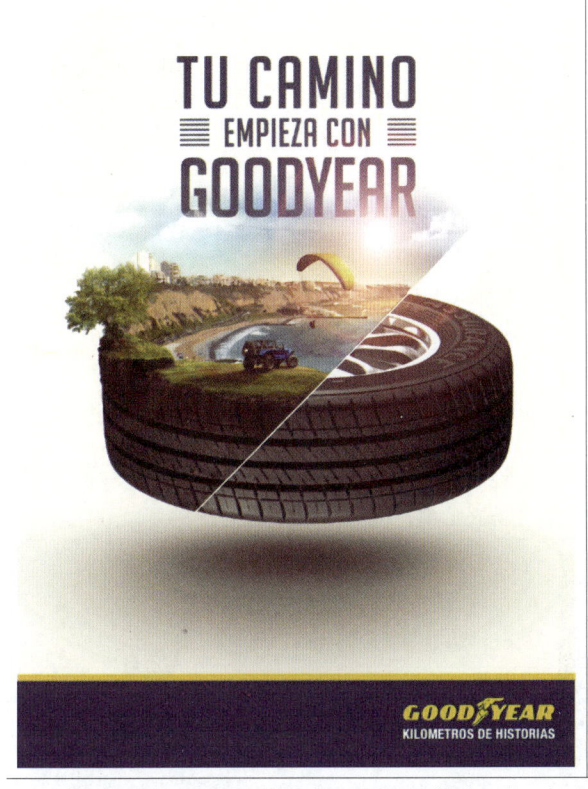

色彩点评：

- 浅黄色是一种明亮而简单的颜色，将其作为背景色使用，能够使前景的产品、风景以及文字等内容更加鲜明和突出。
- 黑色的产品形成视觉上的重量感，能够快速吸引观者的视线。
- 产品上方的深蓝色文字与底部的区域相呼应，增强了画面的统一感。低明度的冷色调色彩还可以增强广告的专业性与可信度，提升广告的说服力。

CMYK：0,0,4,0
CMYK：89,87,81,73
CMYK：100,88,37,2
CMYK：9,10,88,0

金枪鱼罐头产品广告将海底风景处理为罐头形状，与右侧对应位置的沙拉形成对比，并以跳跃的食材将两侧的元素相连，使其产生联系，增强了广告的趣味性与创意感。

色彩点评：

- 青色作为画面的主色调，通过明度的变化，形成渐变效果和暗角效果，增强了画面的视觉吸引力。
- 青色能够给观者带来宁静和放松的感觉，与海底风景相呼应。
- 绿色作为辅助色，色彩鲜艳，可以给人带来新鲜、自然、清新的感受。

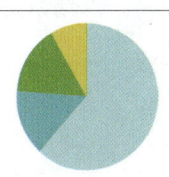

CMYK：37,4,13,0
CMYK：62,8,22,0
CMYK：56,8,100,0
CMYK：12,10,87,0

3.2.10 利用元素拟人

将产品或品牌拟人化，赋予其人的特征和情感，可以增强广告的趣味性与亲和力，创造出愉悦、

83

轻松的氛围，吸引消费者的关注并获得好感。

  这款防晒产品的展示页面使用太阳伞、冲浪板等元素以及拟人化的产品形象，打造出惬意、舒适的沙滩场景，增强了广告的亲和力，并生动展示出防晒产品的功效。

	色彩点评：	
	• 橙色是一种纯度较高的色彩，令人联想到温暖、热烈的阳光，以橙色为主色，与广告主题相符合。	CMYK：9,70,96,0 CMYK：0,44,91,0
	• 青色作为辅助色，与橙色形成类似色对比，增强了画面的视觉冲击力。同时，青色也能为画面增添清凉、清新的气息，使画面更加吸引人。	CMYK：66,0,35,0 CMYK：0,13,15,0

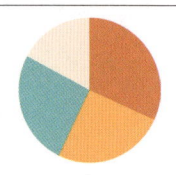

  这款植物油的产品推荐广告将产品拟人化，赋予产品人的神态，能够让观者更容易与广告产生共鸣和情感上的连接。欢快活泼的形象可以带动观者情绪，使观者产生愉悦、快乐的心情，从而对广告产生好感。

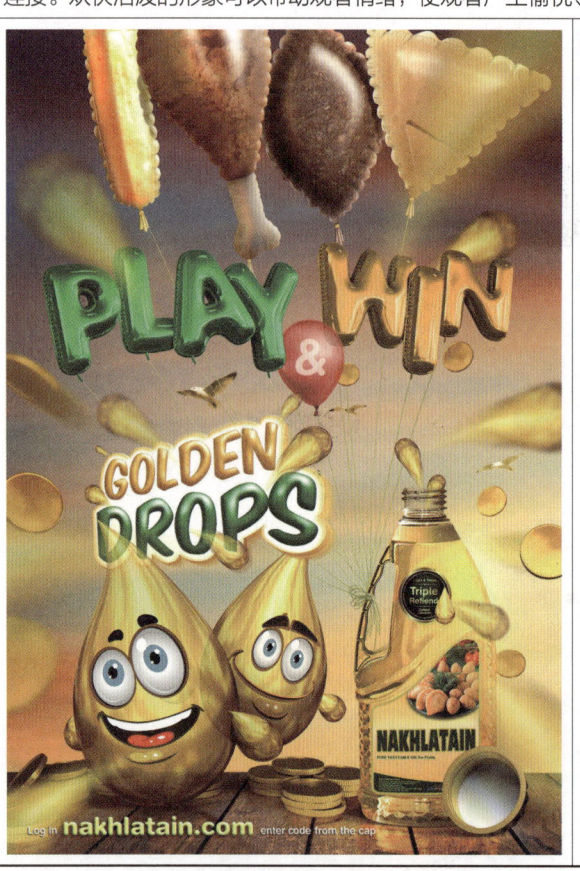

	色彩点评：	
	• 以金黄色为主色调，金色是一种明亮的暖色调色彩，具有极强的视觉吸引力和冲击力，还可以增强画面的活力感。	CMYK：8,17,83,0 CMYK：40,67,100,2
	• 绿色作为辅助色，增添了清新自然的气息。绿色是一种与植物相关的色彩，能够对观者产生安全和健康的暗示。	CMYK：70,0,94,0 CMYK：83,47,100,10

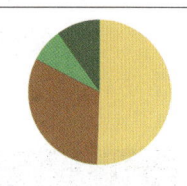

3.3 实操：便携式音响广告设计

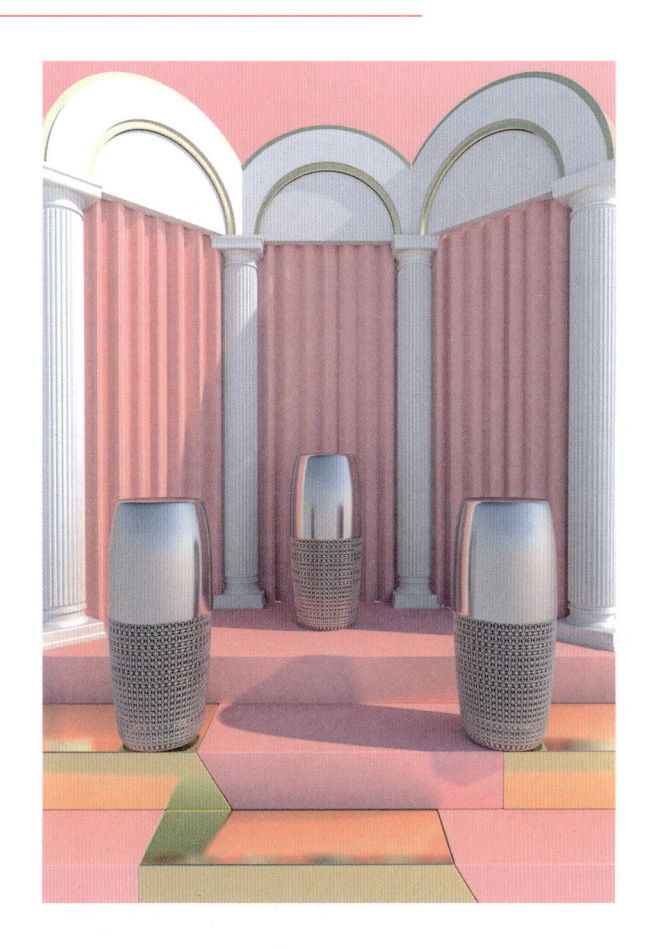

3.3.1 设计思路

案例类型：

本案例通过Cinema 4D软件制作一个便携式音响广告。画面中展示了三台便携式音响，在午后环境光的展示效果中，银灰色的金属质地产品与粉色背景墙形成对比，整体呈现简约、大气的风格，契合电商广告的要求。

项目诉求：

1）**突出空间环境的真实感与产品的质感**

通过物理天空渲染和光影提升场景的真实感。通过高度还原音响网罩和箱体的金属材质，赋予音响产品高端、精致的品质感。

2）**塑造品牌时尚形象**

粉色背景与橙色点缀色形成明亮、温馨的暖色调搭配，传递活力感与愉悦感，增强广告亲和力，契合电商品牌年轻化定位需求。

3）强化电商平台展示效果

明快的色彩与对称构图，使画面简洁大方，主体突出，确保广告在电商平台的展示中快速吸引消费者注意。

设计定位：

1）契合年轻消费群体需求

简约、现代的产品风格与明亮、鲜活的色彩，与关注时尚、潮流的年轻消费群体契合。

2）定位于高端时尚电商广告设计

金属质感与光泽彰显产品的精致感与高端感，提升产品品质。

3）聚焦环境渲染效果与空间构建

通过简单场景与柔和光照，塑造产品主视觉，创造出既现代又温馨的氛围。

3.3.2　配色方案

本案例将现代简约风格与优雅浪漫相结合，展示了音响产品在柔和光线下的效果，色彩明快，营造出温馨、梦幻的氛围，使消费者在情感上产生共鸣。

主色：

粉色作为广告主色调，给人梦幻、明快的感觉，减轻视觉压力，使观者在浏览广告时感到轻松、愉快。

辅助色：

亮灰色在视觉上具有现代简约的风格，作为辅助色平衡了粉色的甜美感，在视觉上强调精致、细腻与高级感，增强了广告的时尚感。

点缀色：

地板添加了金漆材质，在光照下呈现出明亮的橙色，作为点缀色，明亮且充满活力，活跃整体氛围，增强了广告记忆点。

3.3.3 项目实战

1. 创建圆柱体，制作柱子模型

步骤/01 在菜单栏中执行"创建"|"参数对象"|"圆柱体"命令，创建完成后，进入"对象"|"属性"面板，设置"半径"为30cm，"高度"为380cm，"高度分段"为1，"旋转分段"为30。

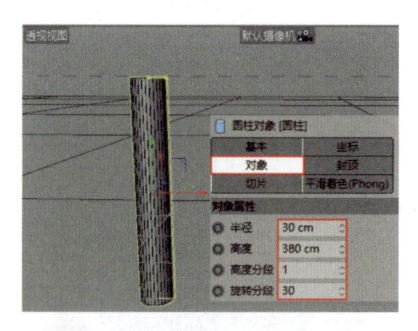

步骤/02 单击 （转换为可编辑对象）按钮，接着单击左侧工具栏中的 （多边形）按钮，选中圆柱体的侧面，在菜单栏中执行"网格"|"倒角"命令，创建完成后进入"对象"|"属性"面板，设置"偏移"和"挤出"均为2cm，取消勾选"保持组"复选框。

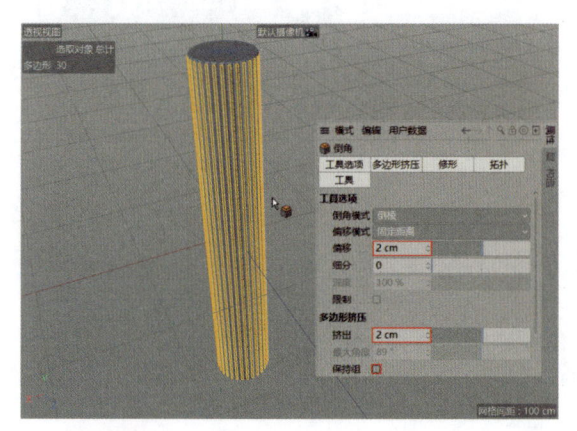

步骤/03 在菜单栏中执行"创建"|"参数对象"|"圆柱体"命令，创建完成后，进入"对象"|"属性"面板，设置"半径"为30cm，"高度"为30cm，"高度分段"为6，"旋转分段"为50。

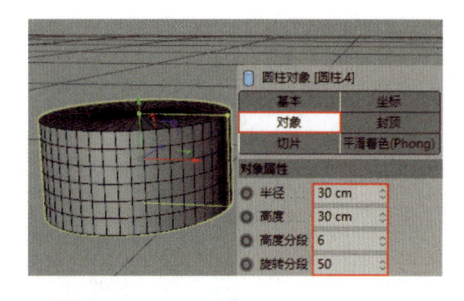

步骤/04 在正视图中选中圆柱体，单击 （转换为可编辑对象）按钮，接着单击 （点）按钮，使用"框选"工具框选圆柱体直径上的点，然后选择 （缩放）工具，依次缩紧圆柱体的各个半径，更改形状。随后在透视图中选中一圈多边形，在菜单栏中执行"网格"|"挤压"命令，创建完成后进入"对象"|"属性"面板，设置"偏移"为5cm。

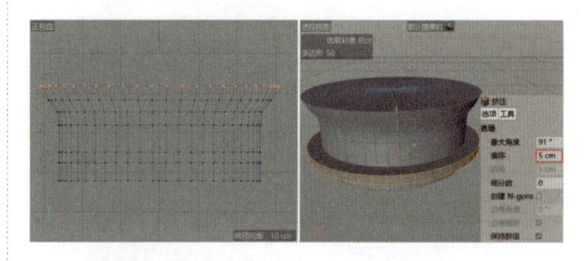

步骤/05 在菜单栏中执行"创建"|"参数对象"|"立方体"命令，创建完成后，进入"对象"|"属性"面板，设置"尺寸.X"为90cm，"尺寸.Y"为22cm，"尺寸.Z"为90cm，"分段X"为1，"分段Y"为4，"分段Z"为1。

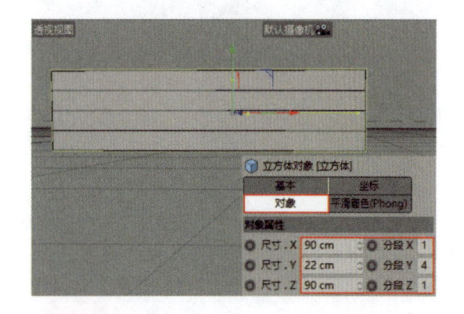

步骤/06 在正视图中选中立方体，单击 （转换为可编辑对象）按钮，接着单击 （点）按钮，使用"框选"工具框选立方体中位置处于整个立方体下方三行全部的点，使用 （缩放）

工具缩紧选中点部分的各个半径，更改形状。

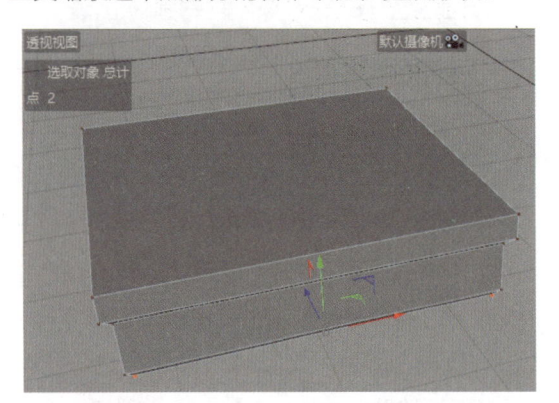

步骤/07 在顶视图和正视图中将创建的立方体和圆柱体拼接成一个整体。

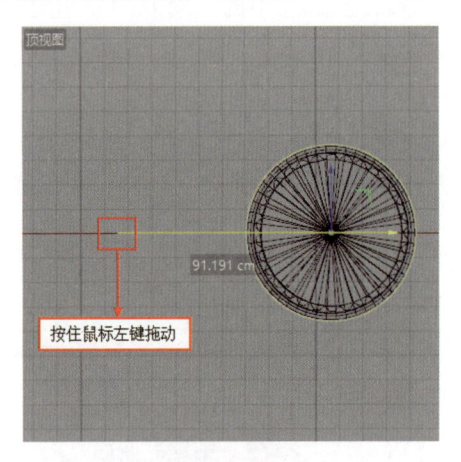

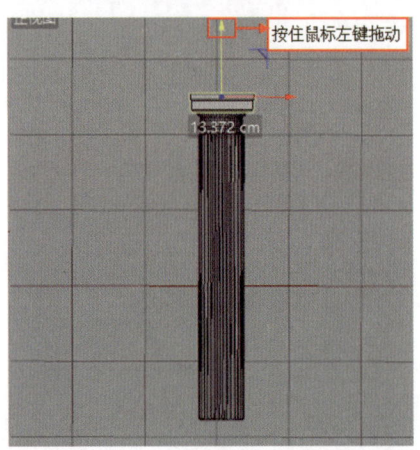

步骤/08 在正视图中，按住Ctrl键将立方体和圆柱体向下复制一份，复制完成后单击工具栏中的（旋转）按钮，沿Z轴向右旋转180°。

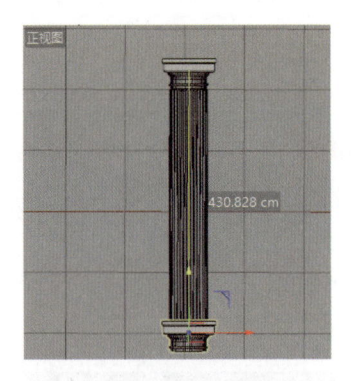

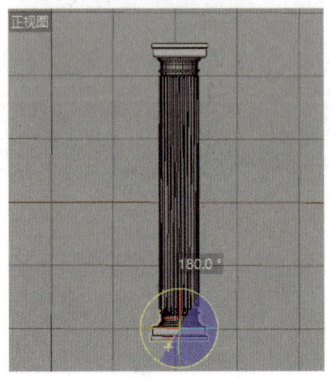

步骤/09 按住Shift键加选柱子部分，在正视图中按住Ctrl键水平向右复制一份，移动距离为300cm。

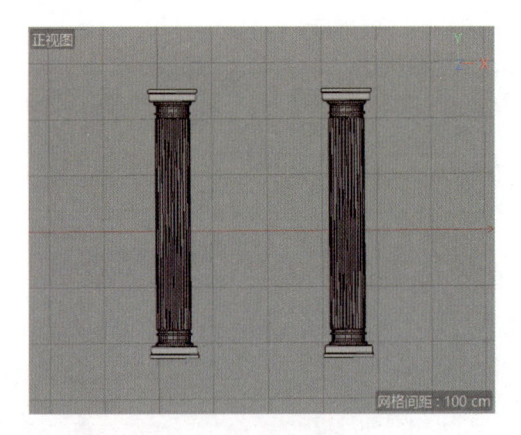

2. 创建管道，制作拱门模型

步骤/01 在菜单栏中执行"创建"|"参数对象"|"管道"命令，创建完成后，进入"对象"|"属性"面板，设置"内部半径"为120cm，"外部半径"为195cm，"旋转分段"为100，"高度"为50cm，"高度分段"为1。进入"切片"面板，勾选"切片"复选框。

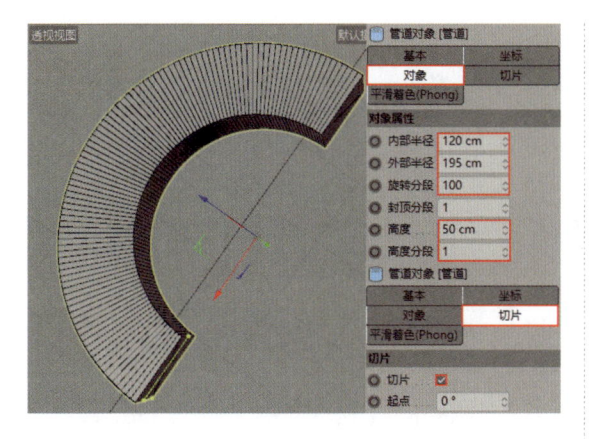

第3章 电商广告与海报设计的创意及构思

步骤/02 打开右视图，单击工具栏中的 ◎（旋转）按钮，按住Shift键沿Z轴将创建的管道模型旋转90°。

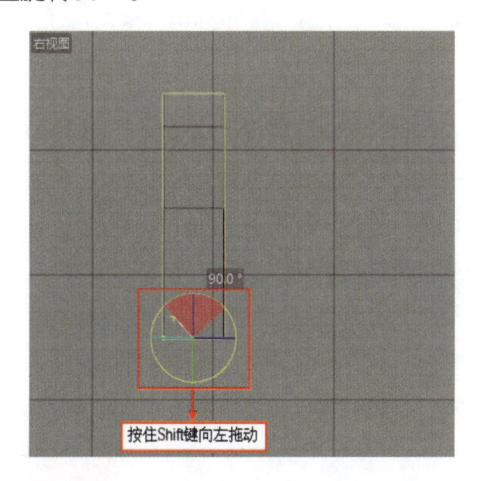

步骤/03 继续在菜单栏中执行"创建"|"参数对象"|"管道"命令，创建完成后，进入"对象"|"属性"面板，设置"内部半径"为130cm，"外部半径"为185cm，"旋转分段"为100，"高度"为5cm，"高度分段"为1。进入"切片"面板，勾选"切片"复选框。

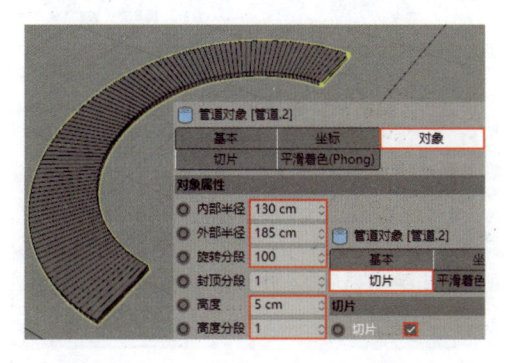

步骤/04 在右视图中，单击 ◎（旋转）按钮，按住Shift键将创建的管道沿Z轴旋转90°。

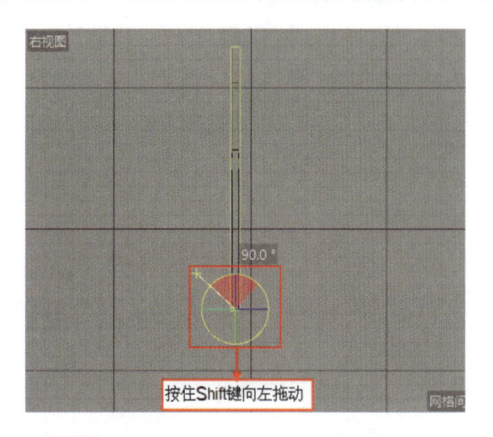

步骤/05 在顶视图和正视图中将创建的管道拼接成一个整体。

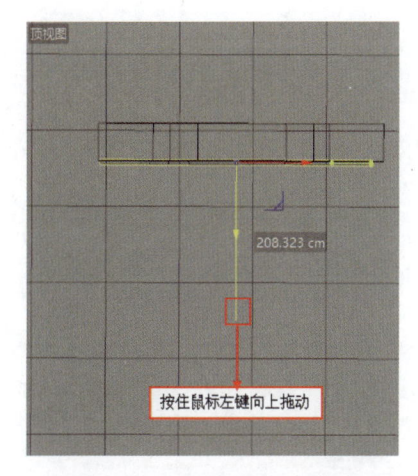

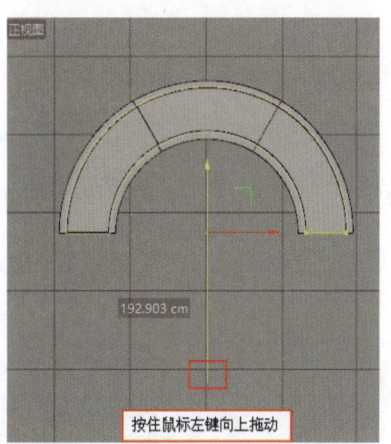

步骤/06 在菜单栏中执行"创建"|"参数对象"|"圆柱体"命令，创建完成后，进入"对

象"|"属性"面板,设置"半径"为120cm,"高度"为20cm,"高度分段"为1,"旋转分段"为50,进入"切片"面板,勾选"切片"复选框。

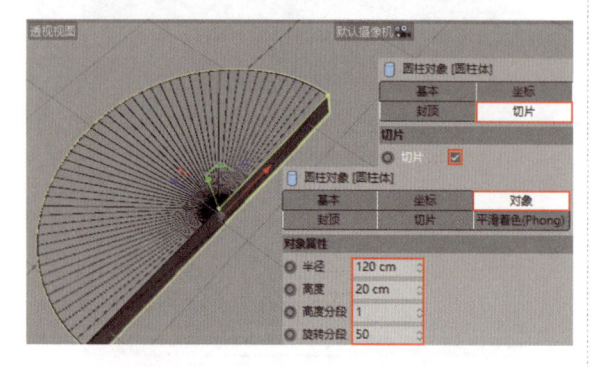

步骤/07 在右视图中单击（旋转）按钮,按住Shift键将创建的圆柱体沿z轴旋转90°。

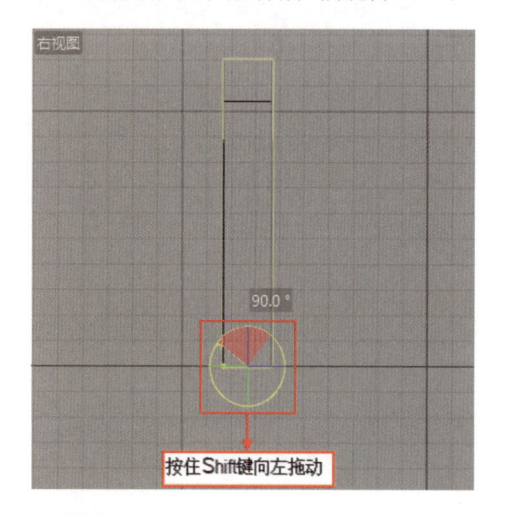

步骤/08 在顶视图和正视图中,将圆柱体与管道拼接成一个整体,创建拱门部分。

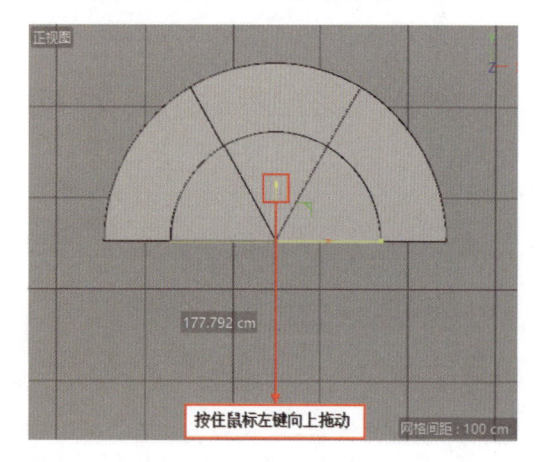

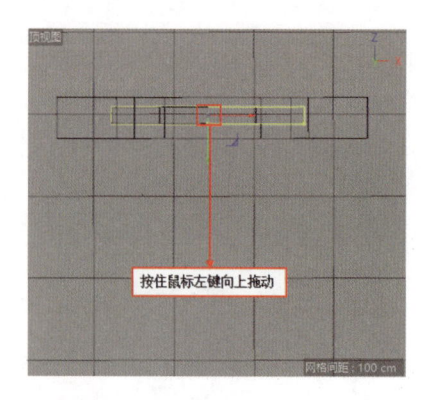

3. 创建样条,制作幕布

步骤/01 使用（样条画笔）工具在顶视图中绘制一条不规则的曲线。

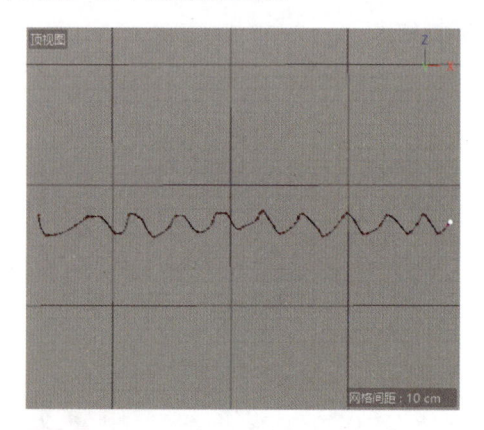

步骤/02 单击工具栏中的（挤压）按钮,设置完成后,进入"对象"|"属性"面板,设置"方向"为"绝对","移动"为0cm、460cm、0cm。创建完成后,进入"对象"选项卡,按住鼠标左键并拖动样条到"挤压"上,出现↓图标时松开鼠标。在透视图中,使用（旋转）工具,在按住Shift键的同时将挤压后的模型沿Z轴旋转90°。

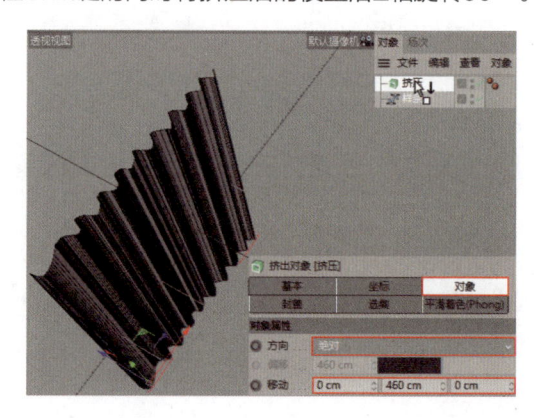

步骤/03 创建完成后，在顶视图和正视图中将创建的所有模型进行拼接。

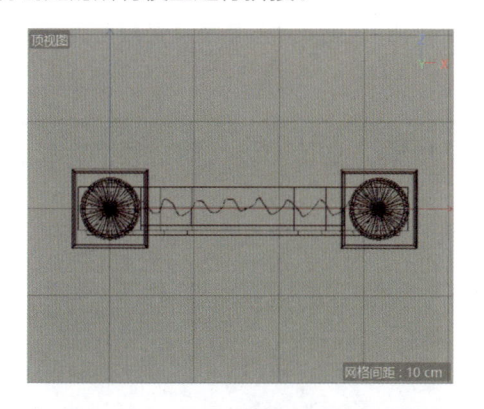

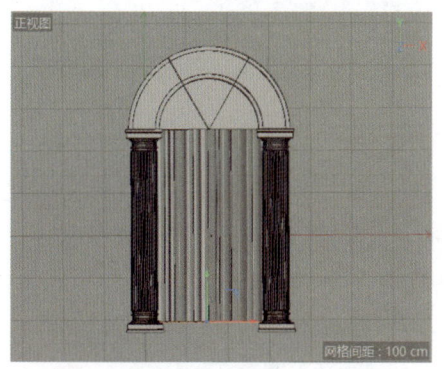

步骤/04 单击菜单栏中的 ▣（空白）按钮，新增一个空白对象，框选"对象"选项卡中的所有对象，按住鼠标左键并将其拖动到"空白"上，出现 ↓ 图标时松开鼠标，创建一个组。

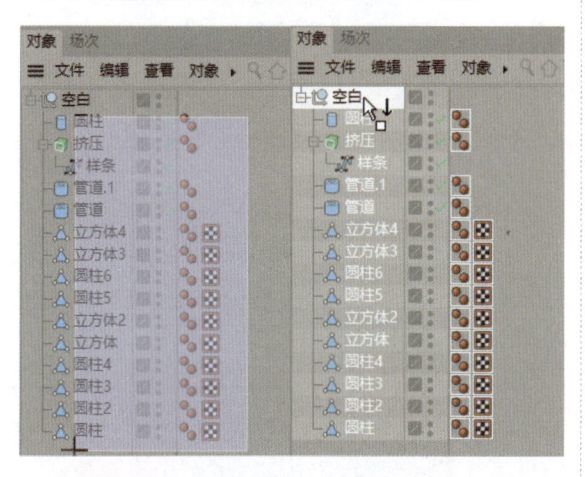

步骤/05 框选除右边的圆柱体外的所有对象，按住Ctrl键在顶视图中复制一份。

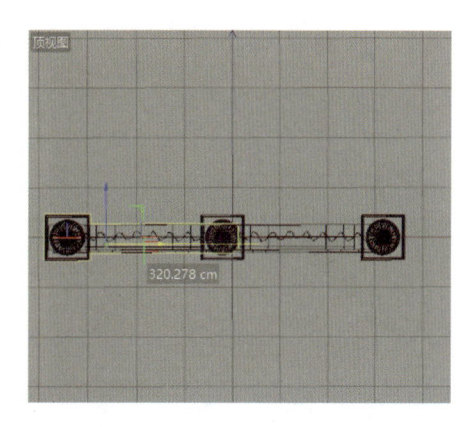

步骤/06 重复以上操作，框选除左边的圆柱体外的所有对象，按住Ctrl键在顶视图中复制一份。

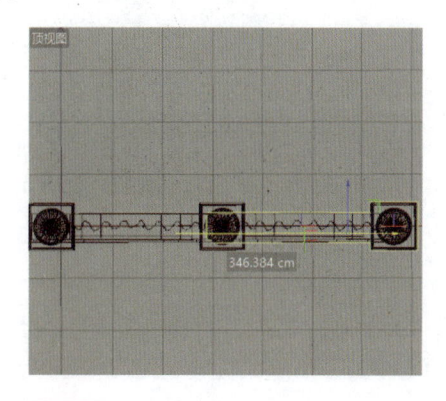

步骤/07 单击左侧工具栏中的 ▣（转换为可编辑对象）按钮，接着单击 ▣（启用轴心）按钮，将坐标轴放到背景的柱子交会处。继续单击 ▣（启用轴心）按钮，取消应用。

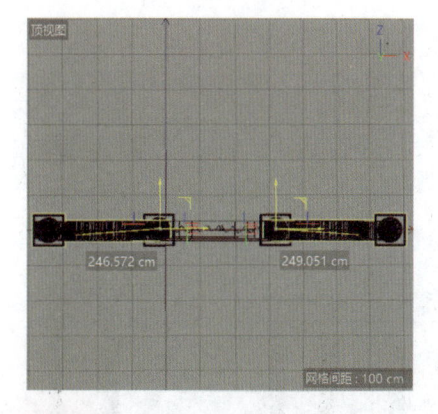

步骤/08 单击菜单栏中的 ▣（旋转）按钮，按住Shift键沿Z轴将两个背景旋转40°与-40°。

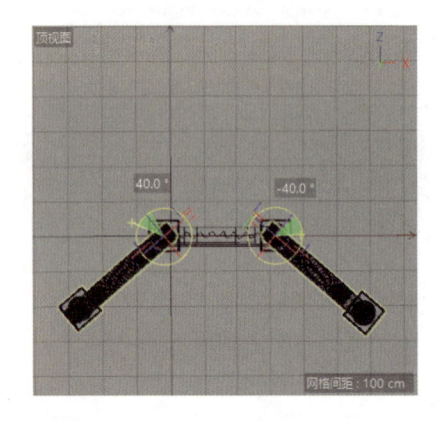

步骤/02 单击工具栏中的 ■（编辑渲染设置）按钮，开始设置渲染参数。设置"渲染器"为"物理"。单击"输出"，设置"宽度"为1050，"高度"为1500，勾选"锁定比率"复选框。

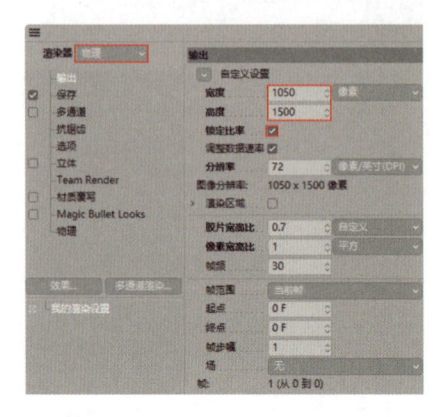

步骤/03 单击"物理"，设置"采样器"为"递增"，单击"效果"按钮，在弹出的下拉列表中选择"全局光照"选项，进入该面板后，设置"次级算法"为"辐照缓存"。

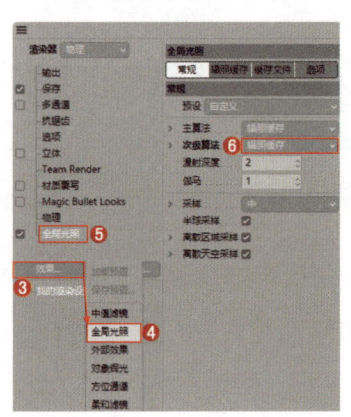

步骤/09 此时本案例制作完成。

4. 渲染设置

步骤/01 此时广告场景背景搭建完成，打开本书配套文件，将预先制作好的音响模型、地面模型等与背景模型搭建合并在一起。

5. 创建地板与背景材质

步骤/01 创建一个新的默认材质，双击该材质球，进入材质编辑器修改参数。勾选"颜色"复选框，创建一种粉色。

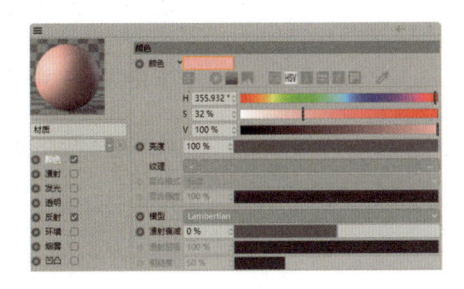

步骤/02 创建完成后，将该材质球拖动至视图中地板与背景的位置上。

6. 创建金漆材质

步骤/01 创建一个新的默认材质，将其命名为"金漆"。双击该材质球，进入材质编辑器修改参数，取消勾选"颜色"复选框，勾选"反射"复选框，单击"移除"按钮，切换到"默认高光"选项卡，单击"添加"按钮，在弹出的下拉列表中选择Beckmann选项。

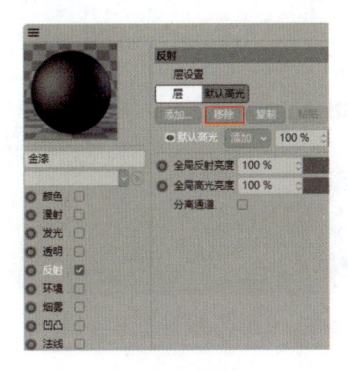

步骤/02 单击进入"层1"面板，设置"粗糙度"为13%，创建一种暗黄色，设置"亮度"为170%。

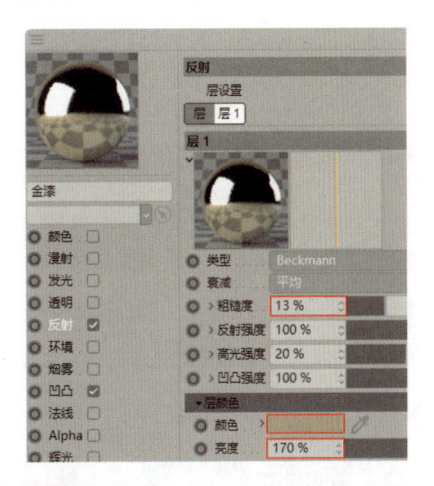

步骤/03 勾选"凹凸"复选框，单击"纹理"右边的图标，在弹出的下拉列表中选择"噪波"选项，设置"强度"为-3%。

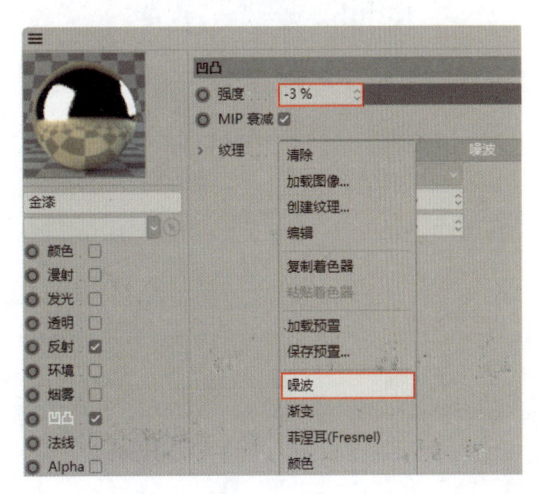

步骤/04 单击进入"着色器"面板,设置"种子"为667,在"噪波"下拉列表中选择"置换湍流"选项,设置"全局缩放"为336%,"相对比例"为100%、10%、100%,"低端修剪"为17%,"高端修剪"为88%,"对比"为4%。

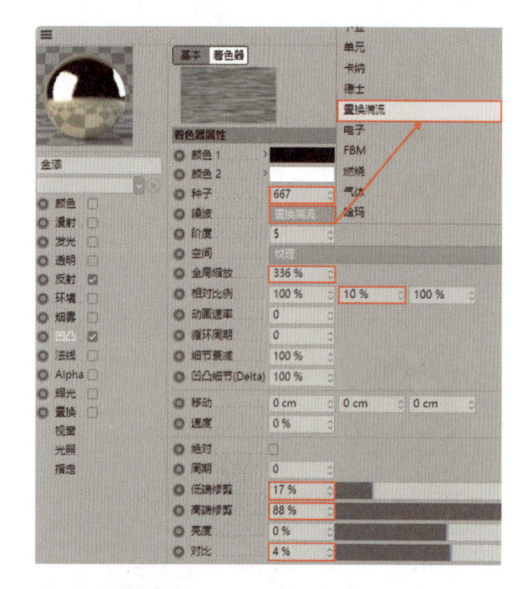

步骤/05 创建完成后,将该材质球拖动至视图中剩下的地板与背景上。

7. 创建背景墙材质

步骤/01 创建一个新的默认材质,将其命名为"背景墙1"。双击该材质球,进入材质编辑器修改参数。勾选"颜色"复选框,创建一种浅灰色。

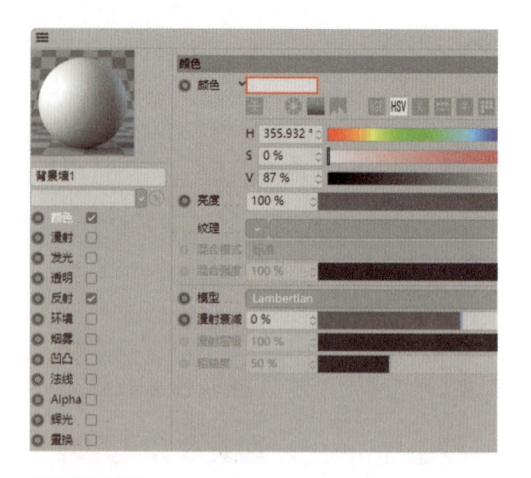

步骤/02 创建完成后,将其拖动至视图中的4个柱子上。

步骤/03 单击进入"对象"面板,展开"拱形墙"组,将刚才创建的材质球拖动两遍至"管道2"上,出现↓图标时松开鼠标。

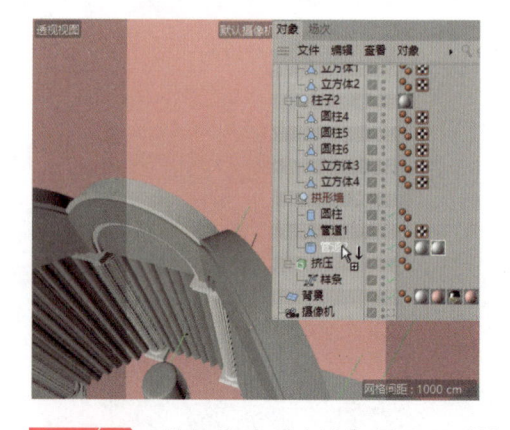

步骤/04 继续拖动"金漆"材质至"管道

2"上,将"背景墙1"材质拖动至剩余的"拱形墙"上。

步骤/05 创建一个新的默认材质,将其命名为"背景墙2"。创建完成后,将其拖动至"对象"面板中的"圆柱"与"管道1"上,出现⬇图标时松开鼠标。

步骤/06 创建一个新的默认材质,将其命名为"背景墙3"。双击该材质球,进入材质编辑器修改参数。勾选"颜色"复选框,创建一种粉色。单击"纹理"右方的▼图标,在弹出的列表中选择"菲涅尔(Fresnel)"选项。进入"着色器"面板,创建一种浅灰色的渐变颜色,设置"混合强度"为20%。在"模型"下拉列表框中选择Oren-Nayar选项,设置"漫射衰减"为-20%。

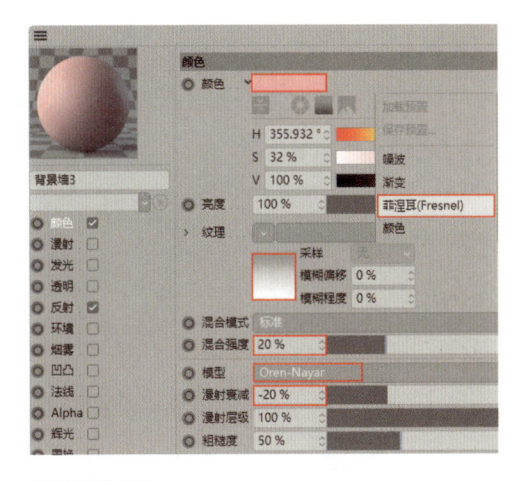

步骤/07 勾选"漫射"复选框并进入其设置面板,单击"纹理"右方的▼图标,在弹出的列表中选择"噪波"选项。

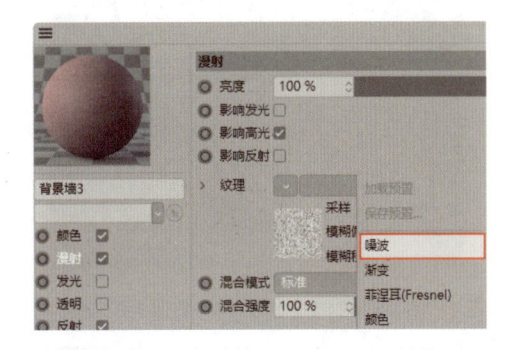

步骤/08 进入"着色器"面板,在"噪波"下拉列表中选择"沃洛1"选项,设置"全局缩放"为2%,"移动"为0cm、0cm、0.001cm。

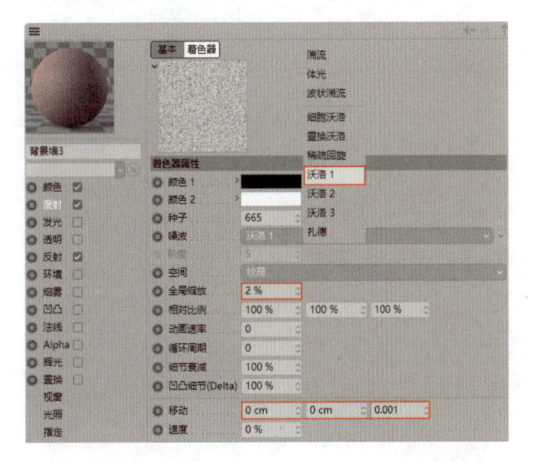

步骤/09 回到"漫射"面板,设置"混合强度"为10%。

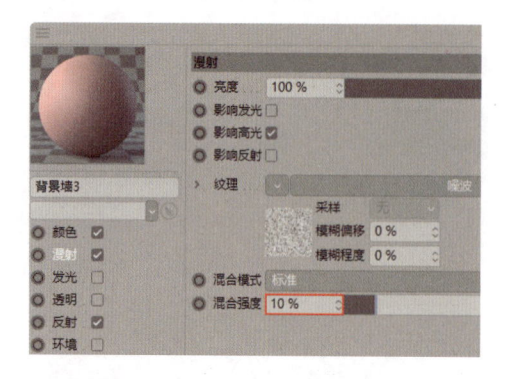

步骤/10 进入"反射"面板,单击"移除"按钮,移除默认高光。

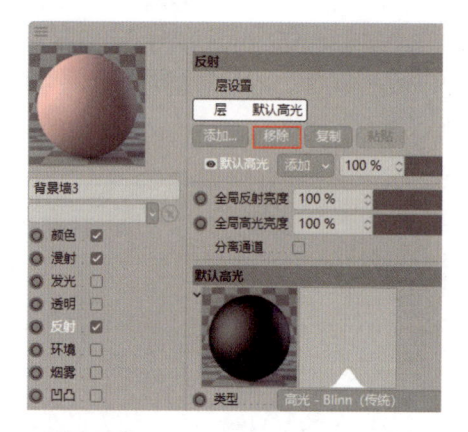

步骤/11 勾选"凹凸"复选框,单击"纹理"右方的■图标,在弹出的列表中选择"噪波"选项,设置"强度"为10%。

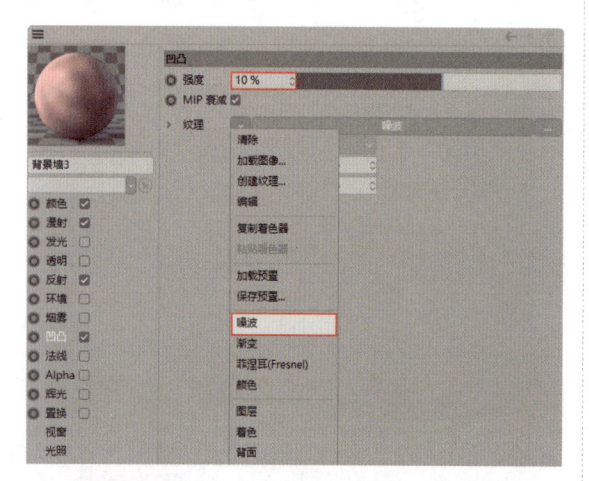

步骤/12 进入"着色器"面板,在"噪波"下拉列表框中选择"湍流"选项,设置"全局缩放"为2%,"凹凸细节(Delta)"为50%,"移动"为0cm、0cm、0.001cm。

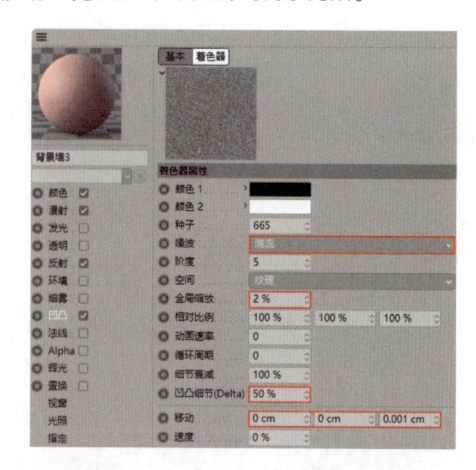

步骤/13 创建完成后,将该材质球拖动至"对象"面板中的"挤压"上,出现↓图标时松开鼠标。

步骤/14 将剩余的两个背景墙创建完成。

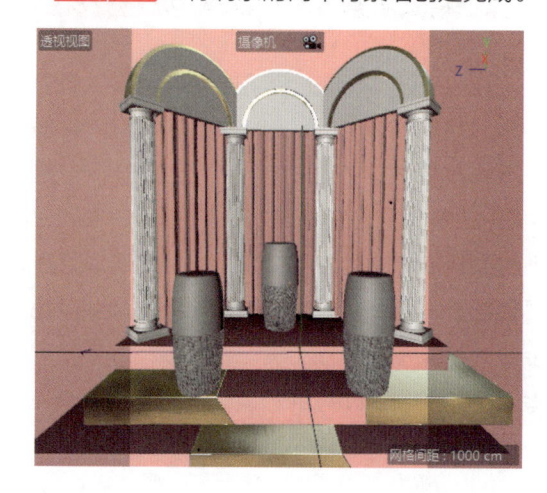

8. 创建音响材质

步骤/01 创建一个新的默认材质,将其命名为"音响1"。双击该材质球,进入材质编辑器修改参数。勾选"颜色"复选框,创建一种黑色。

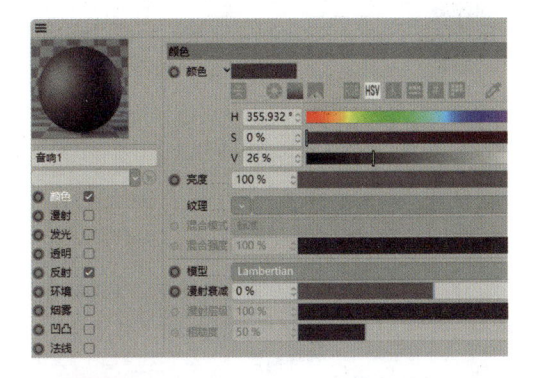

步骤/02 创建完成后,将该材质拖动至音响内部。

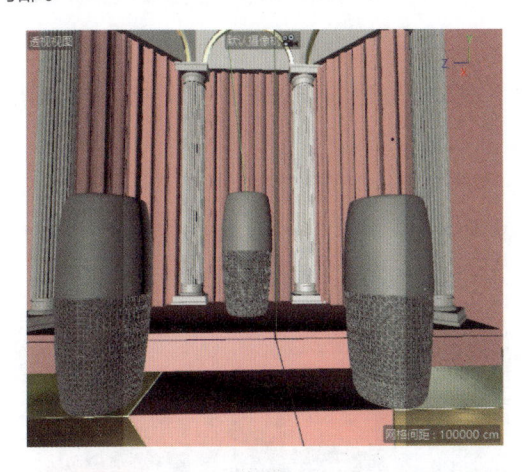

步骤/03 继续创建一个默认材质,将其命名为"音响2"。双击该材质球,进入材质编辑器修改参数。勾选"颜色"复选框,创建一种浅灰色。

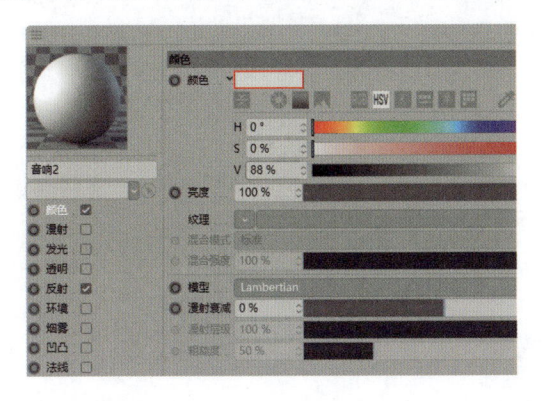

步骤/04 创建完成后,将该材质拖动至音响外侧下方。

步骤/05 再创建第三个默认材质,将其命名为"音响3"。双击该材质球,进入材质编辑器修改参数。取消勾选"颜色"复选框,勾选"反射"复选框,将"默认高光"移除。

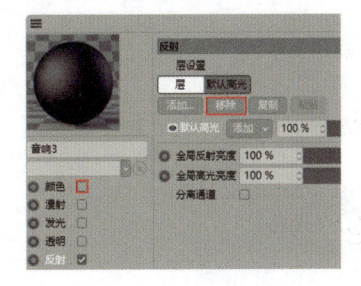

步骤/06 单击"添加"按钮,在弹出的下拉列表中选择"各向异性"选项,进入该面板,设置"粗糙度"为44%,"反射强度"为93%,"高光强度"为12%,"凹凸强度"为71%,"颜色"为浅灰色。单击"划痕"下拉按钮,在弹出的下拉列表中选择"主级"选项,设置"各向异性"为40%,"方向"为17°,"主级振幅"为353%,"主级缩放"为3%。

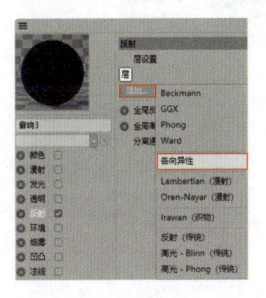

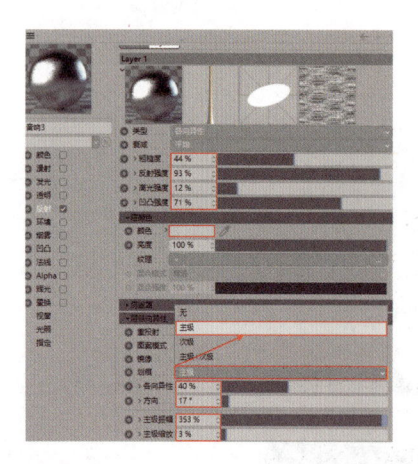

步骤/09 进入该操作面板,设置"粗糙度"为11%,"高光强度"为0,单击"纹理"右方的图标,在弹出的列表中选择"过滤"选项。

步骤/07 创建完成后,将该材质拖动至音响外则下方。

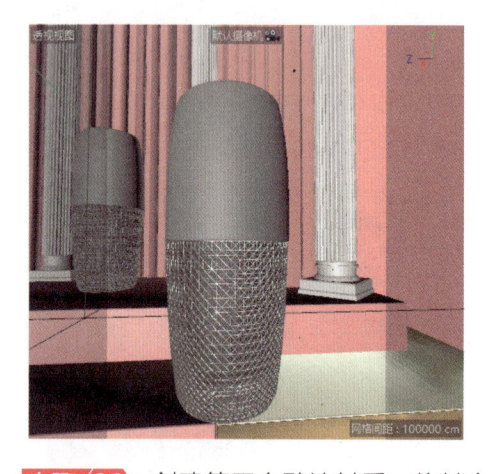

步骤/08 创建第四个默认材质,将其命名为"音响4"。双击该材质球,进入材质编辑器修改参数。取消勾选"颜色"复选框,勾选"反射"复选框,移除"默认高光"。接着单击"添加"按钮,在弹出的下拉列表中选择"反射(传统)"选项。

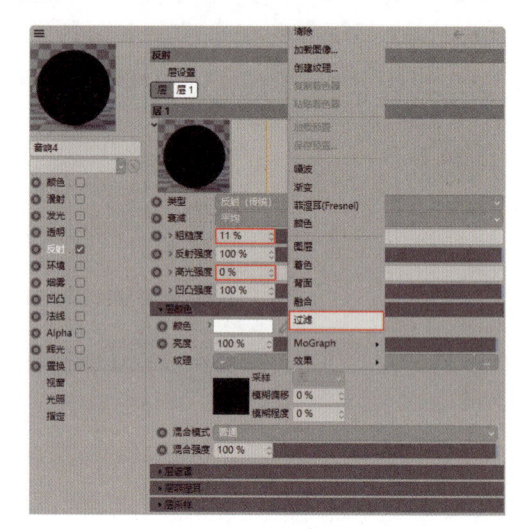

步骤/10 进入"着色器"面板,单击"纹理"右方的图标,在弹出的列表中选择"噪波"选项,进入"噪波"的着色器属性设置面板,在"噪波"下拉列表中选择"路卡"选项,设置"全局缩放"为1%,"移动"为0cm、0cm、0.003cm,"亮度"为50%,"对比"为60%。

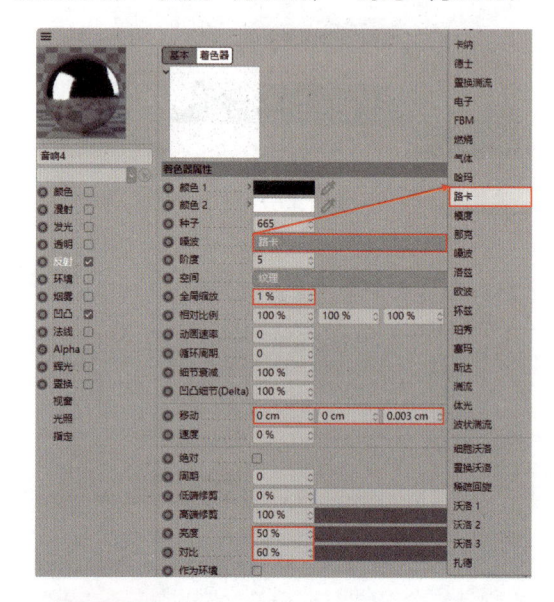

步骤/11 勾选"凹凸"复选框,单击"纹理"右方的图标,在弹出的列表中选择"过滤"选项。

步骤/12 进入"着色器"面板,单击"纹理"右方的 图标,在弹出的列表中选择"图层"选项。

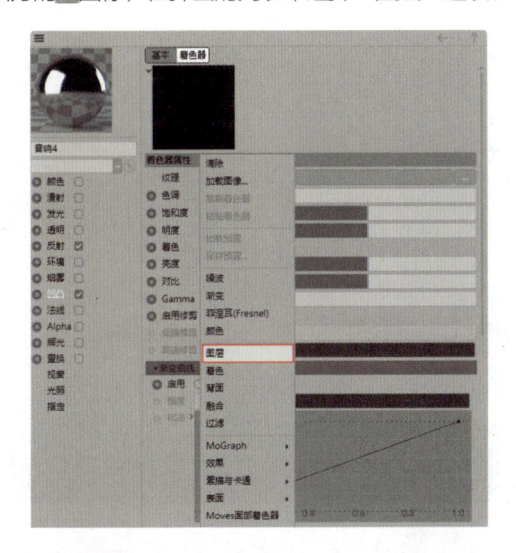

步骤/13 单击"着色器"按钮,在弹出的下拉列表中选择"噪波"选项。

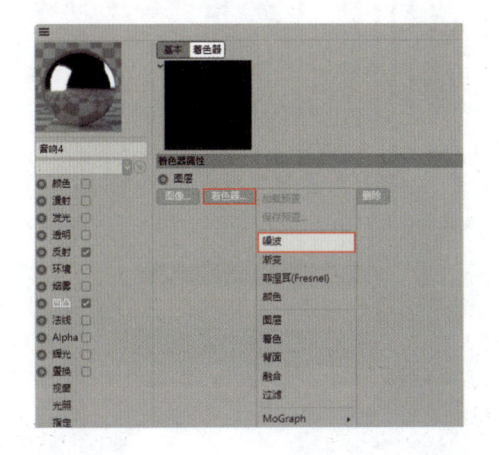

步骤/14 在"着色器"|"属性"面板中,设置"全局缩放"为1000%,"移动"为0cm、0cm、0.003cm。

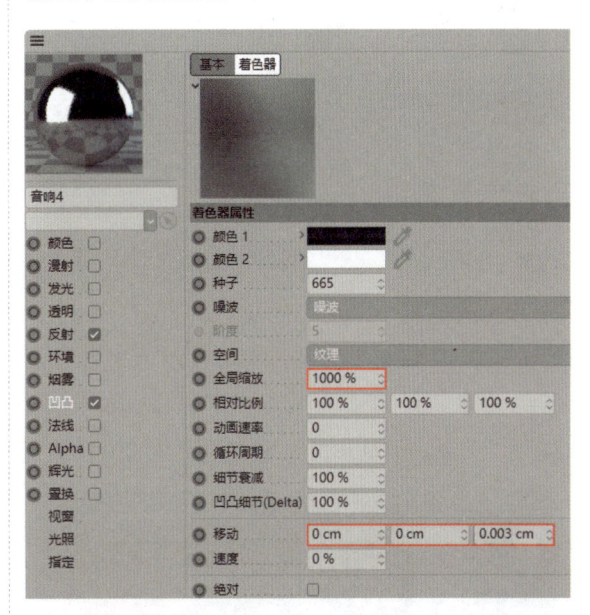

步骤/15 单击 按钮,回到"图层"面板,继续执行"着色器"|"噪波"命令,进入其操作面板,设置"噪波"为"那克","凹凸细节(Delta)"为20%,"移动"为0cm、0cm、0.003cm。

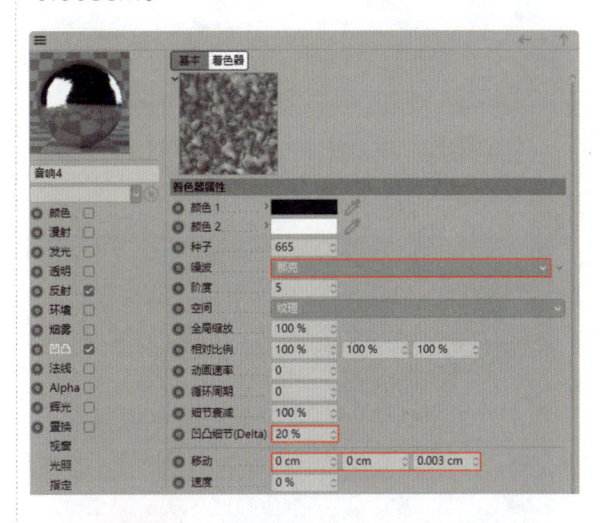

步骤/16 单击 按钮,回到"图层"面板,设置"噪波"的值为10%。

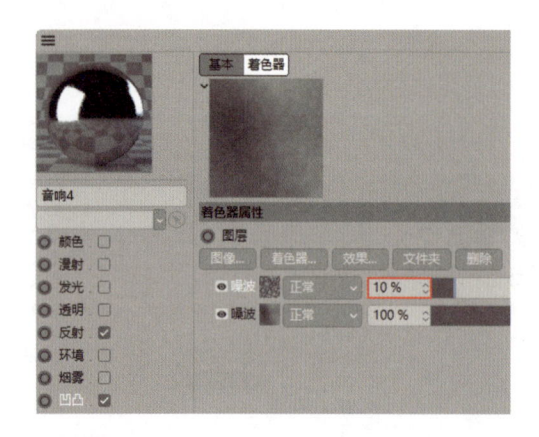

步骤/17 执行"着色器"|"噪波"命令，进入其操作面板，设置"噪波"为"路卡"，"全局缩放"为2%，"凹凸细节（Delta）"为20%，"移动"为0cm、0cm、0.003cm。

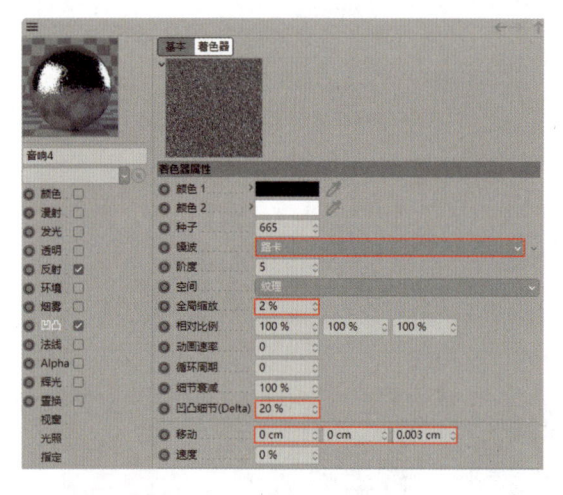

步骤/18 单击←按钮，回到"图层"面板，设置"噪波"的值为2%。

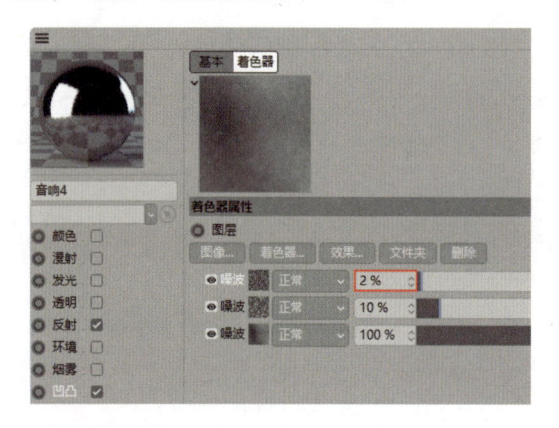

步骤/19 回到"凹凸"面板，设置"强度"为25%。

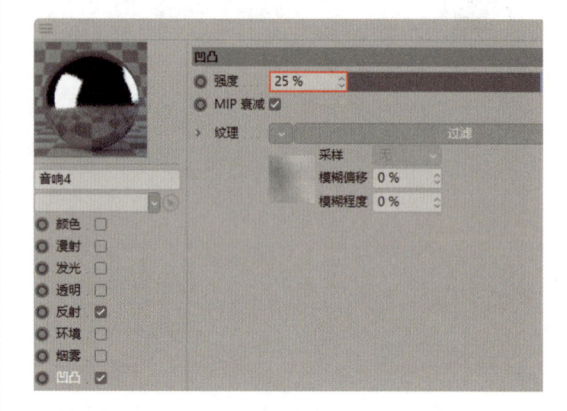

步骤/20 创建完成后，将该材质球拖动至视图中的音响上方。

步骤/21 接着将材质球拖动至另外两个音响上。

9. 创建物理天空

步骤/01 在菜单栏中执行"创建"|"物理天空"|"物理天空"命令，单击进入"对象"|"属性"面板，单击"天空"标签，设置"强度"为200%。

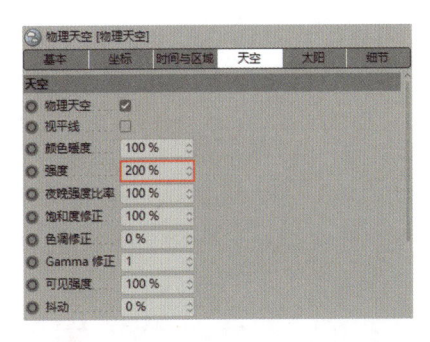

步骤/02 接着单击"时间与区域"标签，设置好相应的时间。

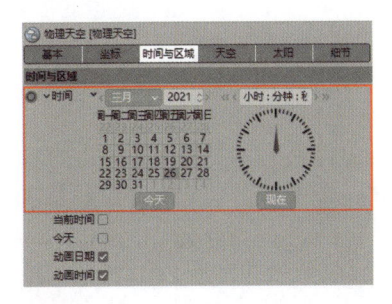

步骤/03 创建完成后，将其拖动并旋转至合适的位置上。

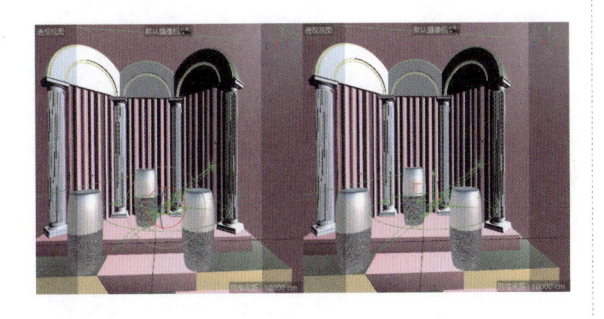

步骤/04 本案例创建完成。

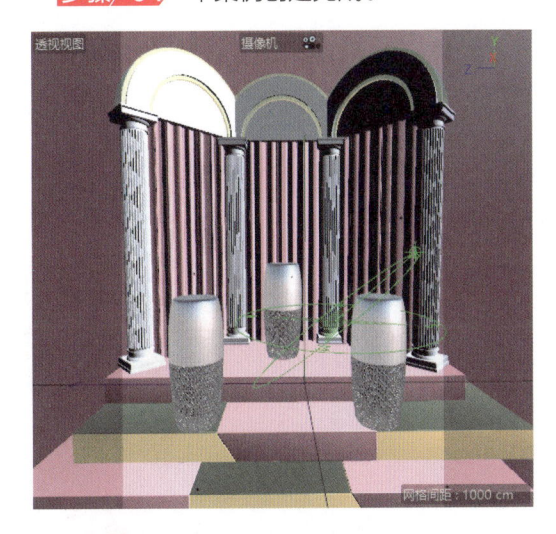

步骤/05 最终渲染效果如下。

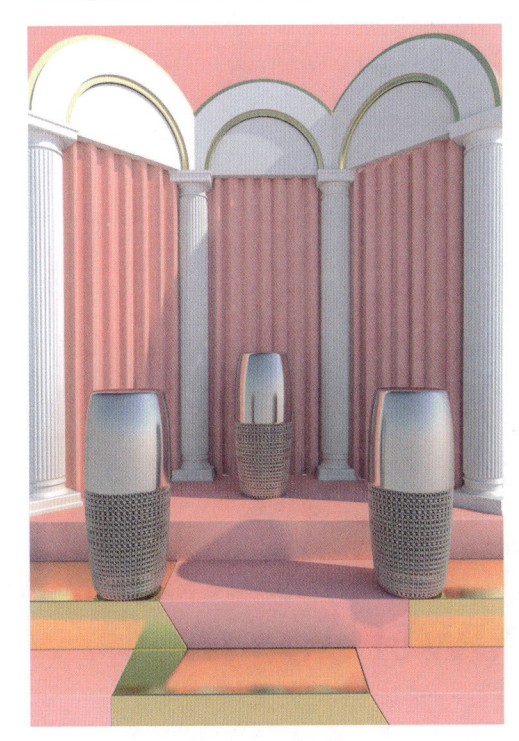

读书笔记

第 4 章

电商广告与海报设计中的视觉要素

视觉要素在电商广告设计中起着非常重要的作用。通过巧妙运用视觉要素，可以吸引用户的注意力，传达品牌形象与产品信息，引发情感共鸣以及提升广告效果。本章将讲解一些常见的视觉要素在电商广告设计中的应用。

4.1 色彩

色彩在广告中起着引人注目、识别品牌和传达情感的作用。正确选择和运用色彩可以提升广告的吸引力和识别度。

4.1.1 色彩的基本原理

色彩是由光的不同波长产生的，主要分为三原色（红、黄、蓝）和三间色（绿、橙、紫），这些基本色通过不同的搭配形成各种色彩组合。色彩包括色相、饱和度、明度三个重要属性。

色相：指色彩的种类，如红色、蓝色、绿色等。

饱和度：指色彩的纯度或强度，饱和度越高，色彩看起来越鲜艳；饱和度越低，则显得更加柔和或灰暗。

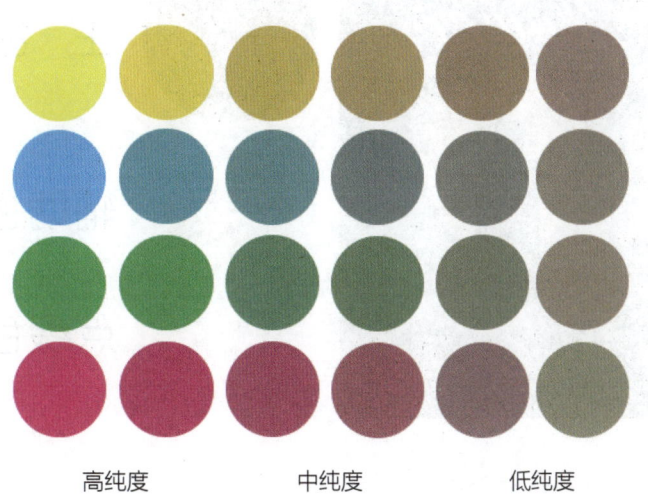

明度：指色彩的明亮程度，明度高的颜色看起来更明亮，明度低的颜色则显得暗淡。

4.1.2 主色、辅助色和点缀色

在电商美工设计中,色彩的运用不仅要考虑美观,还要确保视觉效果清晰,信息传递有效。为了让设计更加协调、有层次感,色彩通常被分为主色、辅助色和点缀色,它们各自扮演着不同的角色,共同营造出理想的视觉氛围。

1. 主色

主色是设计中的主要色彩,通常用于页面的背景、主视觉和品牌标识等关键元素。它是品牌识别的重要组成部分,能够直接传达品牌的核心特质和个性。主色应具备较强的视觉影响力,并且能够与品牌的理念和目标受众的情感需求相契合。

2. 辅助色

辅助色用于辅助主色,帮助丰富设计层次感并突出其他重要信息。辅助色的选择应与主色保持协调,形成对比而不冲突。辅助色的作用是平衡整个页面的色彩,让设计既不显得单调,也不过于花哨。通常辅助色的使用量较少,起到补充和衬托的作用。

3. 点缀色

点缀色通常是设计中的亮点色用于吸引用户的注意力或突出某些关键内容,如重点标识、"立即购买"按钮、促销信息等。点缀色具有较高的对比度,可以帮助设计师在页面中创造焦点,激发用户的视觉反应,推动用户做出行动。

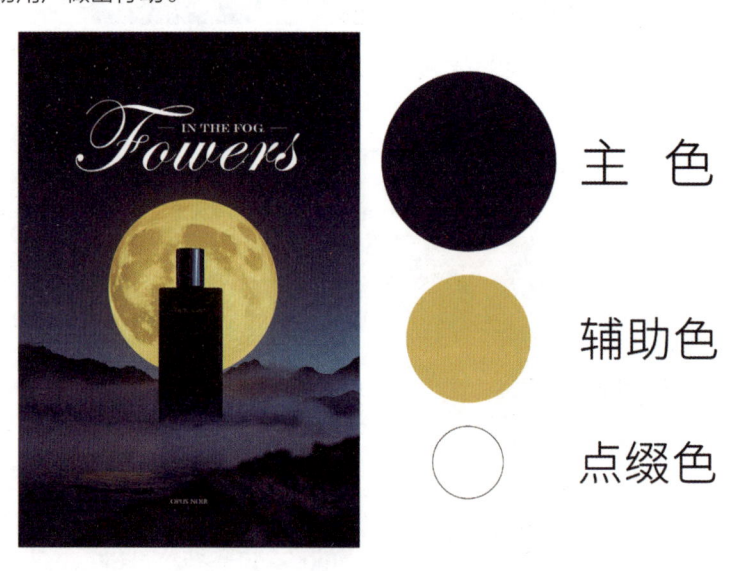

4.1.3 色彩心理学

因为色彩可以直接影响人们的情感和心理,所以色彩在电商广告设计中扮演着重要角色。本小节将深入探讨色彩心理学,了解不同颜色对消费者情绪和购买决策的影响。

红色:红色是一种鲜明而引人注目的色彩,常与喜庆、活力和紧迫感相关联。在广告中使用红色可以引起消费者注意,产生紧迫感和购买意愿,适用于食品、运动和汽车产品等类型的广告。

色彩情感:热情、温暖、朝气、欢乐、幸福、紧迫、能量。

该开屏广告选择了稍深的红色作为主色，色彩冲击力与视觉刺激性较强，能够引起用户的注意，帮助观者更好地记住广告内容，对于推广家居产品起到较强的作用。

该广告选择粉色作为产品详情页的主色调，并采用直接展示的手法，既可以清晰直观地传达产品信息，又可以为消费者带来轻松、愉悦的体验，从而使消费者对产品产生好感。

橙色：橙色是一种明亮、温暖和充满活力的颜色。在广告中使用橙色可以营造友好和欢乐的氛围，建立积极的品牌形象和消费者的情感连接，适用于餐饮、运动、服饰等领域的广告设计。

色彩情感：活力、创意、热情、亲切、积极、乐观、自信、温馨。

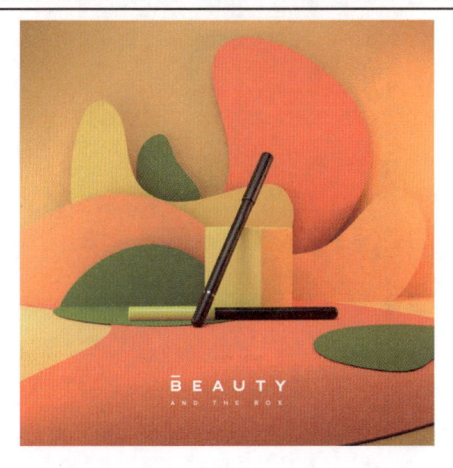

该广告通过直接展示的方式以及橙色作为主色调的设计，使插屏广告更加直观地展示广告内容给用户，可以吸引用户注意并点击浏览。广告具有较强的视觉冲击力。

该Banner广告采用重心式的构图方式，直观展示了曲奇、杏仁和杏等原料，传达了产品的口味和原料等信息。浅橙黄色作为主色调，给消费者带来美味和温暖的感觉，刺激其味蕾，增强了消费者的购买欲望。

黄色： 黄色通常与活力、快乐、乐观等情感相关联，传递出积极的情绪和温暖的感觉。在广告中使用黄色可以增强广告的吸引力，适用于食品、饮品、儿童产品等类型的广告。

色彩情感： 明亮、温暖、积极、轻松、乐观、愉悦、能量。

选择柠檬黄色作为电子邮件广告的主色调，给人以明快、美味、鲜活的感觉，吸引观者的注意力。拟人化的设计手法增强了广告的趣味性与亲和力，能够有效吸引目标受众，提升广告的点击率和转化率。

这是一个快餐品牌的新品发售推广广告，采用规整的版面布局，清晰直观地展示信息，突出食品主题，能够提高广告的有效传达率。金盏花黄色背景纯度适中，给人以愉悦、温馨的视觉体验，可以使消费者更易接受广告。

绿色： 绿色通常与自然、健康和环保联系在一起，是一种冷暖平衡的中间色。在广告中使用绿色可以给人一种平静、放松和自然的感觉，适用于食品、护肤品和金融产品等类型的广告。

色彩情感： 宁静、自然、安全、清新、希望、健康、环保。

本护肤品详情展示页采用重心式构图，直接展示产品与文字信息，以绿色作为画面主色调并使用花卉元素，强调产品天然、纯净、安全的特点，可以增强消费者对产品的信任感。

该促销活动宣传海报以文字为主体元素，直观清晰地说明作品主旨，便于消费者了解促销活动的相关信息。以薄荷绿色为主色，并使用冰块质感的文字设计，使画面更显清新、凉爽，凸显夏日气息。

青色：青色是介于蓝色与绿色之间的色彩，常与冷静、放松、清新等情感相关联，也与创新、科技、年轻等特质相关联。在广告中使用青色可以传达出和谐、可靠和专业的形象，适用于电子产品、健康食品、美妆等领域的广告。

色彩情感：清新、平静、安宁、年轻、健康、放松、可靠、专业。

该产品展示页以深青色的孔雀尾羽造型为背景，给人以绚丽、典雅的视觉感受，凸显品牌优雅、高端的内涵。

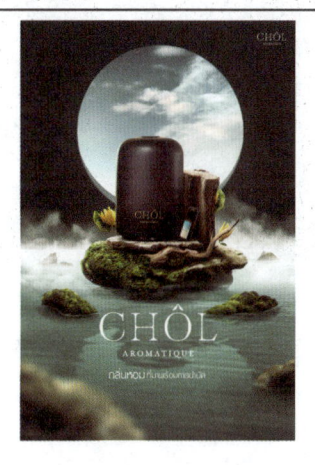

该开屏广告将香氛产品与其他体现中式色彩的元素摆放在一处，并以青色为主色调，展示出古典韵味，凸显含蓄、雅致的中式美感，增强了广告的独特性与视觉美感。

蓝色：蓝色常与冷静、信任和安全感相关联。在广告中使用蓝色可以传达品牌的专业性、可靠性和稳定性。蓝色还可以为消费者带来放松和舒适感，适用于清洁产品、科技领域的广告。

色彩情感：冷静、稳定、科技、平和、专业、健康、环保。

该款护发产品的详情页设计将产品作为主体充分展示，使用户能够全方位了解产品的外观。淡蓝色作为画面主色调，给人清新、雅致、梦幻的感觉，并从侧面体现产品天然、纯净的特点，让人感到安心、可信。

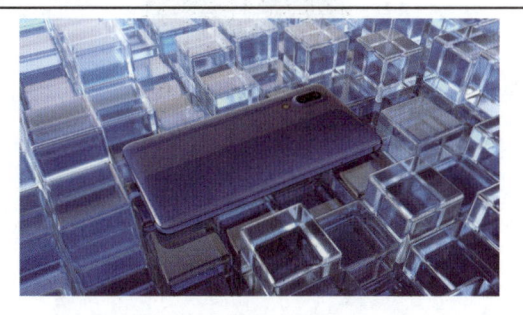

该手机的渲染图展示页清晰地展示了产品形态、尺寸、后壳材质等信息，便于消费者评估产品是否符合自己的需求。同时，展示页以深蓝色为主色调，传达出专业、严谨的态度。

紫色：紫色通常传达出神秘、浪漫、高端的感觉。在广告中使用紫色可以提升产品或品牌的价值和形象，传递出产品的高贵和独特性。紫色适用于护肤品、奢侈品和高端品牌等领域的广告。

色彩情感：神秘、浪漫、优雅、奢华、时尚、高端、魅力、奇幻。

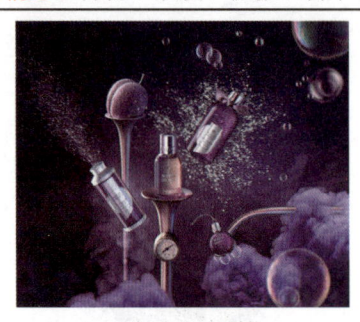

该产品广告通过极具动感的喷发状水雾与紫色的运用，使香水产品的详情展示页展现出神秘、梦幻的视觉效果，与该款香水产品的特性相呼应，提高了详情展示页的视觉吸引力。

该网站横幅广告的横向构图具有较强的视觉延伸感与引导性，能够引导消费者的目光由左至右查看广告，全面展示产品与口号。灰紫色作为主色调，营造出含蓄、优雅、隽永的奢华感，凸显了品牌的高端特质。

黑色：黑色传达出高质量、高端和权威的形象。在时尚、高端品牌的广告中经常使用黑色，可以凸显其独特的品位和品质。

白色：白色传达出干净、清爽和简约的感觉。在服饰、家居和科技产品等领域的广告中常常使用白色，以突出其清新和时尚的特点。

灰色：灰色由黑色与白色调和而来，传达出稳重、理性和中庸的内涵。

色彩情感：简洁、干净、经典、时尚、正式、专业、高端、纯粹。

该款香水的品牌广告以黑色为主色，打造深沉、沉默、内敛的画面效果。黑色的神秘、高贵和奢华感能够吸引观众的注意力，使其对品牌产生好奇心和兴趣。

该产品广告采用淡灰色和白色的搭配能够凸显护肤品纯净、安全的特点，色彩纯度适中，给人以舒适、雅致的视觉感受。横幅Banner广告横向构图、左文右图的设计可以更好地传递产品与文字信息，便于消费者了解广告内容。

4.1.4 色彩搭配方式

色彩搭配是视觉设计中的重要环节，通过不同颜色的组合，可以产生各种视觉效果。色彩的对比是指两种或多种颜色在一起时，相互影响所产生的视觉差异。常见的色彩对比类型包括同类色对比、邻近色对比、类似色对比、对比色对比和互补色对比。

同类色对比

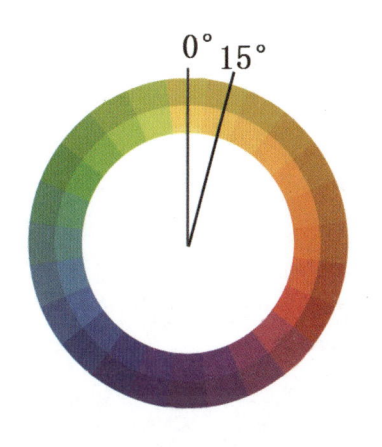

- 同类色对比是指在色相环中，色相相隔很近的两种颜色。
- 同类色对比极其微弱，给人的感觉是单纯、柔和的，无论总的色相倾向是否鲜明，整体的色彩基调都是非常容易统一协调的。

邻近色对比

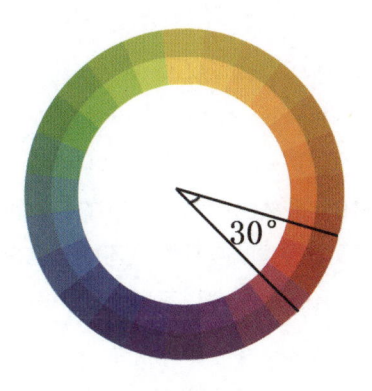

- 邻近色是指在色相环中，相隔30°左右的两种颜色。
- 两种颜色组合搭配在一起，会让整体画面达到协调统一的效果。
- 如红、橙、黄，以及蓝、绿、紫都分别属于邻近色的范围内。

类似色对比

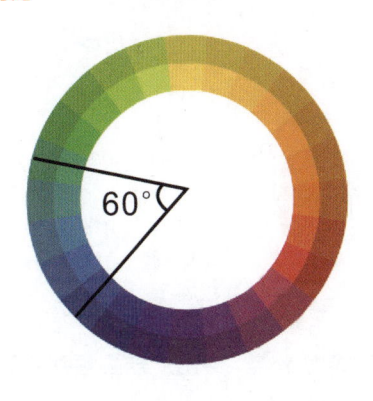

- 在色相环中，相隔60°左右的颜色称为类似色。
- 例如，红和橙、黄和绿等均为类似色。
- 类似色由于色相对比不强，给人一种舒适、和谐且不单调的感觉。

对比色对比

- 当两种或两种以上色相之间的色彩处于色相环大致120°到150°范围时，属于对比色关系。
- 如橙与紫、黄与蓝等色组，对比色给人一种强烈、明快、醒目，具有冲击力的感觉，容易引起视觉疲劳和精神亢奋。

互补色对比

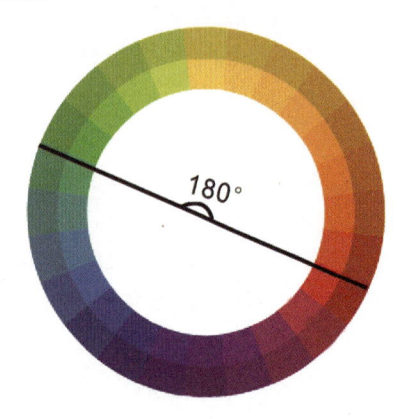

- 在色相环中，相差约180°的颜色为互补色。
- 这样的色彩搭配可以产生强烈的刺激作用，对人的视觉具有最强的吸引力。
- 互补色对比的效果最为强烈、刺激，属于最强对比，如红与绿、黄与紫、蓝与橙。

在实际设计中，色彩对比的角度和效果并不是固定的。例如，虽然色相环上15°的色彩称为同类色对比，30°的色彩称为邻近色对比，但20°的色彩对比介于两者之间，实际感受可能非常接近。学习这些对比类型时，不必死记硬背具体角度，更要注重实际效果和感受，通过不断实践来掌握色彩搭配的艺术。

4.2 排版设计

排版设计是电商美工设计中不可或缺的一部分，它直接影响页面的信息呈现效果与视觉吸引力。良好的排版能够帮助用户快速了解信息，提高页面可读性并优化用户体验。

4.2.1 中心式构图

中心式构图是将主体或核心元素置于画面中心位置，使其成为焦点，突出广告主题并引导消费者注意广告的主要信息。

本产品展示广告采用中心式构图的排版方式，将叶片放在画面中间位置，周围荡起的波纹与色彩暗示了该产品果肉含量丰富，展现真材实料，传达了产品的特点并适当夸张，可以吸引观者注意并使其产生兴趣。

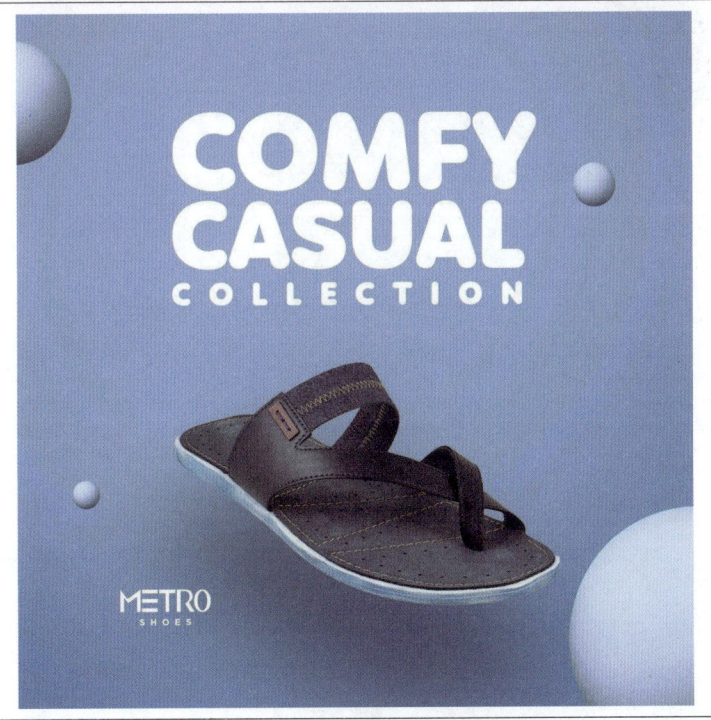

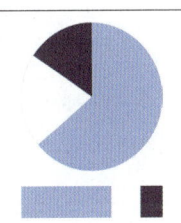

CMYK：48,28,1,0
CMYK：0,0,1,0
CMYK：89,89,59,39

- 该插屏广告采用中心式构图，将鞋子放置在画面中心位置，可以快速吸引用户目光。主题文字使用线条平滑圆润的字体进行搭配，增强广告的灵动感与俏皮感，也体现了该产品主打舒适、休闲的风格特点，便于用户了解产品信息。
- 矢车菊蓝作为画面主色调，色彩纯度适中，给人以温和、宁静的感觉。
- 深蓝色的鞋子与背景形成鲜明的明暗对比，使其更加醒目、突出。
- 白色文字的明度最高，可以清晰传递广告信息，同时给人以纯净、清爽的感觉。

4.2.2 对角线式构图

对角线式构图是将主要元素沿着对角线方向排列，具有引导视线的作用，增强了画面的动感与视觉冲击力，使广告更加引人注目。

该涂料产品横幅广告采用对角线式构图，倾斜摆放的滚刷增强了画面的不稳定性和动感，具有引导观众目光的作用，同时增强了广告的视觉冲击力。滚刷中海洋风貌与涂抹区域的高纯度色彩的搭配传达出创造真实色彩的品牌理念，吸引用户产生兴趣。

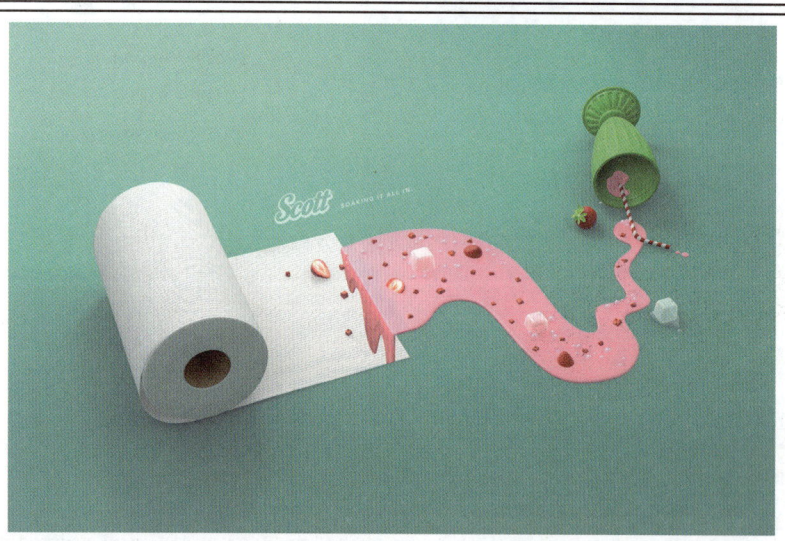

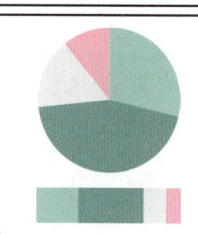

CMYK：46,0,34,0

CMYK：71,24,50,0

CMYK：9,7,6,0

CMYK：0,51,0,0

- 通过对角线式构图与插图风格的设计手法，该网站横幅广告展现出多维与充满动感的视觉效果，具有较强的趣味性。对角线式构图还会引导观者视线沿着洒出的果汁轨迹向产品与文字内容转移，从而传达广告信息。
- 青绿色作为背景色，通过亮度的变化形成渐变效果，增强了背景的色彩层次感和视觉吸引力。
- 浅灰色作为画面的辅助色，给人明亮、干净的感觉，与产品的作用相呼应。
- 粉色给人甜蜜、明媚的感觉，可以营造出愉悦和温馨的氛围，增强用户对广告的好感。

4.2.3　黄金分割构图

黄金分割构图基于黄金分割比例（约为1∶1.618），将画面分为不同的区域，可以增强广告的视觉美感。还可以将重要信息放置在黄金分割线、黄金分割点上方或附近，使其成为视觉焦点，传达广告核心信息和主题。

该网页Banner展示广告采用了黄金分割构图，通过将产品参考图、文字以及产品放置在画面的黄金分割点附近，使其成为广告的视觉焦点，更快地传递广告信息。

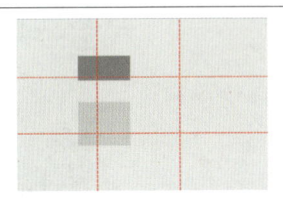

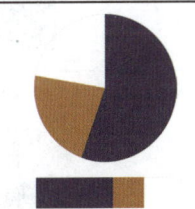

CMYK：98,93,57,36
CMYK：35,70,100,1
CMYK：0,0,0,0

- 该广告采用黄金分割构图，使画面更具平衡感和美感。木材背景的平行纹理和纵向直线的垂直切割将画面分割成多个部分，食物图像和文字内容则被放置在黄金分割点的位置，使其成为画面的视觉焦点，能够吸引观众的注意力并快速传达广告内容。
- 低明度的蓝黑色作为背景色，传递出严谨、认真的态度，体现出可信、安全的品牌理念。
- 琥珀色的菜板与食物采用暖色调。冷暖对比使得食物图像更加突出，在背景的衬托下更显美味，吸引用户的关注。
- 白色作为文字色彩，与低明度背景的对比最大化，提升了文字信息的辨识度。

4.2.4 重复式构图

重复式构图通过重复相同或相似的元素建立一种视觉上的节奏感,可以强化广告或品牌在消费者心中的印象,增强广告的记忆度。

这款产品宣传海报采用了重复式构图的排版方式,将产品放置在版面的中心位置,周围重复环绕的线圈增强了画面的韵律感和层次感,吸引观者的目光向中心集中,从而更好地展示产品。

CMYK:10,29,35,0
CMYK:60,87,61,21

- 该广告通过将酒瓶和鞋子等物品环绕背包产品摆放,形成了向内收拢的视觉效果。这种重复式构图的设计将产品置于画面的视觉焦点位置,观者的目光会自然而然地被引导到中心产品处,从而加强对产品的关注,使人印象深刻。
- 米色作为广告主色,这种暖色色彩基调可以使广告更加容易被观者接受,为用户带来温馨、亲切的视觉体验。
- 紫红色作为辅助色,与主色形成较强的对比效果。这种对比色彩的运用增强了广告的视觉吸引力,能够更好地获得用户关注。

4.2.5 环绕式构图

环绕式构图将主体元素放置在画面中心，其他元素（如文字、图像或装饰图形等）环绕主体摆放，具有强调主体和丰富画面层次感的作用。

这款半成品食品的产品主图采用环绕式的构图方式，将制作好的食物图片放置在中心位置，其他文字与符号围绕其自由摆放，增强了画面的活跃感和趣味性的同时，突出了中心主体产品。

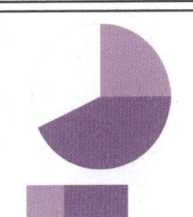

CMYK：32,52,0,0

CMYK：56,76,2,0

CMYK：0,0,0,0

- 该广告将主体物置于画面的视觉中心位置，版面四角的文字内容彼此之间相互呼应，形成视觉上的平衡和稳定感，可以引导观者的目光从四角处逐渐聚焦至中心的主体物。半透明的杯子中呈现出放大的产品，暗示了产品果汁含量极高的特点，可以吸引用户产生兴趣。
- 紫色常给人以神秘、浪漫的感觉。果汁产品宣传海报使用紫色作为主色调，增强了广告的吸引力。
- 白色的文字与紫色背景的搭配给人以简约、优雅的感觉，提升了广告的档次与质感。白色的清晰度与紫色的明暗度形成鲜明的对比，使文字内容更加清晰可辨。

4.2.6 分层式构图

分层式构图将元素分为前景、中景和背景等不同的层次，使画面形成前近后远的空间深度，增强广告的层次感与空间感，使广告更具视觉吸引力。

这款辣椒酱的产品推荐广告采用了分层式构图的排版方式，通过模糊焦点的叶子与辣椒形成前景、中景和背景的区别，增强了画面空间感与层次感，使中心位置的产品更加突出，同时增强了广告的视觉吸引力。

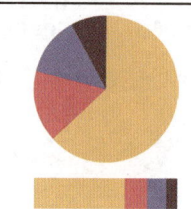

CMYK：8,34,73,0

CMYK：13,87,51,0

CMYK：69,65,15,0

CMYK：66,80,75,45

- 这款休闲食品的横幅广告采用分层式构图的排版方式。将手绘图案作为背景，产品与文字放置在中景，模糊的水果元素作为前景元素，使整个画面形成明确的层次对比，为产品的展示提供了足够的空间。
- 高饱和度的橙黄色作为主色，给人明媚、欢乐的感觉，同时也展现了食品的美味。
- 紫色、粉色与深棕色作为辅助色，起到了丰富画面色彩、增强广告视觉吸引力的作用。

4.2.7 剧场式构图

剧场式构图强调广告的戏剧性和故事性。通过模拟舞台剧的布景将元素放置在不同的区域，将广告设计成一个戏剧性的场景，从而引发观众的共鸣和思考，具有较强的感染力。

该广告通过色彩明暗的层次变化将画面分割，形成水平与纵向两个区域，这种分割营造出一种舞台布景的效果，使画面更具戏剧性和吸引力，可以使观者产生兴趣，并引起他们对电子邮件内容的关注。

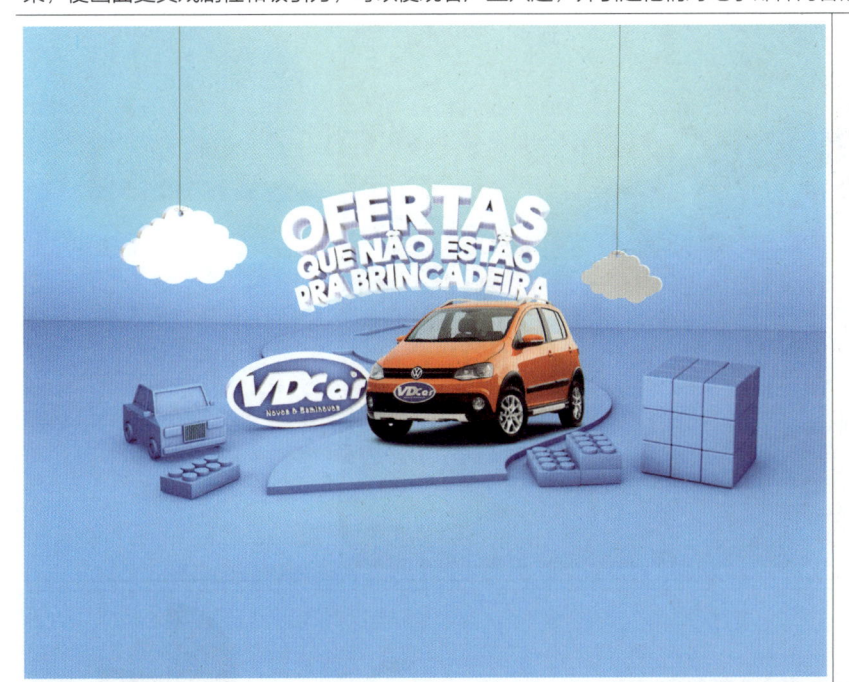

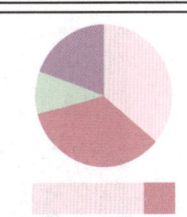

CMYK：0,17,0,0
CMYK：12,60,13,0
CMYK：23,3,21,0
CMYK：32,52,6,0

- 这款饮料的产品推荐广告采用了剧场式构图。将产品放置在画面中心位置，周围的圆球装饰根据近大远小的规律进行布置，增强了画面的空间透视感，使广告更加吸睛。
- 粉色作为广告的主色调，给人以柔和、明快、俏皮的感觉。
- 紫色、淡绿色的点缀丰富了画面的对比度，增强了画面的色彩层次感。

4.2.8 简约式构图

简约式构图简化元素和信息,通过清晰直观的布局传达广告信息并展示产品。精简元素可以突出主题与核心信息,提升品牌标识的辨识度,增强广告的视觉冲击力。

网页首页的Banner广告采用简约式构图方式,将文字和蓝牙耳机分别放置在版面的左右两侧,通过清晰明了的图文布局更加便捷地传递广告信息,也方便用户了解产品。

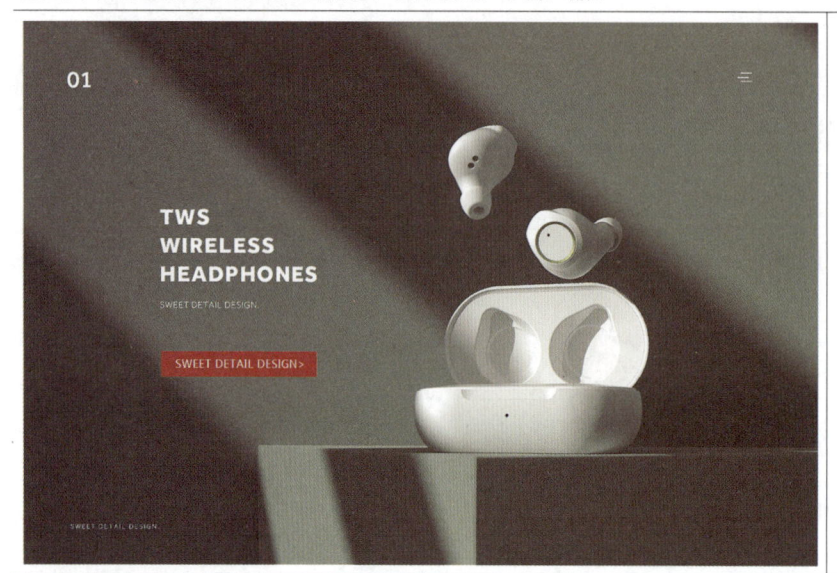

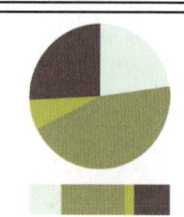

CMYK:11,1,9,0

CMYK:45,31,73,0

CMYK:26,15,93,0

CMYK:76,67,61,20

- 这款橄榄油产品的横幅广告将产品与文字水平排版,图文布局清晰直观,避免了过多的干扰元素,使消费者能够更快地接收广告信息。
- 绿色作为画面主色调,精确地传达了产品天然、健康、安全的特点。此外,绿色还具有放松、缓解视觉疲劳的作用,给人以自然、愉悦、舒适的感觉。
- 深灰色的产品包装给人沉稳、专业的视觉感受,增强了广告的可信度,更易获得消费者的认可。

4.2.9 对称式构图

对称式构图通过对称地排列设计元素，使画面两侧呈现相似、平衡的形态，给人稳定与协调的感觉。

这款电子邮件广告使用对称式构图，使得画面更加均衡、稳定，给人一种舒适的视觉体验。同时对图形元素进行拟人化处理，赋予其情绪，使广告更加有趣，用户更容易与之产生情感共鸣和互动。

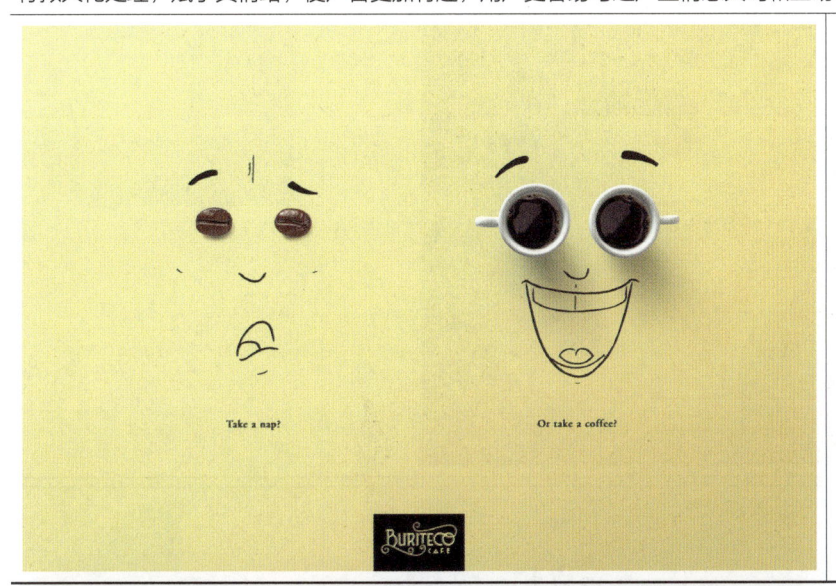

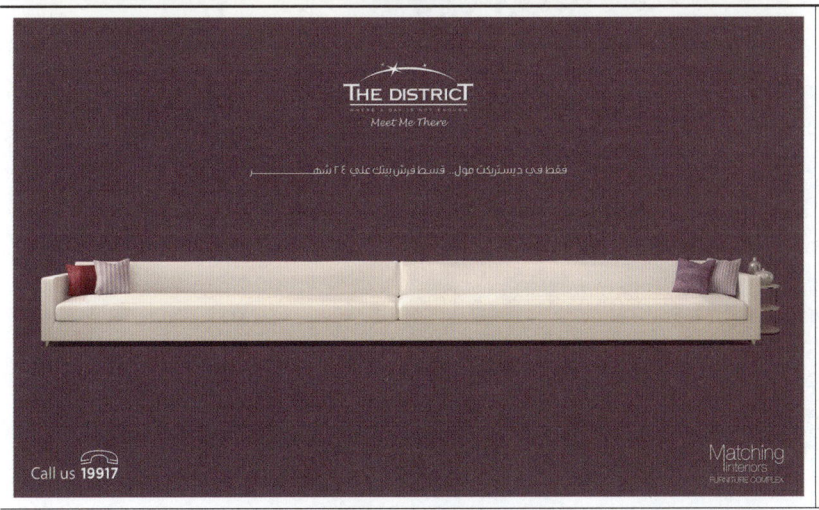

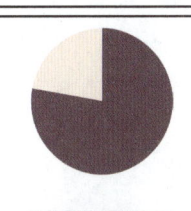

CMYK：67,74,55,13
CMYK：1,9,8,0

- 宣传广告采用对称式构图与适当夸张的设计手法，通过将沙发适度拉长，形成水平方向的视觉延伸感；文字排版与产品形成对称布局，使广告版面更加稳定、和谐，提供了更好的视觉体验。
- 深紫色为主色调，色彩明度较低，给人以高端、优质的暗示。同时，深紫色具有神秘、奢华的感觉，能够增强产品的价值感和吸引力。
- 米白色的沙发与背景形成明度对比，使产品更加鲜明、引人注目。

4.2.10 非对称式构图

非对称式构图通过不对称地布置元素,创造出视觉上的动感与变化,为画面添加亮点,使广告更具活力和独特性。

这款产品包装通过自由放置文字、水果和图形装饰等元素,可以凸显产品的草莓口味,非对称式构图使产品推荐广告更具活力感,能够吸引目标受众的兴趣和好奇心。

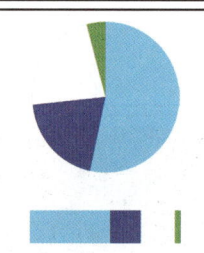

CMYK:61,0,6,0
CMYK:96,80,12,0
CMYK:0,0,0,0
CMYK:70,20,100,0

- 通过将桶装产品放置在画面中心,突出其主体地位,吸引观者的目光。文字采用了倾斜排版方式,增强了画面的不稳定性,给人一种鲜活、活跃的感觉,使广告更具创意和独特性。
- 天蓝色作为背景色,给人纯净、清新的感觉,与产品的特性相呼应。
- 深蓝色作为产品包装的色彩,与背景形成同类色对比,给人通透、清凉的感觉。
- 白色的手写字体与蓝色背景的搭配更显简约、清爽,这种配色方案使得广告看起来更加舒适、清新,能够获得消费者的好感。

4.3 文字

商业广告中的文字是传达信息、引导情感和塑造品牌形象的重要组成部分。文字的选择、排版和设计不仅影响广告的可读性和视觉吸引力，还直接关系到广告信息的传递效果。

4.3.1 字体选择

字体选择是商业广告中文字设计的首要步骤，不同的字体风格会给受众带来不同的视觉感受和情感反应。

常见的字体类型包括无衬线字体、衬线字体、手写字体、装饰字体等。

无衬线字体： 无衬线字体在字母或笔画末端没有小装饰线条，因而看起来简洁、现代、直接，适用于科技、时尚、互联网等行业广告。

衬线字体： 衬线字体在字母或笔画末端有小装饰线条，显得更加传统和正式，适用于金融、教育、文学等行业广告。

手写字体： 手写字体模仿手写笔迹，显得亲切自然，有较强的个性化特征，适用于艺术、婚庆、餐饮等行业广告。

装饰字体： 装饰字体具有强烈的视觉冲击力和创意风格，通常用于吸引注意力，适用于娱乐、节庆等广告场合。

4.3.2 字号与层次

字号的大小和层次关系是广告文字设计中的关键要素，合理的字号设计可以突出重点信息，提升文字的可读性和视觉效果。

主标题： 通常使用较大的字号，以突出广告的核心信息和主题，吸引受众的注意力。

副标题： 次于主标题的层次，使用稍小的字号，用于补充说明主标题，提供更多信息。

正文： 提供详细信息和描述，使用适中的字号，确保易读性和舒适感。

注释和补充信息： 使用较小的字号，提供额外的解释和背景信息，不影响主要内容的阅读。

4.3.3 排版与布局

文字的排版与布局直接影响广告的视觉美感和信息传递效果。合理的排版可以引导受众的视线，增强广告的层次感和节奏感。文字的对齐方式、行距与字距以及留白，是影响版面布局的重要因素。

对齐方式：常见的对齐方式包括左对齐、右对齐、居中对齐和两端对齐。左对齐最为常用，符合阅读习惯，右对齐和居中对齐可以增加视觉变化，两端对齐适用于较正式和严肃的广告。

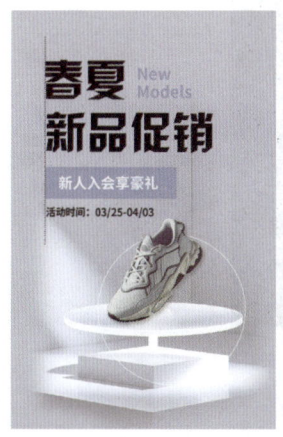

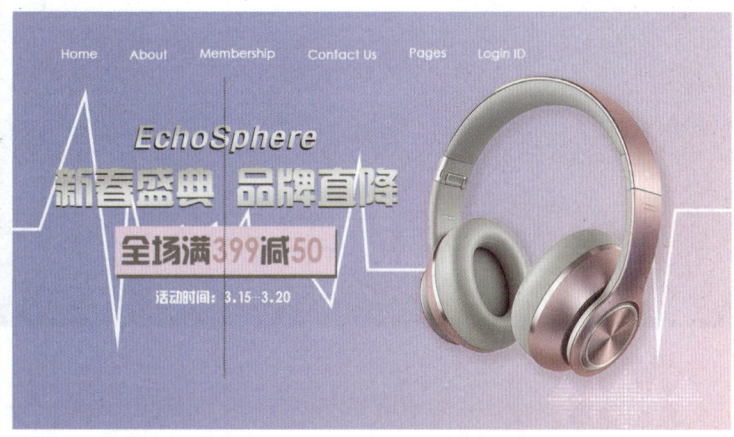

左对齐排列的文字　　　　　　　居中对齐排列的文字

行距与字距：适当的行距和字距可以提高文字的可读性和视觉舒适度，过密或过松的行距和字距都会影响阅读效果。一般来说，行距应略大于文字高度，字距则应根据字体类型和设计需求进行调整。

排列密集的文字　　　　　　　排列宽松的文字

留白：合理的留白可以突出文字内容，增强广告的视觉层次感和美感。留白不仅指文字周围的空白区域，还包括行间距和段落间距。

4.3.4 文字的颜色

在商业广告设计中，文字的色彩设计至关重要，它不仅决定了广告的视觉美感，还直接影响信息传达的效果。

1. 文字与背景的对比

高对比度：选择颜色时，要确保文字和背景之间有足够的对比度，使文字清晰易读。比如，在浅色背景上使用深色文字，或在深色背景上使用浅色文字。

低对比度：有时候低对比度设计可以营造特定的氛围或风格，但要注意不影响阅读体验。例如，文字与背景采用同色系的颜色，但明度有差异。

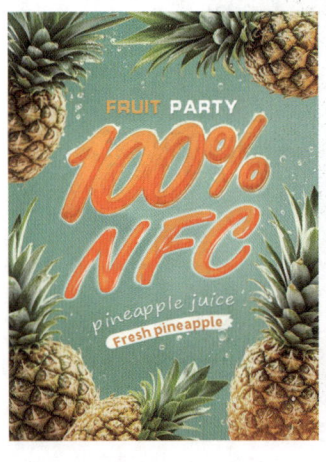

2. 文字与色彩心理学

不同的颜色可以传达不同的情感和信息。例如，橙色可以传达热情或美味，粉色可以传达优雅或浪漫，绿色可以传达健康和自然，黄色可以传达欢乐和警示。

3. 文字的可读性

要确保文字颜色与背景颜色不混淆。避免使用相近颜色的搭配。例如，将浅黄色文字放在白色背景上，或将深蓝色文字放在黑色背景上。可以在橙黄色的背景上使用高浓度的白色文字。此外，在色彩选择的同时要考虑文字的大小和字体，细小的文字需要更高的颜色对比度，大号文字则可以稍微降低颜色对比度。

4. 使用色彩层次

通过不同色调和亮度的颜色区分主标题、副标题和正文。主标题可以用品牌的主色或高对比色，副标题用次要色或中等对比色，正文用中性或低对比色。也可以使用亮色或对比色来突出关键字或短语，以吸引观众的注意力。

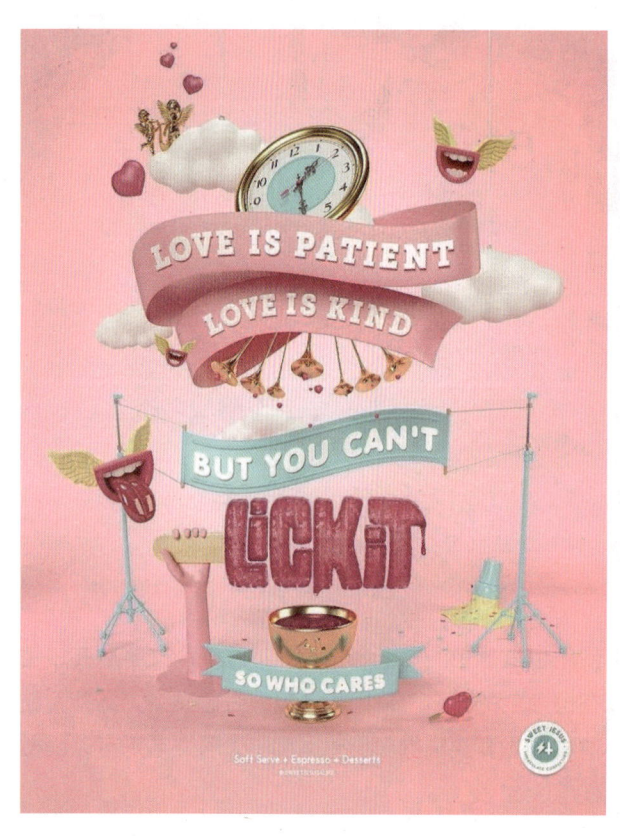

5. 色彩搭配原则

互补色搭配：互补色搭配可以产生强烈的视觉效果，如红色文字配绿色背景。但要适度使用，以免造成视觉疲劳。

相似色搭配：使用邻近的颜色可以产生和谐的视觉效果，如青色文字配绿色背景。

单色调搭配：使用同一色系的不同色调可以产生统一和优雅的效果，如深绿色文字配浅绿色的背景。

| 互补色搭配 | 相似色搭配 | 单色调搭配 |

6. 文化和地域考量

不同的颜色在不同文化中有不同的意义。例如，红色在西方文化中常表示警示或激情，在东方文化中则表示吉祥和好运。应针对不同地域的受众，选择适合的色彩方案，以避免文化误解和不适。

4.3.5 广告文案撰写

广告文案是商业广告中的核心，它通过文字的形式传达品牌信息、产品特性或促销活动的细节，目的是吸引目标受众的注意，激发他们的兴趣，并促使他们采取行动。广告文案不仅需要清晰、准确地表达信息，还要具备吸引力和说服力，以便广告在激烈的市场竞争中脱颖而出。

广告文案的主要组成部分包括主标题、副标题、主体文本、行动号召文本、附加信息等。

文案组成部分	功 能	示 例
主标题	主标题是广告文案的第一部分，它需要引起受众的兴趣，并鼓励他们继续阅读	引领健康生活的城市慢跑运动鞋！
副标题或主体文本	提供有关产品或服务的详细信息，包括特点、优势、卖点等。副标题通常用于补充主标题，进一步解释广告的核心信息	采用最新科技，提供前所未有的舒适体验和足部保护
行动号召文本	告诉受众应该做什么，比如"立即购买"或"点击了解更多"，以促使他们采取具体行动	点击这里，立即抢购！
附加信息	包括联系方式、网站链接、促销优惠等，提供额外的信息来促进转化	仅限本周，买一赠一，详情请访问官方网站

在撰写广告文案的过程中，应注意以下几个关键步骤。

1. 明确目标与受众分析

首先，明确广告的目标至关重要。这涉及确定广告旨在实现的具体目的，比如，提升品牌知名度，促进产品销售或增加网站流量等。同时，深入了解目标受众的特征也是不可或缺的，包括他们的年龄、性别、兴趣及消费习惯等，以便更好地贴合他们的需求和喜好。

2. 撰写标题

撰写一个吸引人的标题是吸引受众注意力的第一步。标题应简洁明了，能够迅速抓住读者的眼球，并激发他们的兴趣。使用具有吸引力的词语或短语，如"限时特惠""独家优惠"等，可以有效提升标题的吸引力。同时，标题还应突出产品或服务的核心卖点，让受众一眼就能感知到产品的独特之处。

3. 撰写正文

在正文部分，文案需要逻辑清晰、有条理地介绍产品或服务的特点、优势和使用场景。通过讲述故事、使用生动的语言和场景描绘等方式，与受众建立情感连接，增强他们对产品或服务的认同感。此外，文案还应强调产品或服务的价值所在，让受众感受到购买后所能带来的实际利益。

4. 优化语言

为了提升文案的吸引力，可以运用恰当的修辞手法。例如，采用夸张手法来突出产品或服务的某一特点，但需注意保持真实性；利用对比手法将产品或服务与竞争对手进行比较，突出其独特之处；或是通过形象化类比将复杂的概念变得简单易懂。

5. 合法合规

在撰写广告文案时，必须遵守法律法规和道德规范。文案内容必须真实可靠，不得夸大其词或虚假宣传；同时，还需遵守国家法律法规和广告行业的相关规定，确保广告内容的合法性和合规性。此外，文案还应体现良好的道德风尚和社会责任感，避免使用低俗、恶俗或歧视性的语言和图像。

6. 测试与优化

为了提升广告的传播效果和转化率，可以对文案进行测试与优化。通过小范围测试来评估文案的吸引力和有效性，并收集受众的反馈意见。根据测试结果和反馈意见对文案进行持续优化和改进，以提升其整体表现。

4.4 图片

高质量的图片可以直观地展示产品外观、特点和用途。通过选择吸引人的图片，可以引起消费者的兴趣，并激发他们的购买欲望。

4.4.1 图片素材选择

图片在电商广告中是引起视觉冲击和情感共鸣的重要方式。图片可分为产品展示图片、人物形象图片、情境图片、插图和卡通图片、比较图片等。这些不同类型的图片在广告中可以提供信息，塑造品牌形象，增加互动和强化记忆效果等。

可以根据以下几个关键因素来选择图片。

目标受众：了解目标受众的特点、需求和偏好，以确保图片能够吸引他们的注意力。

独特性：选择与众不同的、独特的图片，能够使产品在众多广告中脱颖而出。

情感共鸣：选择能够引起受众情感共鸣的图片，触发受众的情感反应。
简洁明确：图片应简洁明确地传达广告的主题和信息，避免造成过于复杂或混乱的视觉效果。

4.4.2 图标和符号的运用

在电商广告设计中，图标和符号是传递信息和提高品牌辨识度的有力工具。以下是常用的几种图标和符号。

购物车图标：购物车图标是最常见的图标之一，是购物过程中的关键工具。
优惠券图标：优惠券图标表示折扣或优惠活动，吸引用户点击以获取更多的优惠信息。
限时特卖图标：表示商品或促销活动仅在特定时间内有效，使消费者产生紧迫感。
心形图标：心形图标体现消费者对商品的喜爱程度或收藏。
笑脸图标：表明快乐、愉悦、满意的态度，传递出积极或愉悦的气氛。

4.4.3 动态元素在电商广告中的应用

在电商广告设计中加入动态元素，如GIF动画、视频等，能够有效提升广告的丰富度。只有合理运用动态元素，才能增强广告的生动性和吸引力。

幻灯片/轮播图：通过多张图片的切换展示产品特点或优惠信息。这种动态元素可以提供更多的展示空间。
视频：在产品详情页中添加视频，以展示产品的使用方法和效果，提高用户对产品的兴趣和购买意愿。
倒计时：通过显示活动剩余时间，营造紧迫感，吸引消费者尽快购买。
GIF动画：通过GIF动画循环播放展示产品，可以增强广告的互动性和吸引力。
交互式元素：在弹窗上添加按钮、滑块等交互式元素，增强消费者的参与度和购买意愿。例如"查看详情""立即领取"或"购买"按钮，用户点击后可以了解更多的产品信息和购买渠道。

4.4.4　电商广告中的品牌元素应用

品牌元素是电商广告中不可或缺的部分，它能够帮助建立品牌形象和提高品牌辨识度。本小节将讨论如何巧妙地在广告中运用品牌标识、品牌色彩、品牌口号等元素，以确保广告与品牌形象一致，并在消费者心中留下深刻印象。

品牌标识： 品牌标识在广告设计中具有重要意义，它是品牌的核心标志，能够传达品牌的身份、价值观和形象，增强品牌忠诚度。

- 合理运用形状和字体等元素，可以塑造品牌的独特形象，让消费者与品牌建立情感连接。
- 品牌标识的清晰展示和正确放置，有助于消费者快速识别出品牌，与竞争对手区分开来。
- 在广告设计中展示品牌标识可以强化消费者对品牌的记忆和认同感，提升品牌忠诚度。

品牌色彩： 品牌色彩是品牌的独特标志，能够传达品牌的情感、个性和特点。

- 使用品牌特定的色彩，可以让消费者与品牌建立关联并迅速辨识出品牌。
- 在广告设计中保持品牌色彩的一致性，在广告的背景、主要元素以及品牌标识中使用一致的色彩，可以增强品牌的辨识度。

品牌口号： 品牌口号是品牌核心价值的简洁表达，利用简短的文字传达品牌的核心理念和独特卖点。

- 在广告中反复使用品牌口号，可以增强消费者对品牌的记忆，加深对品牌的印象。
- 选择适合目标受众的品牌口号，可以让消费者感到品牌与他们的需求和价值观相契合，引发消费者情感共鸣。
- 强调品牌口号，突出品牌的独特卖点和优势，可以与竞争对手区分开。

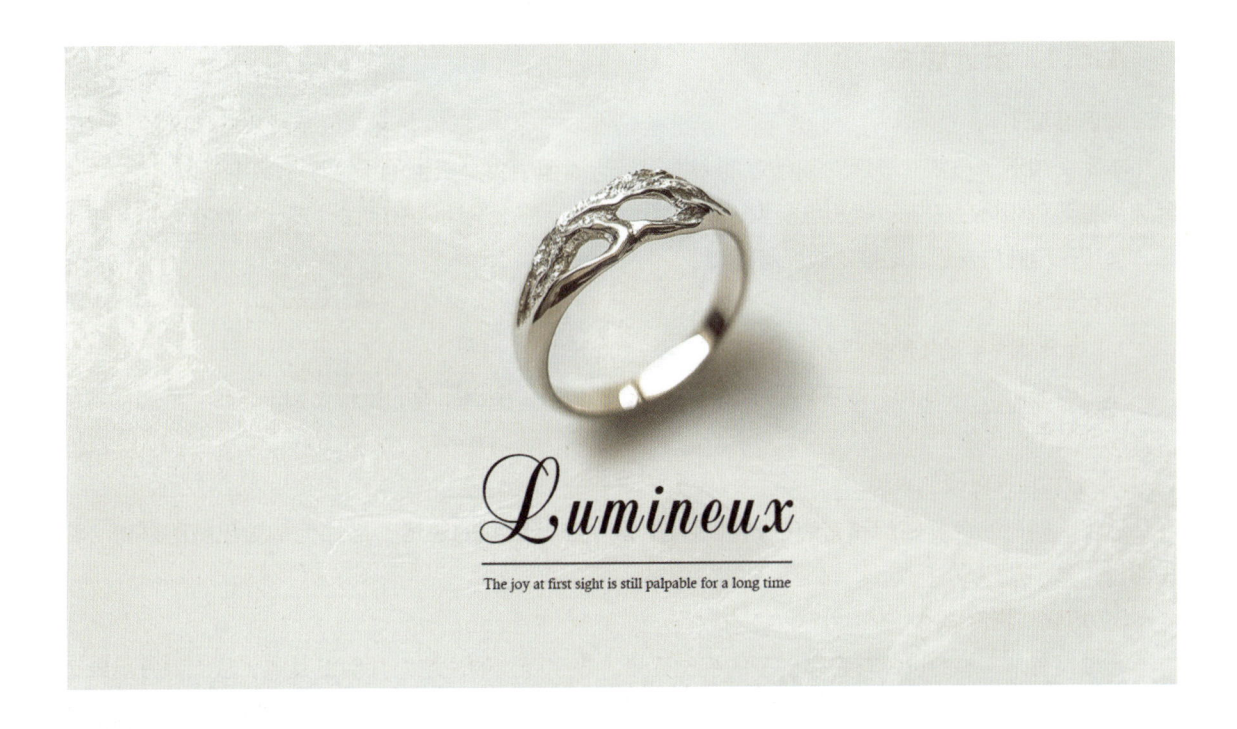

4.5 实操：创意文字海报设计

4.5.1　设计思路

案例类型：

本案例展示了一款充满活力和创意的海报设计，海报中央是三维的卡通风格数字"2030"，四周环绕着蓝色和青色的宝石状三维模型，背景色为橙色。整个设计风格活泼、现代，富有动感和未来感，适用于电商广告、活动推广或品牌宣传。

项目诉求：

1）提升品牌年轻化形象

通过卡通化的"2030"数字与活泼的三维宝石状模型，突出品牌的年轻化和未来感，传递品牌创新、充满活力的形象。

2）激发目标受众的兴趣

活泼、明亮的色彩搭配和有趣的数字表现，吸引年轻受众的注意，增加他们对品牌的好奇心和兴趣。

3）增强广告传播力

通过具有未来感的设计与富有创意的视觉元素，吸引受众的注意力并引发共鸣，从而提升品牌曝光率和传播效果。

设计定位：

1）适用于未来科技、创新产品的宣传

此海报设计具有现代感和未来感，非常适合用来宣传与科技、创新、数字产品相关的电商品牌或活动，传递品牌的科技感与创新精神。

2）契合年轻消费者需求

卡通、活泼的风格与明亮色彩，设计针对的是年轻群体，尤其是关注科技、创意或时尚的年轻消费者。

3）应用于数字营销和社交平台

这种风格的海报非常适合在社交媒体平台或电商平台首页展示，增强互动性与视觉吸引力。

4.5.2　配色方案

1. 橙色背景

橙色背景作为海报的主色调，给人以温暖、兴奋、充满活力的感觉。它在视觉上传递着积极向上的情绪，增强了整体的活泼氛围。橙色也有助于突出前景的元素，确保视觉焦点集中在"2030"数字上。

2. 蓝色和青色的宝石状模型

蓝色和青色的宝石状模型与背景的橙色形成鲜明的对比，既有冷暖色对比的视觉冲击力，又给人以清新、现代的感觉。宝石的造型设计增强了画面的层次感，营造出立体感。

3. 白色的"2030"数字

白色的数字"2030"呈现出简洁、现代感强的风格，与四周复杂的宝石状模型形成对比，使得数字更加突出，易于吸引观众的注意力。白色与橙色、蓝色的搭配，凸显了整体设计的清晰度与视觉冲击力。

4.5.3 项目实战

1. 创建背景

步骤/01 在菜单栏中执行"创建"|"参数对象"|"平面"命令,创建完成后,单击 ⊙(旋转)按钮,按住Shift键将平面沿Z轴旋转90°,使其垂直。

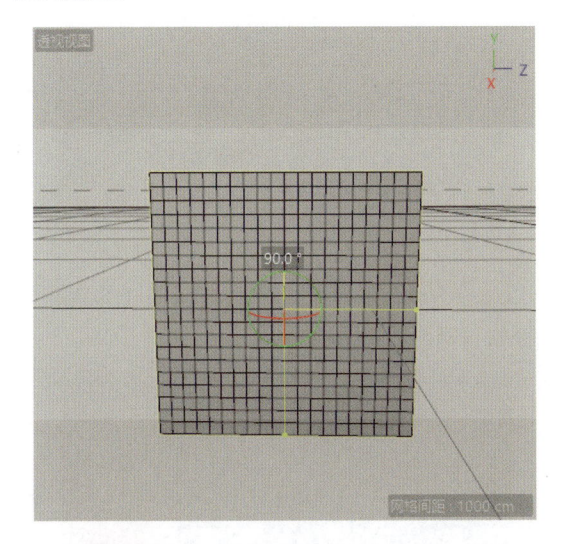

步骤/02 进入"对象"|"属性"面板,设置"宽度"与"高度"均为725cm,"宽度分段"与"高度分段"均为20。

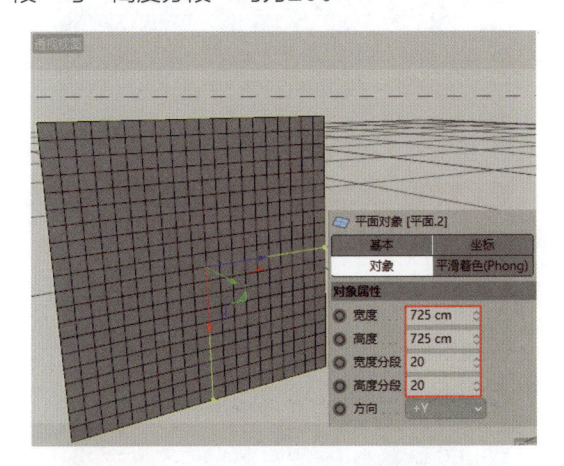

步骤/03 重复以上操作,创建第二个平面,进入"对象"|"属性"面板,设置"宽度"与"高度"均为768cm,"宽度分段"与"高度分段"均为20。创建完成后,将其拖动至创建的第一个平面的上方。

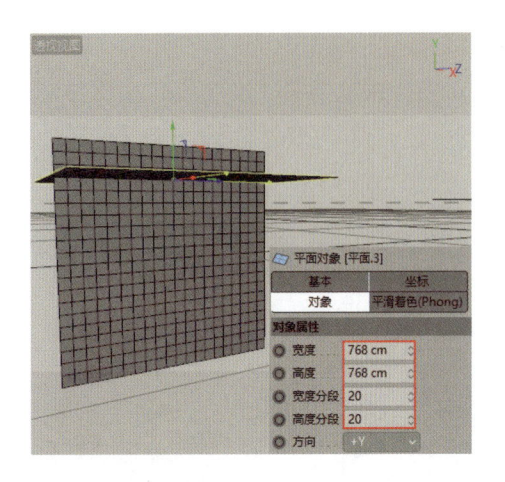

2. 创建文字和宝石体

步骤/01 在菜单栏中执行"创建"|"样条"|"文本样条"命令,并将其拖动至平面中心的位置。

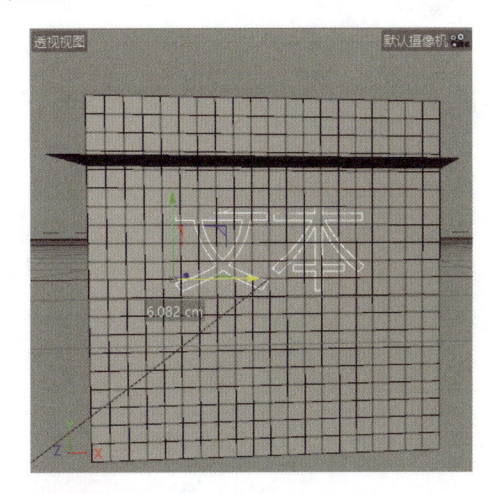

步骤/02 创建完成后,在"对象"|"属性"面板中输入数字"2030",设置"字体"为"站酷快乐体","高度"为130cm。

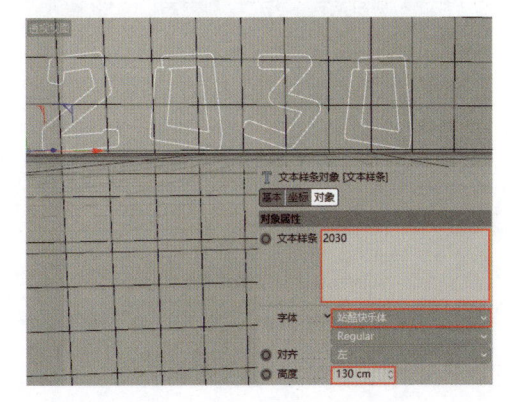

步骤/03 单击工具栏中的 ◉（挤压）按钮，在"对象"选项卡中，按住鼠标左键并拖动数字"2030"到"挤压"上，出现 ⬇ 图标时松开鼠标。

步骤/04 进入"对象"|"属性"面板，设置"偏移"为20cm。

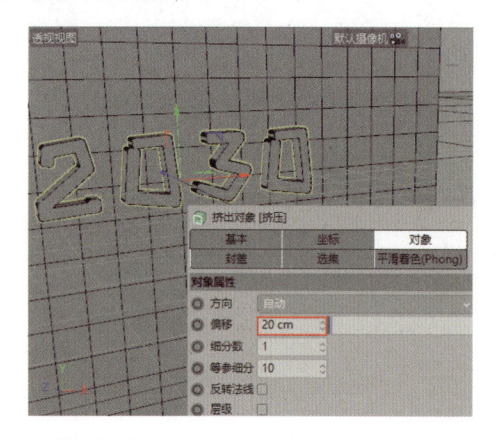

步骤/05 在右视图中，将创建好的数字拖动至合适的位置上。

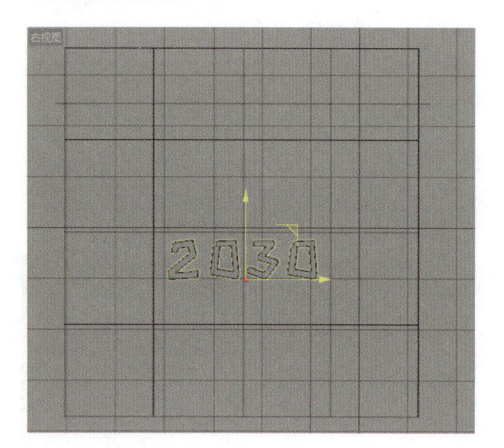

步骤/06 在菜单栏中执行"创建"|"参数对象"|"宝石体"命令，创建完成后，进入"对象"|"属性"面板，设置"半径"为35cm。

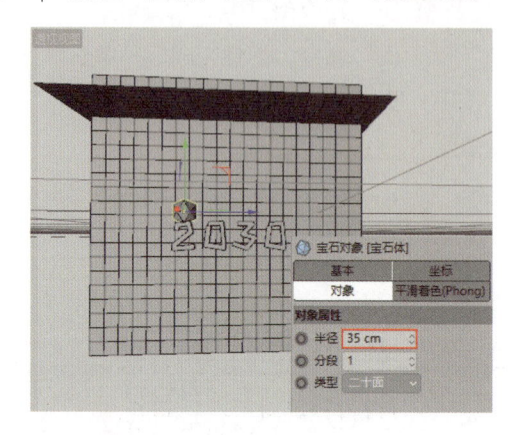

步骤/07 在右视图中，将创建好的宝石体拖动至合适的位置上。

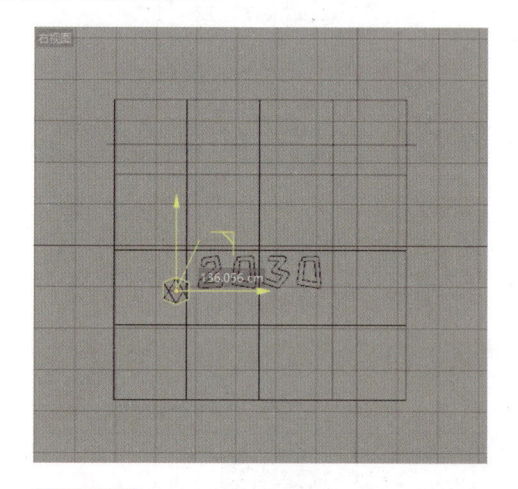

步骤/08 重复以上操作，创建其他的宝石体，更改类型并拖动至合适的位置上。

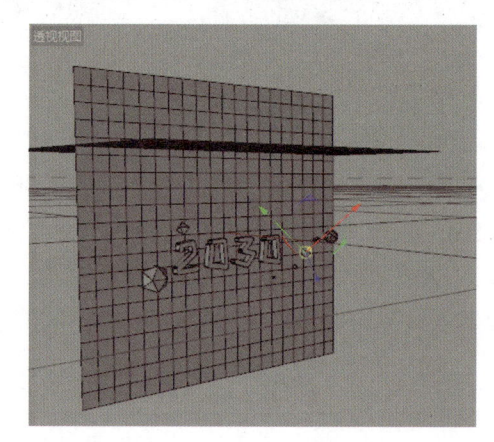

3. 渲染设置

步骤/01 单击工具栏中的 ■ （编辑渲染设置）按钮，开始设置渲染参数。首先将"渲染器"设置为"物理"。

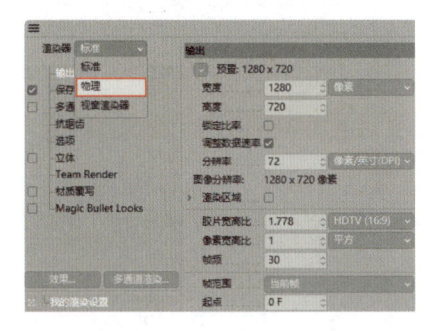

步骤/02 单击"抗锯齿"组，在"过滤"下拉列表中选择Mitchell选项。

步骤/03 单击"效果"按钮，在弹出的列表中选择"全局光照"选项。

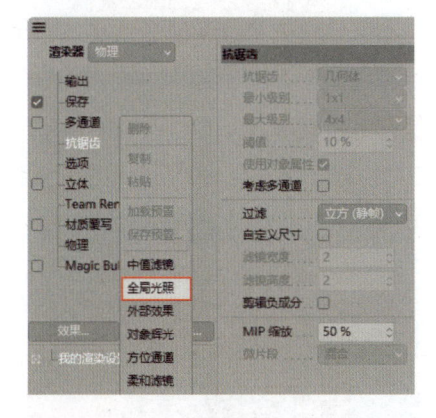

步骤/04 设置"次级算法"为"辐照缓存"，"伽马"为1.5，"采样"为"高"。

4. 创建天空

在菜单栏中执行"创建"|"场景"|"天空"命令。

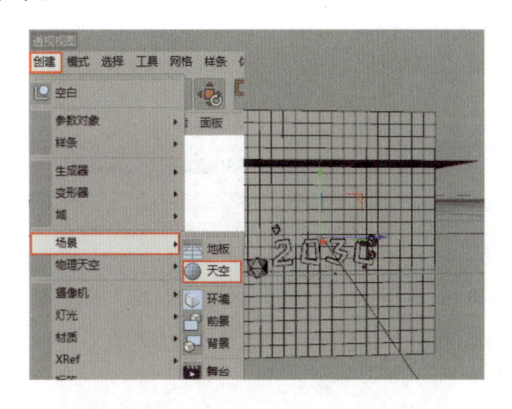

5. 创建材质

步骤/01 执行"创建"|"材质"|"新的默认材质"命令，创建一种默认的材质。双击该材质球，进入材质编辑器修改参数。勾选"颜色"复选框，创建一种橘色。

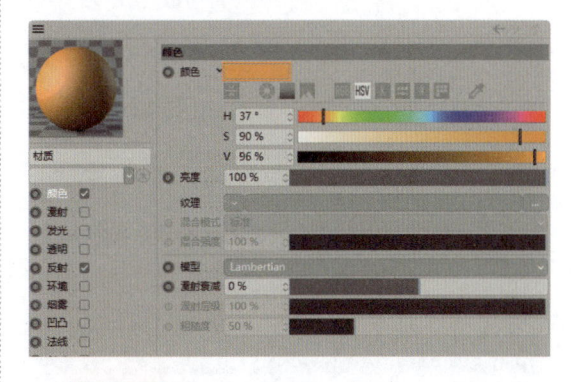

步骤/02 勾选"反射"复选框，设置"高光强度"为0。

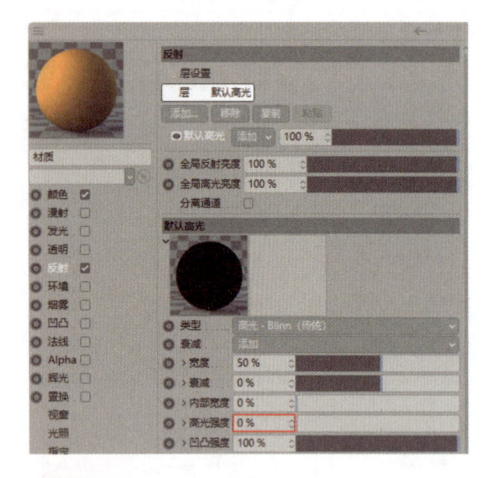

步骤/03 创建完成后，将其拖动至视图中的背景上。

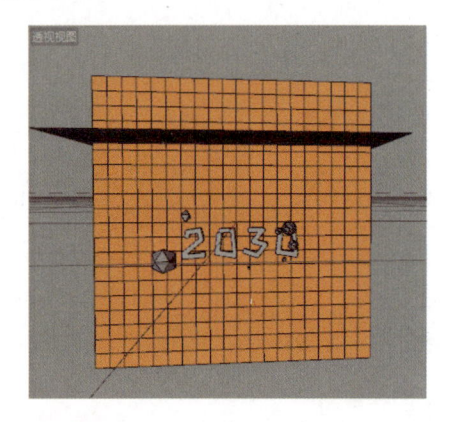

步骤/04 继续创建一种新的默认材质，双击该材质球，进入材质编辑器修改参数。取消勾选"颜色"与"反射"复选框，接着勾选"发光"复选框，设置"亮度"为150%。

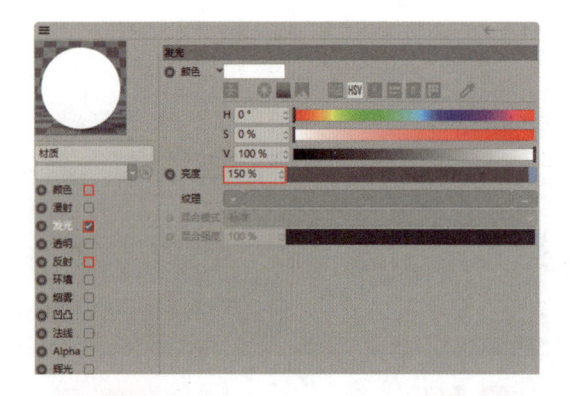

步骤/05 创建完成后，将该材质拖动至视图中的第二个背景上。

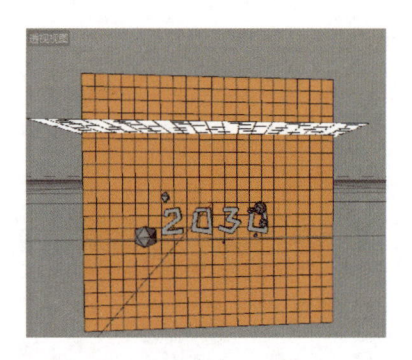

步骤/06 继续创建新的默认材质，进入材质编辑器，勾选"颜色"复选框，设置一种天蓝色。

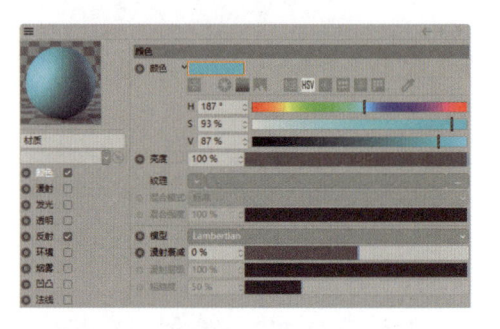

步骤/07 创建完成后，将该材质拖动至视图中各个宝石体与天空处。

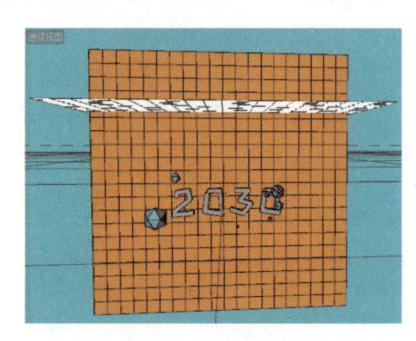

步骤/08 重复以上操作，创建一种深蓝色的材质，并将其拖动至视图中随机的几个宝石体上。

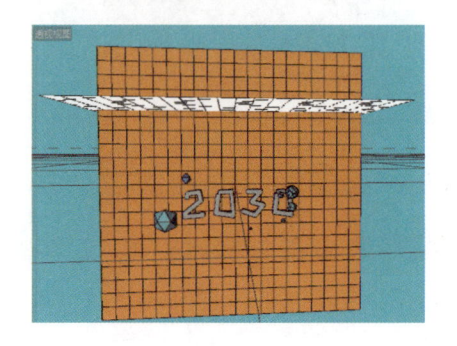

步骤/09　接着创建一种浅灰色的材质，并取消勾选"反射"复选框。

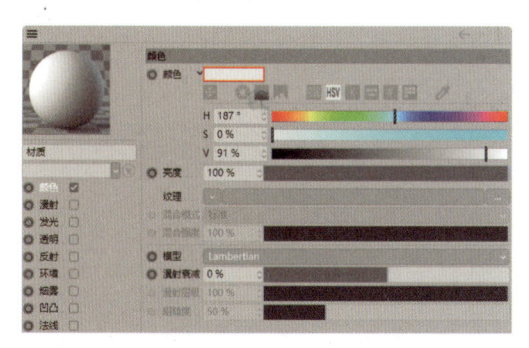

步骤/10　创建完成后，将该材质拖动至视图中的数字位置上。

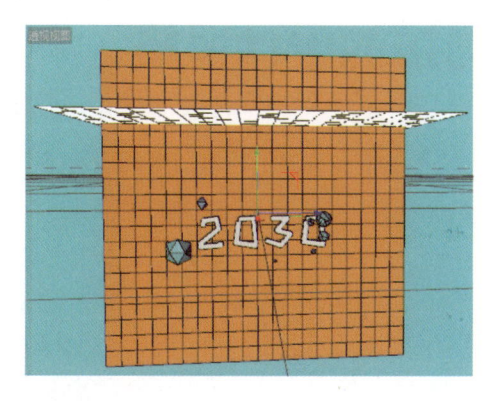

步骤/11　创建一种新的材质，并将其拖动至视图中的天空上。

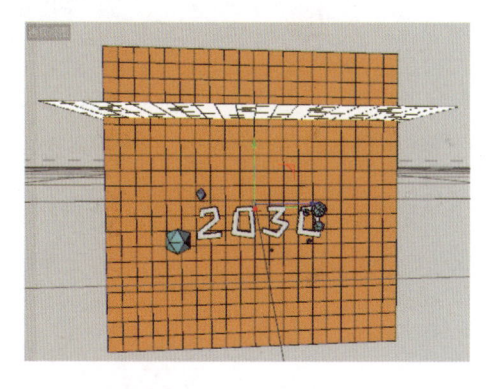

6. 创建摄像机

步骤/01　在菜单栏中执行"创建"|"摄像机"|"摄像机"命令。

步骤/02　在顶视图中，将摄像机拖动至合适的位置上。

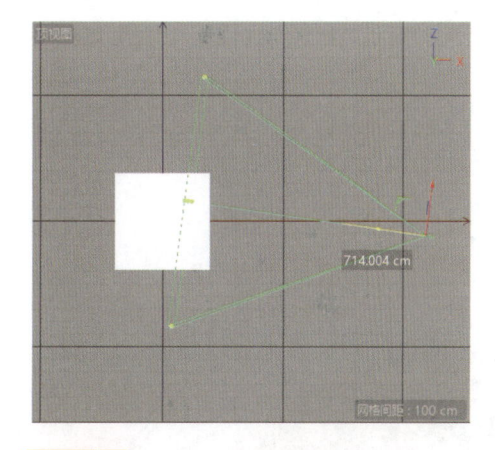

步骤/03　此时，本案例创建完成。

第 5 章

电商广告与海报的设计风格

电商广告与海报的设计风格需要根据品牌定位、目标受众和宣传目的进行选择。选择适合的设计风格，可以传达清晰的信息，引起消费者的兴趣，提高品牌知名度并促进销售。本章将讲解一些常见的电商广告与海报的设计风格及其特点。

5.1 常见的电商广告与海报风格

5.1.1 极简风格

极简风格的广告强调简洁、清晰，以最少的设计元素传达最多的信息，通常运用鲜明的色彩、大量的留白空间、整洁的排版以及简练的元素，使广告呈现出简洁、清晰的视觉效果。

- 设计元素精简：去除多余装饰，重视留白，突出核心信息。
- 色彩运用单一：多用单色或有限色彩，高对比点缀强化视觉焦点。
- 字体设计简约：偏无衬线字体，层级清晰，提升易读性。
- 几何图形运用：采用简单的几何元素和线条，传递秩序与现代感。
- 构图强调对比：通过大小、色彩等对比突出重点，同时注重平衡性。
- 功能性优先：信息传递清晰高效，无多余视觉效果。
- 整体风格统一：元素风格协调一致，体现整洁与秩序感。

色彩调性： 简约、醒目、柔和、温馨、清新、含蓄。

常用主题色：

CMYK: 0,0,0,0　　　CMYK: 92,87,88,79
CMYK: 20,15,15,0　 CMYK: 4,11,17,0
CMYK: 42,3,3,0　　 CMYK: 13,19,16,0

该秋季促销活动的电子邮件广告采用了极简风格的设计，以文字为主体，采用居中对称的构图方式，呈现出主次分明的视觉效果，便于接收者理解广告内容。

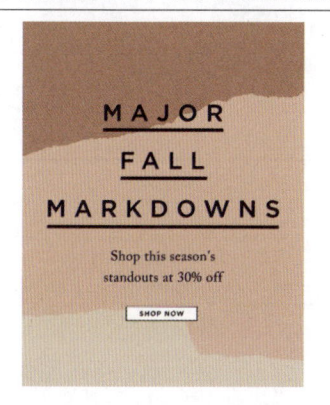

色彩点评：

- 以浅土红色、浅杏色和浅卡其色作为背景颜色进行搭配，形成邻近色的对比，使页面十分吸引人。暖色调的搭配给人亲切、温馨的感觉，同时与秋季促销的主题相呼应。
- 黑色文字纯度极高，与背景形成鲜明对比，使文字更加醒目、突出，提高了广告的可读性。
- 白色按钮的明度极高，与背景形成前后层次对比，具有突出的引导作用，可以引导用户进行点击操作。

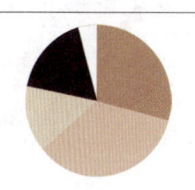

CMYK：31,49,51,0
CMYK：13,26,25,0
CMYK：12,16,21,0
CMYK：93,88,89,80
CMYK：0,0,0,0

5.1.2 抽象风格

抽象风格的广告通过简化、解构、变形、重组，以抽象的概念呈现图像、线条、形状与色彩等视觉元素，传达广告的主题和内涵，吸引观众的注意力，并激发他们的想象力和情感共鸣。

- 非具象表达：运用几何图形、线条和色块等元素传递情感或概念，弱化具象形象。
- 色彩表现力强：多用鲜明或对比强烈的色彩，突出视觉冲击力。
- 构图自由：形式灵活，常采用非对称式布局或动态线条构建视觉层次。
- 注重情感传递：通过抽象形式激发观众的联想和情绪，而非直接叙述内容。

色彩调性：鲜明、绚丽、大胆、个性、醒目、神秘。

常用主题色：

CMYK: 6,13,86,0　　CMYK: 89,71,0,0　　CMYK: 0,92,98,0
CMYK: 83,79,71,52　CMYK: 0,0,0,0　　　CMYK: 6,17,14,0

该插屏广告采用抽象风格进行设计，通过色彩的变化和扭曲变形，使溅起的果汁呈现出镭射的视觉效果，增强了广告的时尚感和个性感，能够引起用户的兴趣和注意。

色彩点评：

- 明快、清新的浅壳黄红色作为背景色，可以为用户带来简约、清爽的视觉体验。
- 橙红色作为主色调，与柚子的色彩相呼应，色彩鲜艳、饱满，给人热情、美味的感觉，吸引用户进行品尝。
- 黑色文字与浅色背景形成鲜明的对比，提升了文字信息的可读性，使其更加突出。

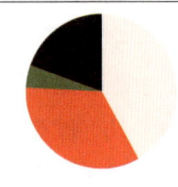

CMYK：0,6,6,0
CMYK：0,84,93,0
CMYK：79,45,100,7
CMYK：91,87,88,78

5.1.3 手绘风格

手绘风格广告注重艺术性和创意性，经常使用生动、有趣的手绘插画或数字插图来传达广告的信息和情感，能够创作出富有想象力和趣味性，兼具个性化与幽默感的广告。

- 线条感强：以手绘线条为主，强调自然、不规则的笔触效果。
- 质感独特：常带有手工感，如水彩渲染、素描纹理或蜡笔涂抹。

- 自由构图：画面元素布局随意，展现轻松、活泼或个性化的风格。
- 个性表达：注重设计者的个人风格，通过手绘元素传递独特创意。

色彩调性：洁净、梦幻、清新、鲜活、自然、俏皮。

常用主题色：

CMYK: 0,0,0,0　　CMYK: 54,48,0,0　　CMYK: 41,0,4,0
CMYK: 10,1,49,0　CMYK: 61,17,91,0　CMYK: 10,47,5,0

该产品推荐海报通过有趣的手绘插画展现产品的原料，增强了广告的趣味性和生动感，使消费者更容易接受广告。插画风格的设计使广告更具亲和力，能够吸引观众的眼球并引起他们的兴趣。

色彩点评：

- 深青色作为主色调，色彩明度较低，给人稳重、沉静的感觉，传递出可信、专业的品牌态度。
- 白色文字与深青色背景形成明暗对比，文字的可读性和辨识度较高，使广告信息更加清晰地传递给消费者。
- 绿色的菜叶和红色的番茄作为画面中较为鲜艳的色彩，提升了画面的明度，活跃了氛围，使整个画面更具活力。

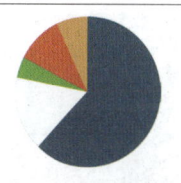

CMYK：95,72,46,8

CMYK：3,2,1,0

CMYK：66,14,100,0

CMYK：15,90,93,0

CMYK：17,50,81,0

5.1.4 复古风格

复古风格的广告通常使用老旧的色调、古典的字体、复古的图像等元素，模仿过去时代的风格，营造复古、怀旧的氛围，唤起消费者对过去时光的回忆，引发情感共鸣。

- 色彩复古：多用暗色调或饱和度低的颜色，如棕色、墨绿、米黄。
- 元素怀旧：融入旧海报、复古字体、老照片等经典设计元素。

- 纹理效果：模拟老旧材质，如颗粒感、纸张褶皱、磨损痕迹。
- 时代氛围：通过设计语言再现特定年代的视觉特征与情感。

色彩调性：深邃、古典、雅致、宁静、复古、怀旧。

常用主题色：

CMYK: 94,76,52,17　　CMYK: 24,36,44,0　　CMYK: 64,58,75,14
CMYK: 55,81,100,33　CMYK: 45,100,100,14　CMYK: 33,66,83,0

该珠宝广告通过低明度色彩的使用打造出复古滤镜效果，营造出复古、怀旧的氛围，展现了该品牌的历史底蕴和独特魅力，能够吸引目标受众并引发情感共鸣。

色彩点评：
- 棕色作为主色调，色彩明度较低，与复古主题相呼应，给人一种古老、典雅的感觉，突出了品牌的悠久历史。
- 珠宝采用明度较高的金色，与背景形成明暗对比，凸显珠宝的璀璨夺目，表现出珠宝的华贵和高端感。
- 白色文字与背景形成鲜明对比，可读性较高，同时使用极富艺术气息的字体，赋予作品艺术格调，增强了广告的视觉美感。

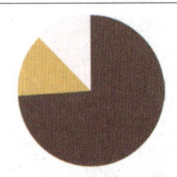

CMYK：55,73,76,18
CMYK：7,30,77,0
CMYK：0,4,0,0

5.1.5 立体风格

立体风格的广告通过阴影、光影、透视等设计元素打造出逼真的立体效果与强烈的透视效果，结合丰富、鲜艳的色彩，增强画面的真实感、层次感与吸引力，使广告更加生动、有趣，与众不同。

- 三维效果：运用渐变、阴影和透视关系模拟真实空间感。
- 动态构成：设计元素立体化，增强画面的层次感与视觉冲击力。
- 材质质感：多使用金属、玻璃、塑料等材质效果，增加真实感。

- 重点突出：通过立体元素引导视觉焦点，强化画面主题。

色彩调性：鲜明、个性、绚丽、生动、醒目、质感。

常用主题色：

CMYK: 9,96,93,0　　CMYK: 11,0,83,0　　CMYK: 73,20,2,0

CMYK: 0,0,0,0　　CMYK: 24,18,16,0　　CMYK: 39,44,87,0

本产品推荐广告通过添加高光、阴影、浮雕等样式，打造出具有立体膨胀感的文字和逼真质感的果实，增强了广告的趣味性和吸引力。

色彩点评：
- 以铬黄色为主色调，暖色调的色彩给人以温暖、明媚的感觉，能够带来美味感和舒适感。
- 红色作为辅助色，色彩鲜艳夺目，使广告更具视觉冲击力，吸引观众的注意力。
- 白色的视觉前进感极强，使文字更为突出，便于用户了解广告口号。

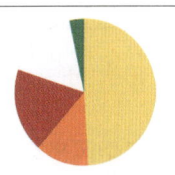

CMYK：5,21,82,0
CMYK：4,76,88,0
CMYK：28,98,93,0
CMYK：4,3,2,0
CMYK：87,44,96,5

5.1.6　超现实风格

超现实风格的广告通过想象和梦幻的元素、反常的场景，以及虚构、幻想的情节，打造出超现实的视觉效果，增强广告的独特性，引起消费者的注意与兴趣。

- 意象叠加：将看似无关的元素组合起来，创造非现实的画面效果。
- 场景梦幻：运用光影对比或不合理的空间构造，营造独特氛围。
- 色彩不拘一格：色彩运用自由，常带有视觉冲击和冲突感。
- 强调联想：引导观众通过抽象画面进行情感或思想的延伸。

色彩调性：幻想、奇幻、神秘、生动、个性、未知。

常用主题色：

CMYK:2,71,93,0　　CMYK:8,9,85,0　　CMYK:26,20,18,0

CMYK:83,79,71,52　　CMYK:98,100,42,0　　CMYK:17,21,28,0

143

该首页推荐广告展现了使用产品支撑眼睛的奇幻画面,这种超现实风格的设计和充满荒诞与幽默感的呈现方式,使广告与众不同,给用户带来新奇和有趣的感觉。

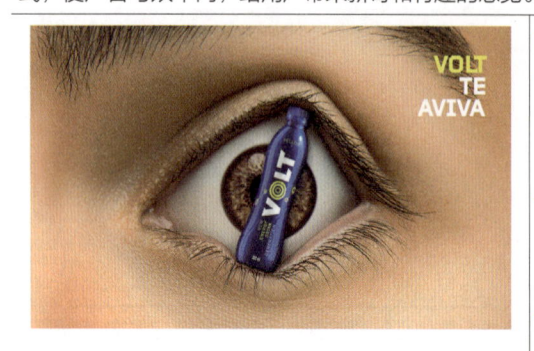

色彩点评:

- 以淡橙色为主色调,符合真实的人物肤色,增强了广告的真实感与生动感,使用户能够产生联想。
- 深蓝色作为辅助色,瓶身与背景形成冷暖对比,使产品更加突出,吸引用户注意。
- 黄和白色作为文字色彩,在视觉上具有前进感与膨胀感,能够迅速吸引用户目光,传递广告信息。

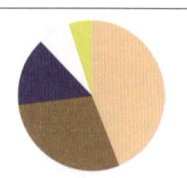

CMYK:3,31,39,0
CMYK:44,71,89,6
CMYK:100,97,38,2
CMYK:0,0,1,0
CMYK:9,1,86,0

5.1.7 奢华风格

奢华风格的电商广告通常使用精致的图像、典雅的花纹、华丽的色彩以及精美的材质等元素,以提升广告的质感和价值,展示出奢华、高雅的品牌形象。

- **高品质元素**:多用金色、银色、大理石等材质表达高端质感。
- **精致细节**:注重细节处理,如采用精美花纹、复杂装饰图案。
- **对比突出**:通过亮面与暗面、光泽与亚光等对比增强层次感。
- **品牌感强**:传递高端、独特的品牌形象,凸显品质与价值。

色彩调性:奢华、浪漫、神秘、庄重、典雅、大气。

常用主题色:

CMYK: 27,37,34,0　　CMYK: 100,100,60,18
CMYK: 83,79,71,52　　CMYK:14,11,11,0
CMYK: 22,34,94,0　　CMYK: 73,78,0,0

该广告通过使用绚丽的粒子光线和璀璨夺目的钻石等元素,展现了产品的华贵和品牌的优雅内涵,使广告具有高端质感与视觉美感,侧面反映出产品的高品质和价值不凡。

色彩点评:

- 灰色作为画面的主色调,色彩明度和纯度较低,呈现出内敛、含蓄的视觉效果,展现出典雅、富有格调的品牌形象。
- 白色的粒子光线与璀璨的钻石搭配,打造出华丽、高贵的效果,与高端产品的品牌形象相呼应,提升了广告的吸引力和视觉冲击力。

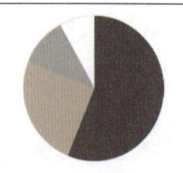

CMYK:75,72,65,30
CMYK:31,36,40,0
CMYK:42,37,31,0
CMYK:0,0,0,0

5.1.8 欢庆风格

欢庆风格的广告追求视觉冲击力与氛围的营造。该风格的广告通常根据节日或活动的主题使用特定的元素与相应的色彩，或是突出显示促销信息，旨在吸引消费者的注意力，激发其购买欲望。

- 明快色彩：使用鲜艳色调，如红色、黄色、金色，营造热闹气氛。
- 动态构图：融入烟花、彩带、气球等元素，增强节庆感。
- 氛围活跃：强调喜庆、热烈的情感传达，突出欢快主题。
- 字体跳跃：文字设计活泼多变，搭配动态排列，增添节日氛围。

色彩调性：明快、喜庆、欢快、热情、活力、醒目。

常用主题色：

CMYK: 12,98,100,0　CMYK: 7,27,90,0　CMYK: 12,0,82,0
CMYK: 0,78,92,0　　CMYK: 13,10,9 0　CMYK: 0,0,0,0

这款发膜的节日促销宣传广告通过色彩与礼盒元素的使用，营造出欢乐、喜庆的节日氛围，增强了广告的吸引力与亲和力，能够带动观者情绪，刺激消费者产生购买欲望。

色彩点评：

- 红色色彩饱满鲜艳，具有较强的视觉刺激性，能够迅速吸引用户的注意力，带动消费者情绪，使其产生紧迫感。
- 产品的白色包装与红色背景形成鲜明对比，凸显出纯净、简单的包装风格，给人安全、可信的暗示。
- 金色作为礼盒包装的色彩，补充、丰富作为主色的红色，使整个画面更显奢华耀眼。

CMYK：15,98,100,0
CMYK：0,3,3,0
CMYK：3,12,42,0
CMYK：90,86,88,77

5.1.9 科技风格

科技风格的电商广告运用现代科技、数字、光影效果等元素，表现出高科技和未来感的视觉效果，增强广告的现代感和科技感。

- 冷色调为主：多用蓝色、银色、黑色等冷色系，突出未来感。

- 数字元素：融入电路、代码、网格等科技符号和图形。
- 光效突出：运用霓虹光、发光线条或动态光晕，增强科技氛围。
- 简约现代：画面设计简洁有序，体现高科技的精准与效率。

色彩调性：科幻、神秘、个性、现代、明亮、绚丽。

常用主题色：

CMYK: 83,79,71,52　CMYK: 59,0,55,0　　CMYK: 63,0,15,0
CMYK: 84,59,0,0　　CMYK: 83,66,19,0　CMYK: 0,0,0,0

这款产品推荐广告使用了机械手臂与星空等具有科幻色彩的元素进行设计，使广告与众不同，可以给用户带来新奇和神秘的感觉。

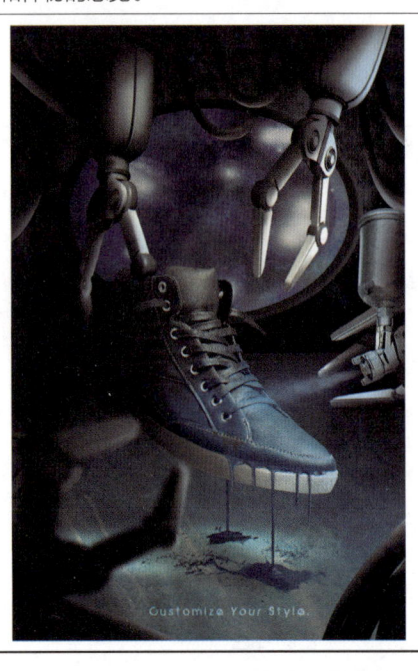

色彩点评：

- 黑色作为主色，降低了画面的明度，增加了画面的神秘感和未知感，为用户留下想象空间和探索的欲望。
- 青色通过明暗变化打造出光影效果，营造神秘、奇幻的画面氛围。画面将青色与科技和未来相联系，给人一种科技感和前卫感。

CMYK：93,88,89,80
CMYK：83,57,48,3
CMYK：64,27,22,0
CMYK：96,92,47,16

5.1.10　特效风格

特效风格的电商广告设计追求视觉动感与创意表达的极致。它通过运用动画、渐变、3D效果等动态元素形成强烈的视觉冲击，摒弃了传统设计的规整与静态，将超现实场景、抽象图形及梦幻色彩融入设计中，展现了无限的创意与想象力。

- 视觉冲击强：大量使用粒子特效、光影效果和动态元素。
- 层次感丰富：通过叠加与渐变创造多维空间与深度感。
- 动态表现力：元素具有流动性或爆发感，增强画面的表现力。
- 质感细腻：细节处理精致，如烟雾、火焰、水流等真实效果的模拟。

色彩调性：利落、简洁、沉稳、平衡、冷静、醒目。

常用主题色：

CMYK: 83,79,71,52　CMYK: 0,0,0,0　　　CMYK: 14,11,11,0
CMYK: 8,94,100,0　CMYK: 32,34,37,0　CMYK: 80,58,0,0

该产品渲染图展示页通过网格式布局规整排列线体文字，能够以整洁有序的方式展示产品的细节，让观者快速获取所需信息。

色彩点评：
- 青绿色为主色调，给人以自然、清爽的视觉体验，能够增强用户对广告的好感和信任感。
- 亮灰色作为辅助色，与背景形成较强的纯度对比，具有较强的视觉吸引力。
- 粉色作为点缀色，丰富了画面的色彩层次，为页面增加一些亮点，使整个画面更加吸引人。

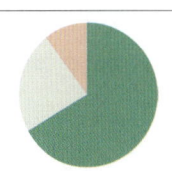

CMYK：75,22,60,0
CMYK：14,9,13,0
CMYK：9,36,27,0

5.2 实操：炫彩文字创意海报设计

5.2.1 设计思路

案例类型：

本案例展示了一幅充满活力和动感的创意海报设计，海报中央是三维的抽象艺术风格文字"Very funny"，线条流畅且充满活力。文字外围为一个旋转的圆环模型，为海报提供了清晰的边界，使得整体画面更加紧凑、集中。整体色彩效果鲜艳绚丽，视觉风格活泼、动感，充满艺术感与超现实感。

项目诉求：

1）传递品牌年轻形象

该案例通过解构变形的文字"Very funny"，突出海报的创意性与独特性，以强调品牌的年轻化与趣味性，传递品牌创新、年轻的形象。

2）吸引追求个性和创新的消费者

海报的色彩鲜艳、风格抽象且富有创意，更符合年轻人的审美和喜好，吸引追求个性和创新的消费者关注和参与。

3）增强广告效果

海报通过具有创意感与设计和鲜活个性的视觉表现，能够吸引更多人的关注和讨论，从而提升产品或品牌的传播效果。

设计定位：

海报的设计定位在于突出创意性和艺术性，通过抽象艺术风格与3D效果的呈现，吸引年轻群体的关注。

1）创意性

此海报设计具有创意性与视觉动感，通过渐变、解构、变形的文字，展现想象力与视觉冲击，适用于宣传与创新、益智产品相关的电商品牌或广告，传递品牌的创新理念与个性化。

2）符合年轻消费群体需求

富有创意感的变形文字与活泼明快的色彩方案设计，针对年轻群体，具有较强的吸引力。

3）应用于数字营销和社交平台

海报不仅具有实用性，还有很高的艺术性，其设计充满视觉动感与创意化表达，可以增强互动性。

5.2.2 配色方案

本案例融合了抽象与特效风格，海报整体呈现出一种抽象艺术风格，色彩绚丽明亮，具有很强的视觉冲击力。

1. 主色调鲜明

黄色作为海报的主色调应用于海报背景中，这种颜色充满活力与温暖，在视觉上传递活力、年轻、朝气蓬勃的情绪。

2. 渐变色圆环的运用

紫色与蓝色的渐变线条围绕文字，呈现出一个具有旋转动势的圆环，既与黄色背景的活力感相协调，又融入了冷色调的优雅与梦幻。

3. 色彩和谐统一

海报中虽然使用了多种色彩，但文字色彩与圆环、背景色相一致，整体搭配和谐统一，视觉上舒适协调。

5.2.3 项目实战

1. 渲染设置

步骤/01 打开本书配备的场景文件。

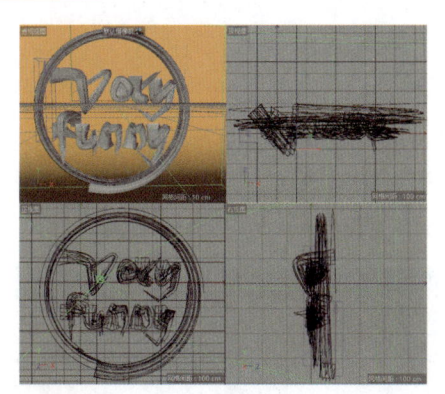

步骤/02 单击工具栏中的 ■（编辑渲染设置）按钮，开始设置渲染参数。设置"渲染器"为"物理"。单击"输出"组，设置"宽度"为1200、"高度"为864，勾选"锁定比率"复选框。单击"抗锯齿"组，设置"过渡"为Mitchell。

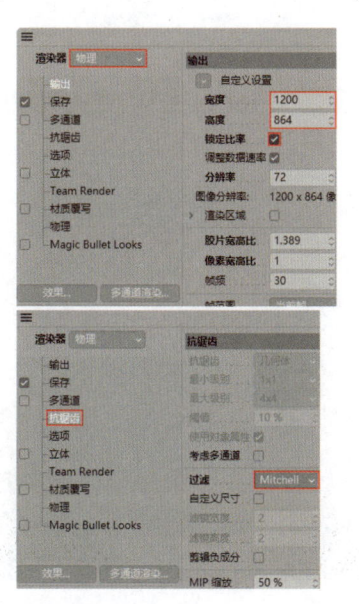

步骤/03 单击"物理"组，设置"采样器"为"递增"。接着单击"效果"按钮，在弹出的列表中选择"全局光照"选项，设置"次级算法"为"辐照缓存"，"采样"为"高"。

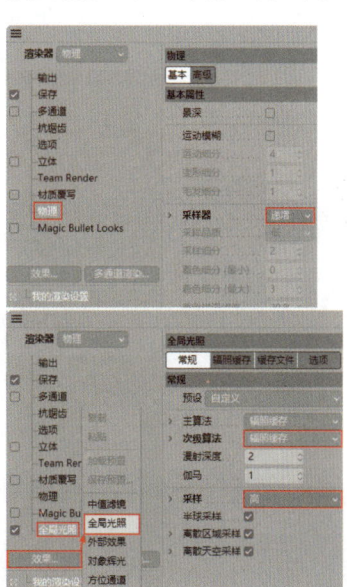

2. 创建圆环渐变材质贴图

步骤/01 在菜单栏中执行"创建"|"材质"|"新的默认材质"命令，此时新建一个材质球，命名为"渐变"。双击该材质球，进入材质编辑器修改参数。勾选"颜色"复选框，单击"纹理"右方的 ■ 图标，在弹出的列表中选择"菲涅尔（Fresnel）"选项，并单击"着色器"选项。

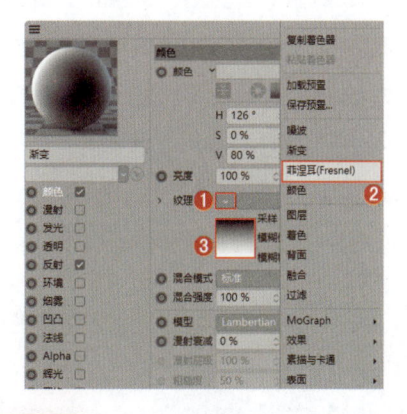

步骤/02 在"着色器"选项卡中双击色标，在弹出的"渐变色标设置"对话框中创建一种红色，并设置"插值"为"立方"。

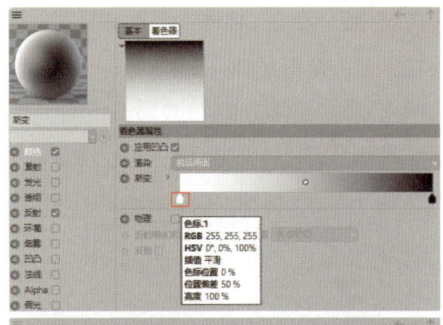

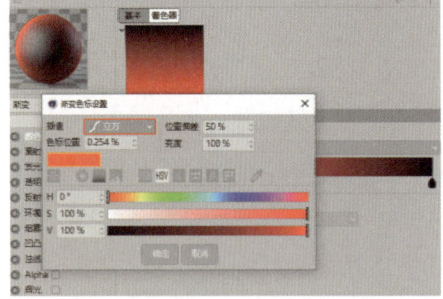

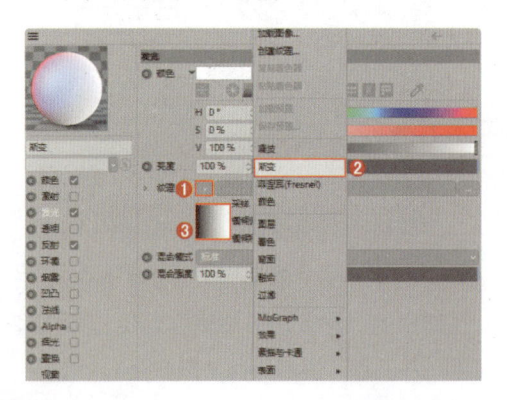

步骤/05 在"着色器"选项卡中设置一种由蓝至红的渐变颜色。

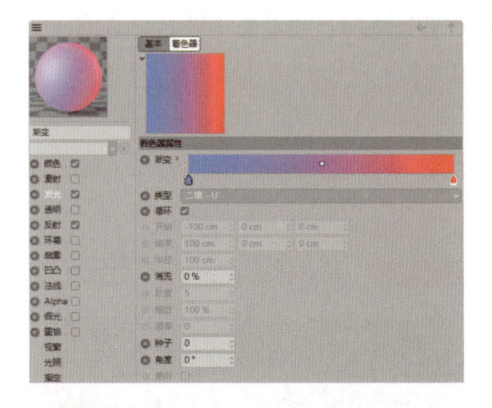

步骤/06 勾选"反射"复选框，进入该面板，单击"默认高光"标签，在"类型"在下拉列表中选择"高光-Phong（传统）"选项。

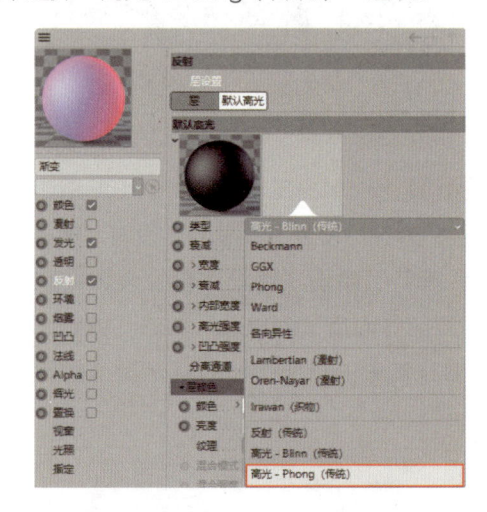

步骤/07 创建完成后，将该材质拖动至视图中的圆环上。

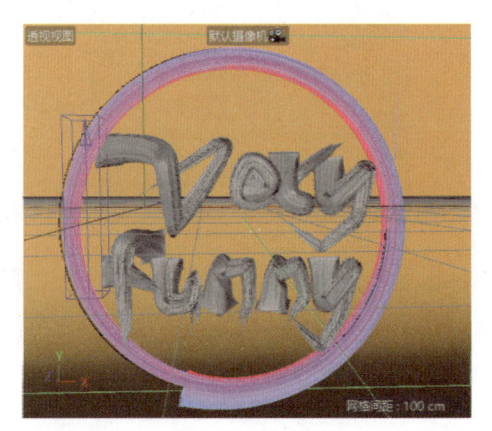

步骤/03 重复以上操作，创建一种蓝色。

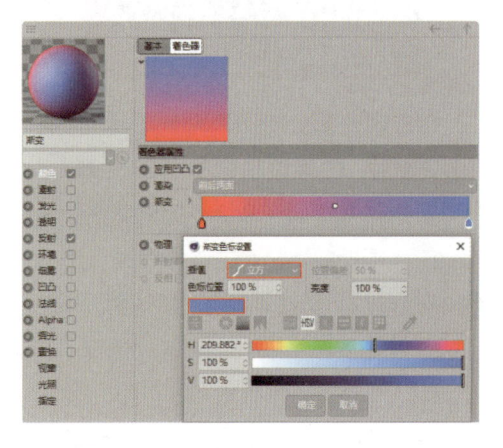

步骤/04 勾选"发光"复选框，单击"纹理"右方的■图标，在弹出的列表中选择"渐变"选项，并单击"着色器"选项。

3. 创建字体渐变材质贴图

步骤/01 在菜单栏中执行"创建"|"材质"|"新的默认材质"命令，此时新建一个材质球，命名为"渐变2"。双击该材质球，进入材质编辑器修改参数。勾选"颜色"复选框，单击"纹理"右方的图标，在弹出的列表中选择"渐变"选项，并单击"着色器"选项。

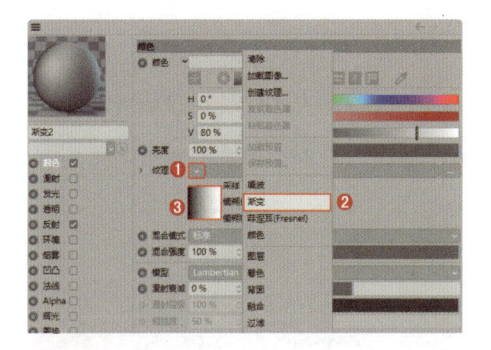

步骤/02 在"着色器"选项卡中创建一种由粉色至橙色再到绿色的渐变颜色，设置"类型"为"二维-V"。

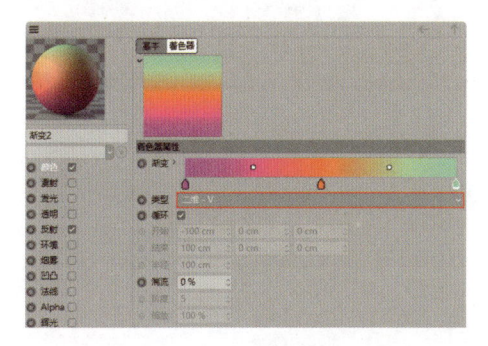

步骤/03 勾选"反射"复选框，并进入其面板，单击"添加"按钮，在弹出的列表中选择"反射（传统）"选项。

步骤/04 在打开的面板中设置"反射强度"为500%，"亮度"为20%。

步骤/05 单击"默认高光"标签，设置"类型"为"高光-Phong（传统）"。

步骤/06 创建完成后，将该材质依次拖动至视图中的字体上。

4. 创建物理天空

步骤/01 在菜单栏中执行"创建"|"物理天空"|"物理天空"命令。

151

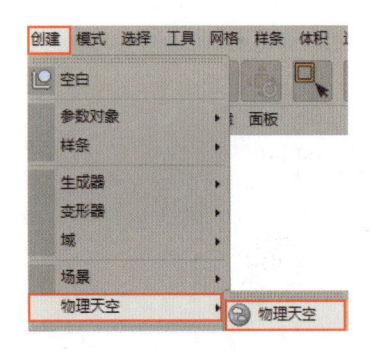

步骤/02 单击进入"对象"|"属性"面板,单击"天空"标签,设置"强度"为200%;接着单击"时间与区域"标签,设置相应的时间。

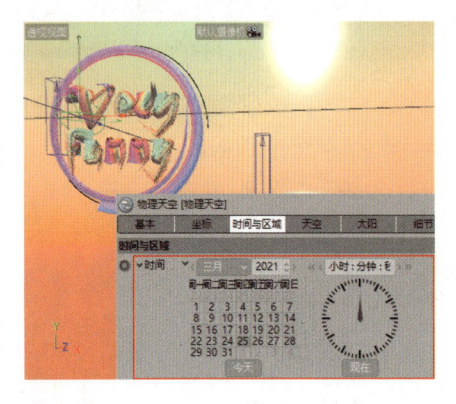

步骤/03 将创建的物理天空拖动至合适的位置上。

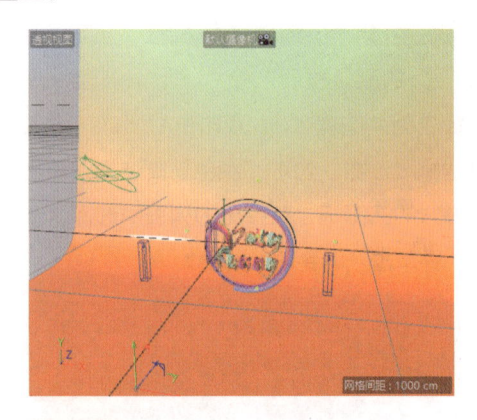

步骤/04 此时,本案例制作完成。

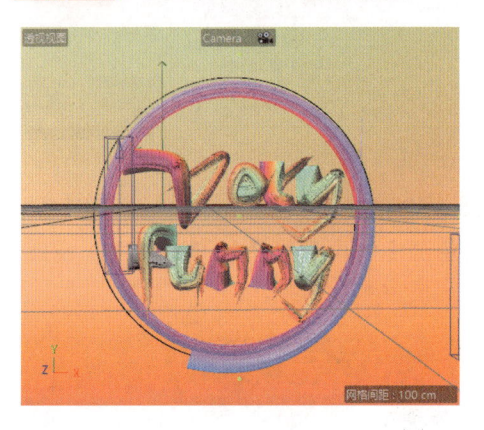

5.3 实操:"即饮果味粉冲剂"产品电商广告设计

5.3.1 设计思路

案例类型：

本案例展示了"即饮果味粉冲剂"产品的电商广告设计。海报中央展示了两个产品包装，左侧为绿色袋子，右侧为黄色袋子，下方放置一个橙色的长方体，四周摆放着几个橘子。背景采用渐变橙色，整体设计富有活力且符合产品特性，传达出清新、自然的果味饮品感受。

项目诉求：

1）提升产品吸引力

通过生动、鲜明的色彩搭配和自然的果品元素，突出"即饮果味粉冲剂"产品的清新口感，吸引消费者的注意力。

2）明确传达产品特性

通过色彩的应用与橘子水果的搭配，使消费者立即能够联想到果味饮品的清新与健康特性，从而提升产品的市场认知度。

3）强化电商平台展示效果

利用鲜明的颜色与简洁的布局，确保广告设计在电商平台的展示中脱颖而出，提升点击率和转化率。

设计定位：

1）定位于健康生活与便捷美味

本项目聚焦热爱健康生活、追求便捷与美味的受众，特别是对果味饮品感兴趣的消费者。通过现代清新风格的设计，传递自然与活力的产品理念，吸引目标人群的关注与购买欲望。

2）突出果味饮品特性

采用色彩鲜明的视觉设计，结合丰富的产品图片与水果元素，强化"即饮果味粉冲剂"产品的清新口感与健康属性。渐变橙色背景与橘子水果的搭配，直观传达产品的自然与健康特性，提升消费者的品牌认知度。

3）传播健康理念与品牌价值

项目不仅致力于提升产品吸引力，还通过设计传递健康生活理念，强化品牌的社会价值与商业价值，实现双赢目标。

5.3.2 配色方案

本设计的配色方案通过鲜艳的橙色、绿色和黄色形成一个充满活力、健康和愉悦感的视觉效果。这些色彩相辅相成，不仅突出了"即饮果味粉冲剂"产品的果味主题，还能够在电商平台上吸引消费者的注意力，并增强购买欲望。

1. 渐变橙色背景

背景使用渐变橙色，从鲜艳的橙色过渡到浅橙色，象征果味饮品的自然甜美，营造温暖、活力的氛围。橙色代表着水果的丰盈与新鲜，能够有效吸引消费者的注意力并传递产品的活力感。

2. 绿色包装袋

绿色的包装袋传达健康和清新的感觉，符合消费者对于天然、健康饮品的期望。绿色的使用突出产品的天然特质，与水果的自然属性形成紧密关联。

3. 黄色包装袋

黄色代表阳光和愉悦感，给人带来积极、明亮的视觉感受，强化产品的吸引力与活力。黄色与绿色搭配使用，不仅增加了视觉对比，也让整体设计更具活力与现代感。

4. 橙色长方体与橘子水果

使用深橙色的长方体与橘子水果相呼应，增强了设计的层次感和视觉冲击力，同时强化果味主题，传递出浓郁的水果气息。橙色的应用让产品显得更加真实且富有诱惑力。

5.3.3 项目实战

1. 渲染设置

步骤/01 打开本书配备的场景文件。

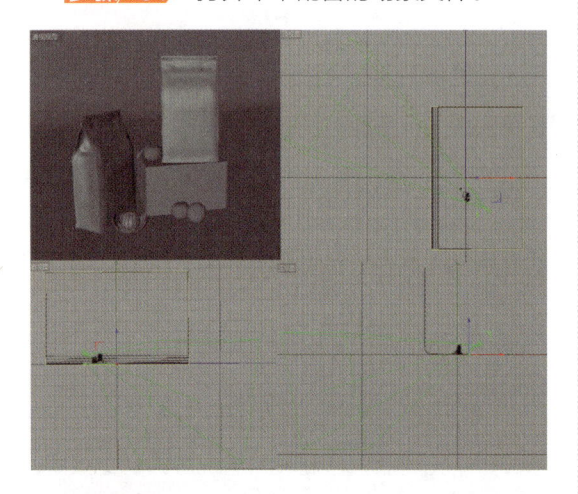

步骤/02 单击工具栏中的 ■（编辑渲染设置）按钮，开始设置渲染参数。设置"渲染器"为"物理"。单击"输出"组，设置"宽度"和"高度"均为1500，勾选"锁定比率"复选框。单击"效果"按钮，在弹出的列表中选择"全局光照"选项，进入该选项面板，将"次级算法"设置为"准蒙特卡罗（QMC）"，将"采样"设置为"高"。

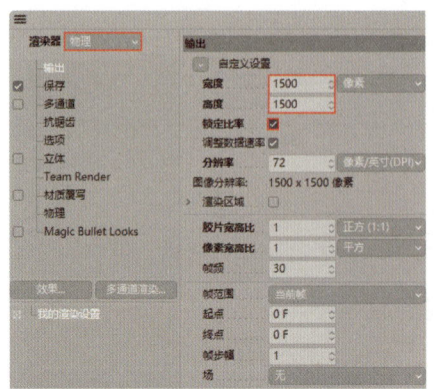

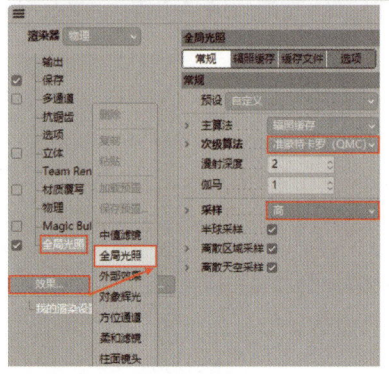

2. 创建包装材质

步骤/01 在菜单栏中执行"创建"|"材质"|"新的默认材质"命令，此时新建一个材质球，命名为"包装1"。双击该材质球，进入材质编辑器修改参数。勾选"颜色"复选框，单击"纹理"右方的 ■ 图标，在弹出的列表中选择"加载图像"选项，并添加本书配备文件中的位图贴图"包装1.jpg"。

步骤/02 创建完成后，将材质球拖动到模型

上。重复以上操作，将另一个包装袋进行贴图。

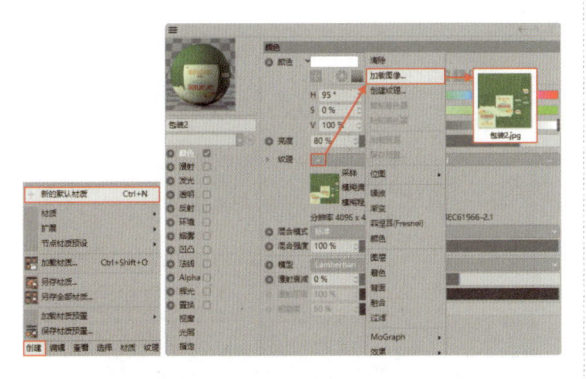

步骤/03 此时，包装袋的贴图制作完成。

3. 创建叶子材质

步骤/01 新建一个材质球，命名为"叶子"。双击该材质球，进入材质编辑器修改参数。勾选"颜色"复选框，单击"纹理"右方的图标，在弹出的列表中选择"加载图像"选项，并添加本书配备文件中的位图贴图"叶子1.jpg"。

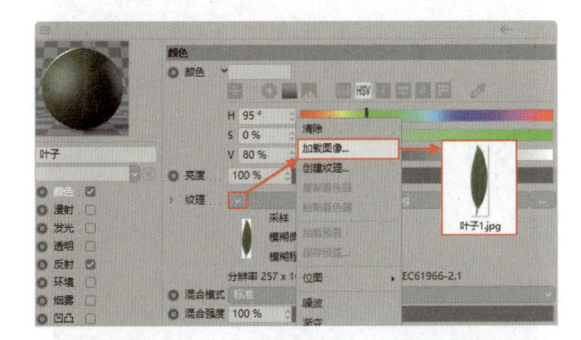

步骤/02 勾选"透明"复选框，将"折射率预设"设置为"油（植物）"。单击"纹理"右方的图标，在弹出的列表中选择"加载图像"选项，并添加本书配备文件中的位图贴图"叶子2.jpg"。

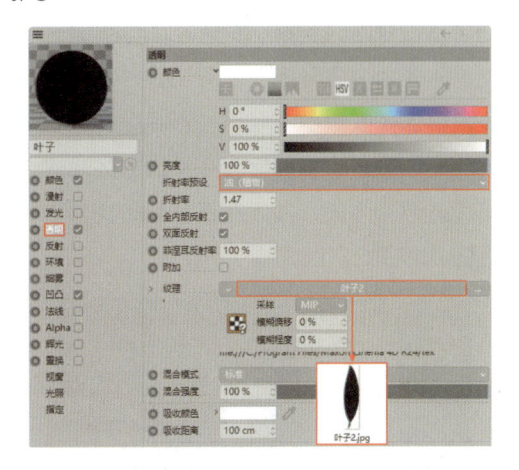

步骤/03 勾选"凹凸"复选框，单击"纹理"右方的图标，在弹出的列表中选择"加载图像"选项，并添加本书配备文件中的位图贴图"叶子3.jpg"。

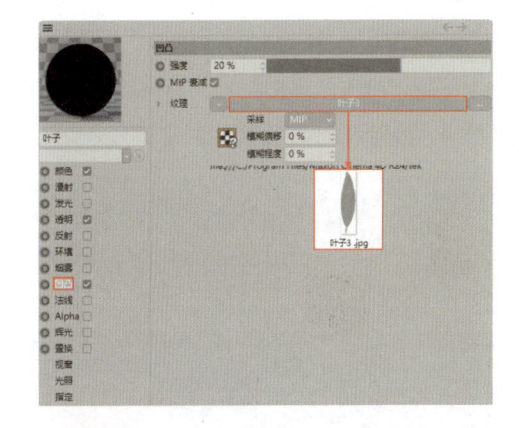

步骤/04 材质设置完成，将该材质球拖曳到橘子叶模型上，赋予模型材质。

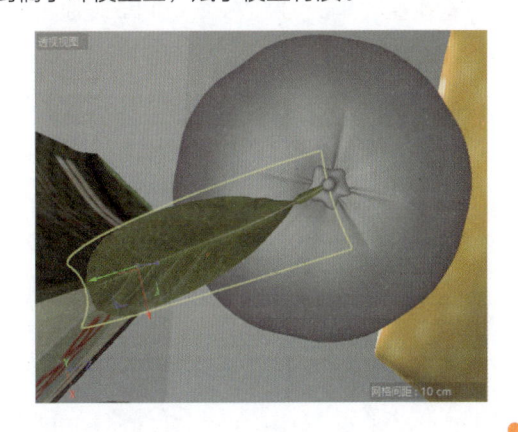

155

4. 创建橘子皮材质

步骤/01 在菜单栏中执行"创建"|"材质"|"新的默认材质"命令，此时新建一个材质球，命名为"橘子皮"。双击该材质球，进入材质编辑器修改参数。勾选"颜色"复选框，单击"纹理"右方的 图标，在弹出的列表中选择"加载图像"选项，并添加本书配备文件中的位图贴图"橘子皮1.jpg"。

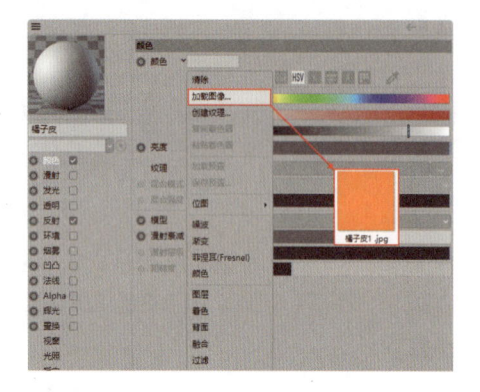

步骤/02 勾选"反射"复选框，单击"默认高光"标签，设置"类型"为"高光-Phong（传统）"，"宽度"为45%。

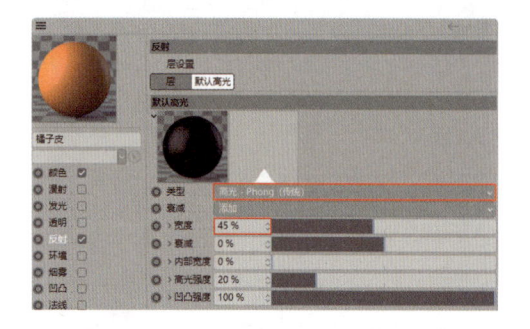

步骤/03 单击"层"标签，再单击"添加"按钮，在弹出的列表中选择"反射（传统）"选项。

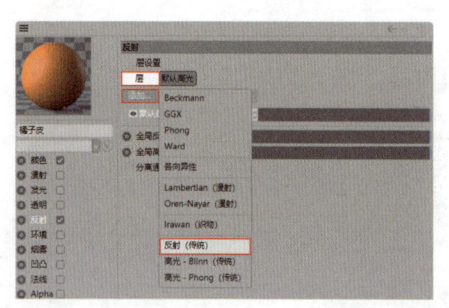

步骤/04 更改亮度为30%。

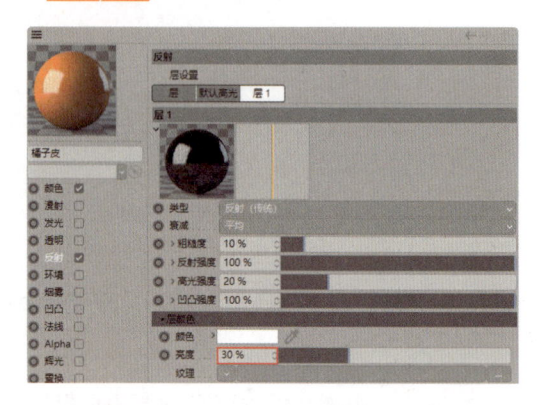

步骤/05 勾选"凹凸"复选框，单击"纹理"右方的 图标，在弹出的列表中选择"加载图像"选项，并添加本书配备文件中的位图贴图"橘子皮2.jpg"，更改"强度"为2%。

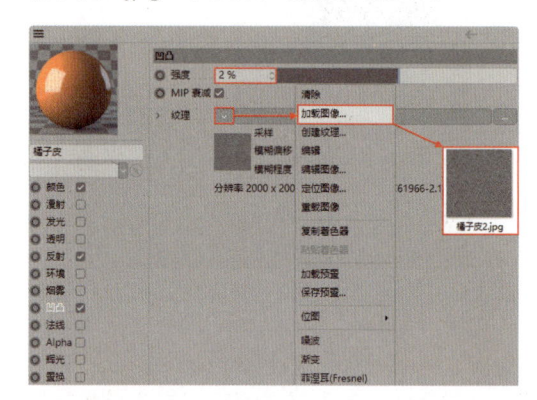

步骤/06 创建完成后，将该材质球拖动到视图中的橘子上面。

5. 创建橘子茎材质

步骤/01 新建一个材质球，将其命名为"橘子茎"。双击该材质球,进入材质编辑器修改参数。勾选"颜色"复选框,单击"纹理"右方的图标,在弹出的列表中选择"加载图像"选项,并添加本书配备文件中的位图贴图"橘子茎.png"。

步骤/02 勾选"反射"复选框,将"类型"更改为"高光-Phong(传统)"。

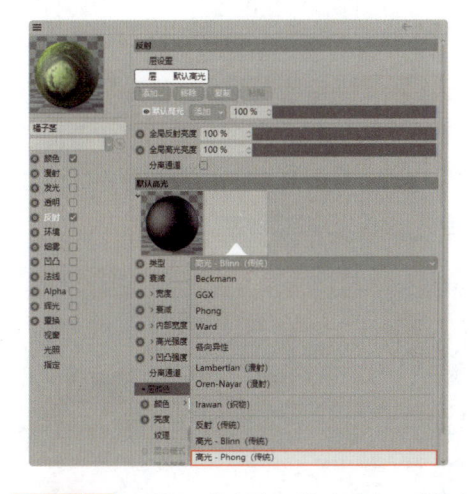

步骤/03 进入"多边形"级别,选择橘子茎部分的多边形。创建完成后,将该材质拖动到视图中的橘子茎的多边形上。

步骤/04 重复以上操作,为剩余的橘子茎

创建材质。

6. 创建橘子内皮材质

步骤/01 创建一种新的材质,将其命名为"橘子内皮1"。双击该材质,进入材质编辑器修改参数。勾选"颜色"复选框,单击"纹理"右方的图标,在弹出的列表中选择"加载图像"选项,并添加本书配备文件中的位图贴图"橘子内皮1.jpg"。

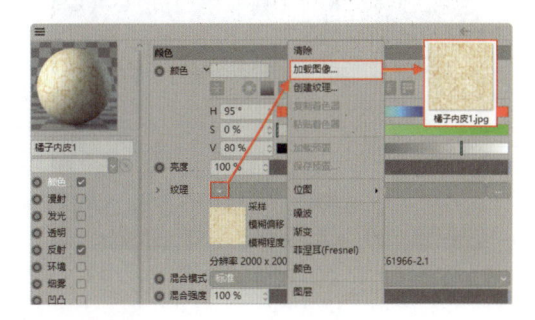

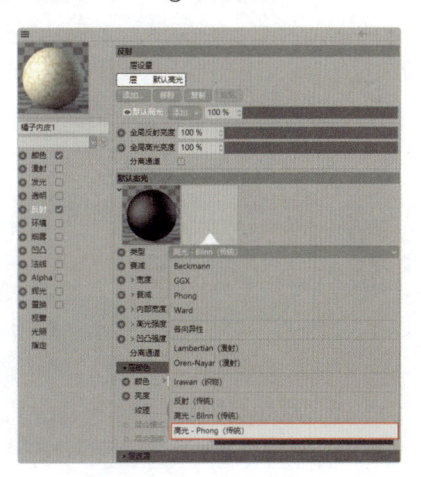

步骤/02 勾选"反射"复选框,将"类型"更改为"高光-Phong(传统)"。

157

步骤/03 勾选"凹凸"复选框,单击"纹理"右方的图标,在弹出的列表中选择"加载图像"选项,并添加本书配备文件中的位图贴图"橘子内皮2.jpg",更改"强度"为10%。

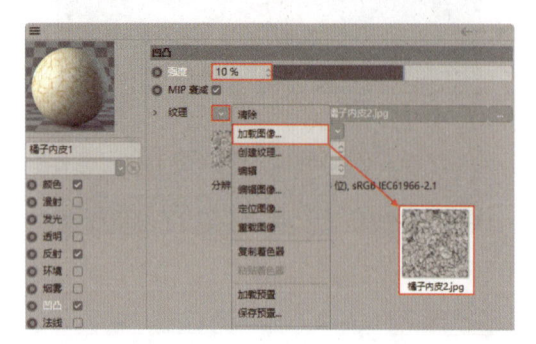

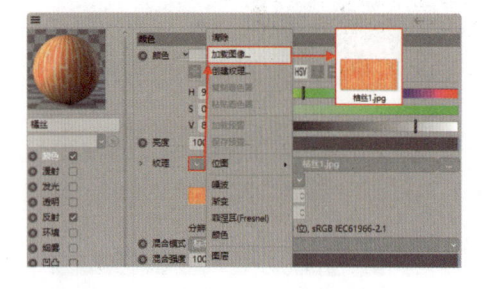

步骤/02 勾选"反射"复选框,将"类型"更改为"高光-Phong(传统)"。

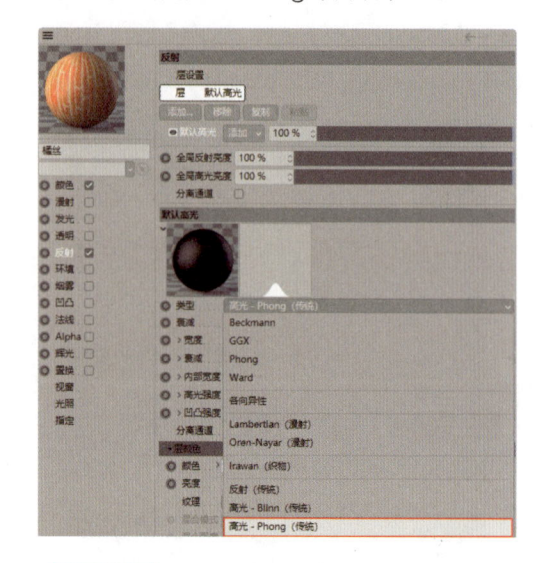

步骤/04 创建完成后,将该材质球拖动到视图中橘子内皮的位置上,完成材质的创建。

步骤/03 勾选"凹凸"复选框,单击"纹理"右方的图标,在弹出的列表中选择"加载图像"选项,并添加本书配备文件中的位图贴图"橘丝2.jpg",将"强度"更改为3%。

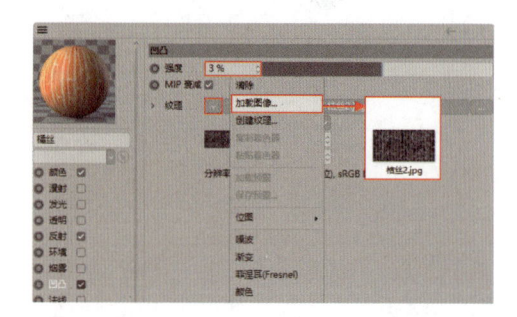

7. 创建橘丝材质

步骤/01 创建一个新的材质球,将其命名为"橘丝"。双击该材质球,进入材质编辑器修改参数。勾选"颜色"复选框,单击"纹理"右方的图标,在弹出的列表中选择"加载图像"选项,并添加本书配备文件中的位图贴图"橘丝1.jpg"。

步骤/04 创建完成后,将该材质球拖动到视图中的橘子瓣上。

第5章 电商广告与海报的设计风格

8. 创建立方体材质

步骤/01 创建一个新的材质球，将其命名为"立方体"。双击该材质球，进入材质编辑器修改参数，创建一种橘黄色。

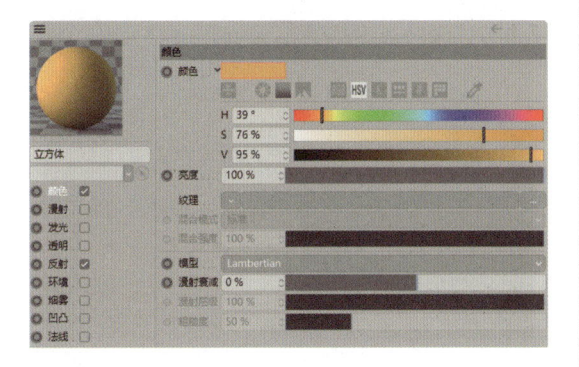

步骤/02 勾选"反射"复选框，单击"移除"按钮，移除默认高光。

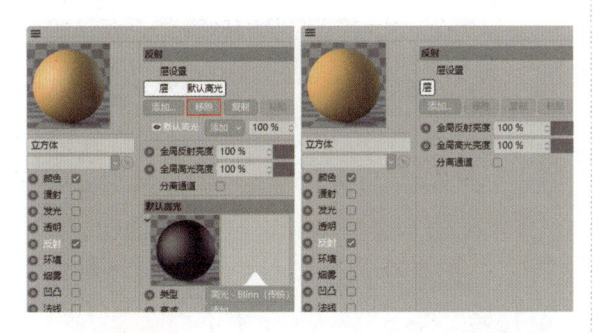

步骤/03 创建完成后，将该材质球拖动到视图中的立方体上。接着将创建好的材质拖动至背景上。

9. 创建灯光

步骤/01 在菜单栏中执行"创建"|"灯光"|"区域光"命令，单击进入"常规"面板，创建一种灰色，设置"强度"为72%。

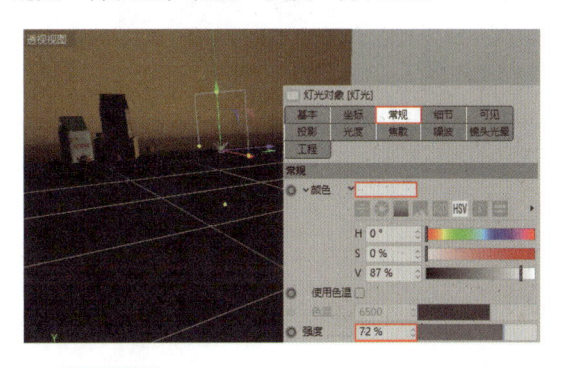

步骤/02 进入"细节"操作面板，设置"外部半径"为161cm，"衰减"为"平方倒数（物理精度）"。

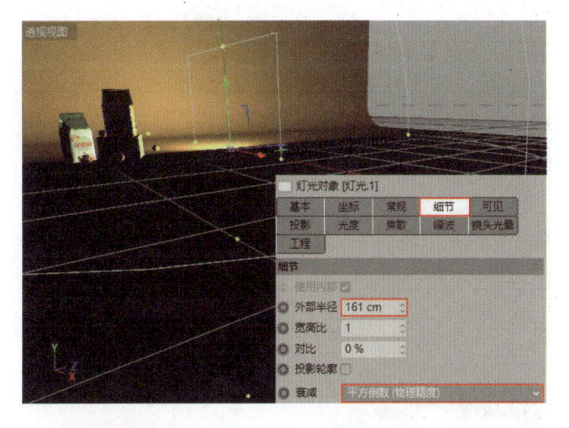

步骤/03 进入"可见"操作面板，设置"外部距离"为806cm，"采样属性"为40cm。

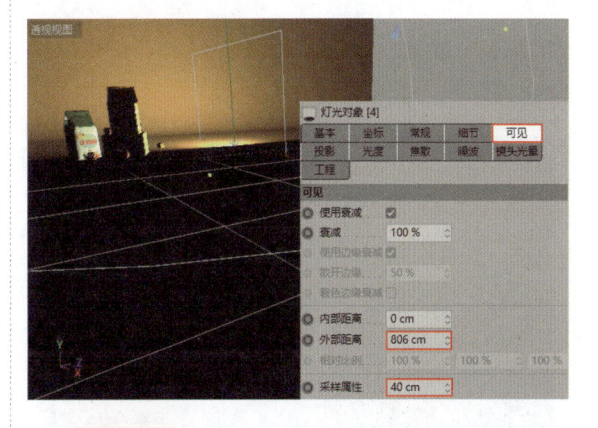

步骤/04 进入"投影"操作面板，设置"投影"为"区域"。

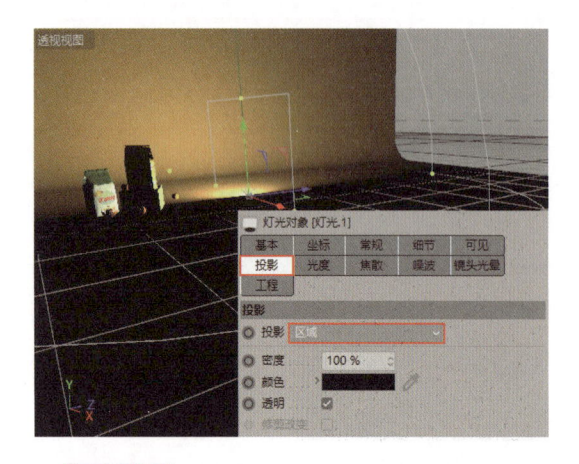

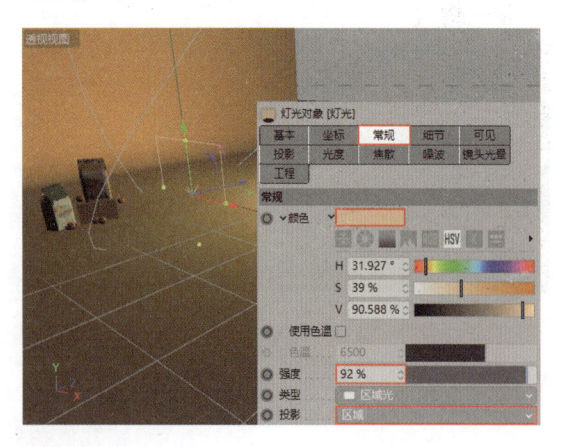

步骤/07 进入"细节"操作面板,设置"外部半径"为124.128cm,"衰减"为"平方倒数(物理精度)"。

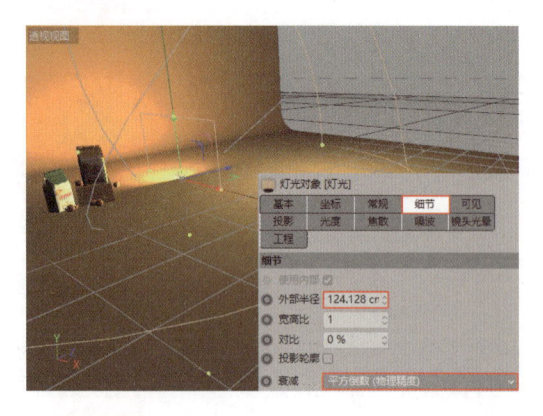

步骤/05 设置完成后,在透视图中将该灯光拖动并旋转到合适的位置上。

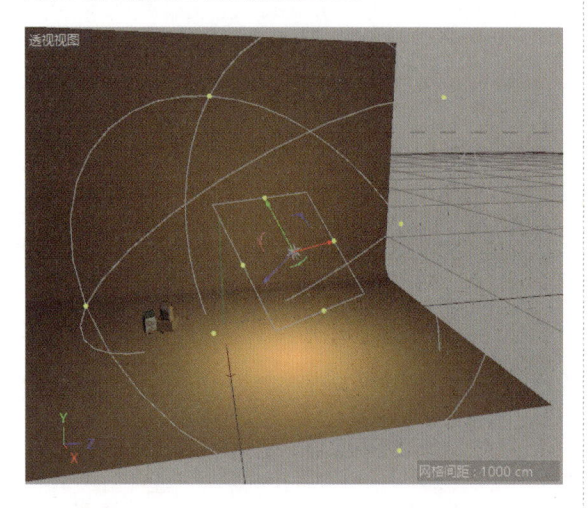

步骤/08 创建完成后,将该灯光拖动并旋转至合适的位置。

步骤/06 继续执行"创建"|"灯光"|"区域光"命令,单击进入"常规"面板,创建一种黄色,设置"强度"为92%,"投影"为"区域"。

步骤/09 继续执行"创建"|"灯光"|"区域光"命令,单击进入"常规"面板,创建一种灰色,设置"强度"为150%,"投影"为"区域"。

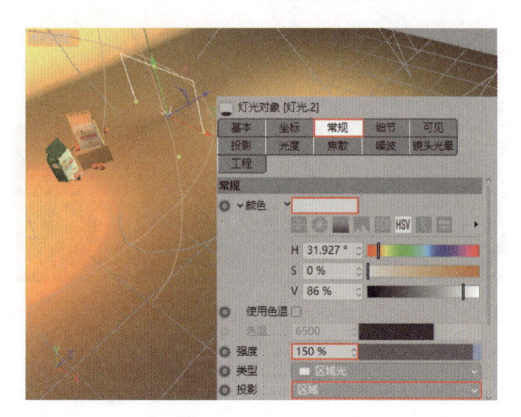

第5章 电商广告与海报的设计风格

步骤/10 进入"细节"操作面板,设置"外部半径"为69cm,"衰减"为"平方倒数(物理精度)","半径衰减"为280cm。

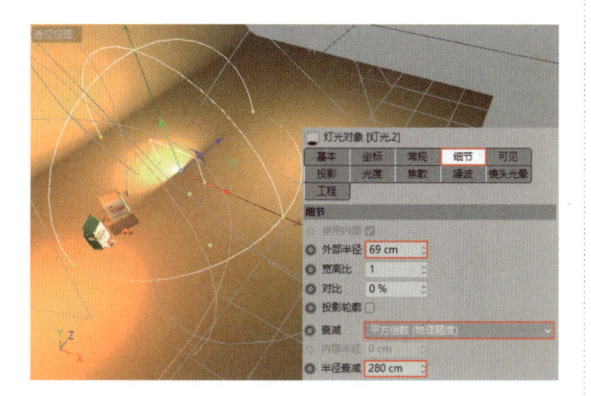

"创建"|"灯光"|"区域光"命令,单击进入"常规"面板,创建一种灰色,设置"强度"为200%,"投影"为"区域"。

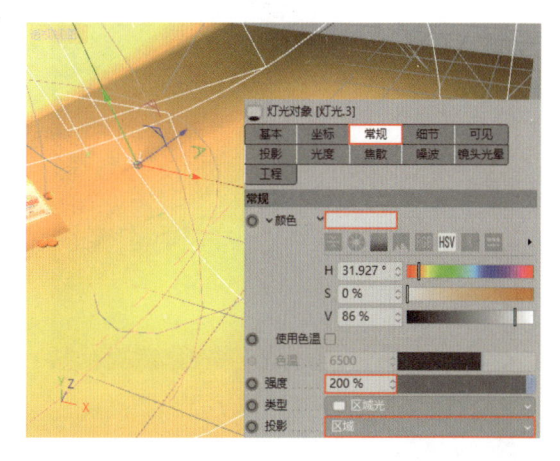

步骤/11 进入"可见"操作面板,设置"外部距离"为345cm,"采样属性"为17cm。

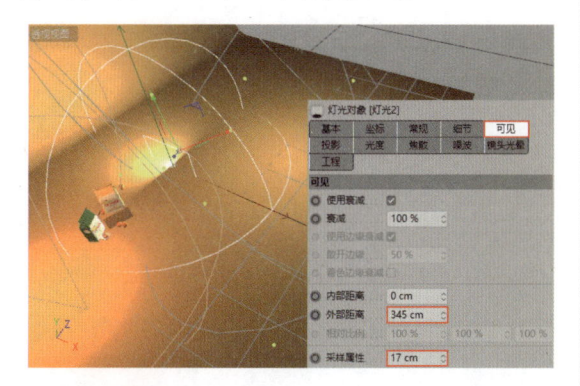

步骤/14 进入"细节"操作面板,设置"外部半径"为88cm,"衰减"为"平方倒数(物理精度)","半径衰减"为222cm。

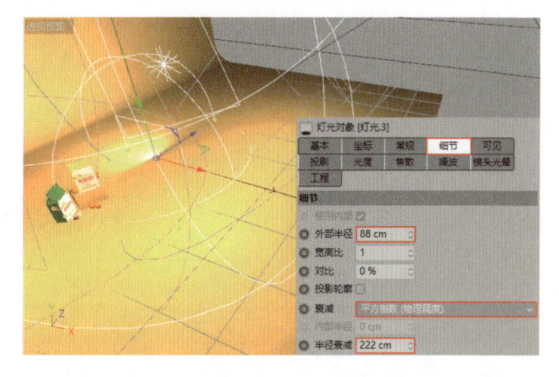

步骤/12 创建完成后,将该灯光拖动并旋转至合适的位置上。

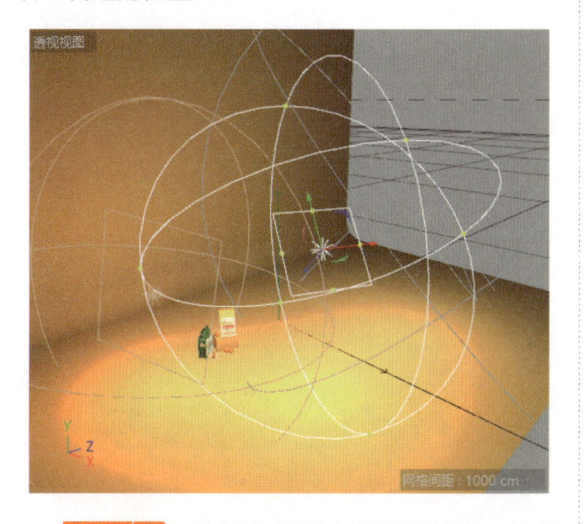

步骤/15 进入"可见"操作面板,设置"外部距离"为440cm,"采样属性"为22cm。

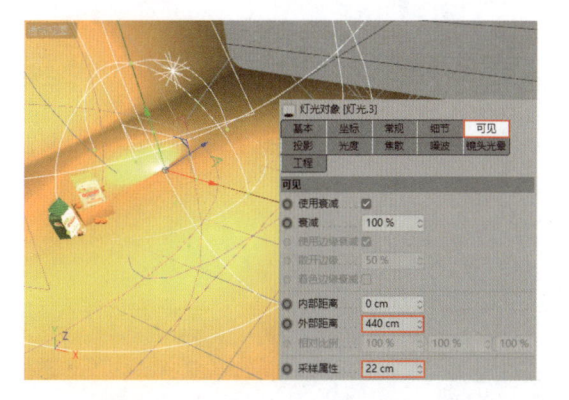

步骤/13 继续在视图中创建区域光,执行

步骤/16 创建完成后,在视图中将该灯光

161

拖动并旋转至合适的位置。

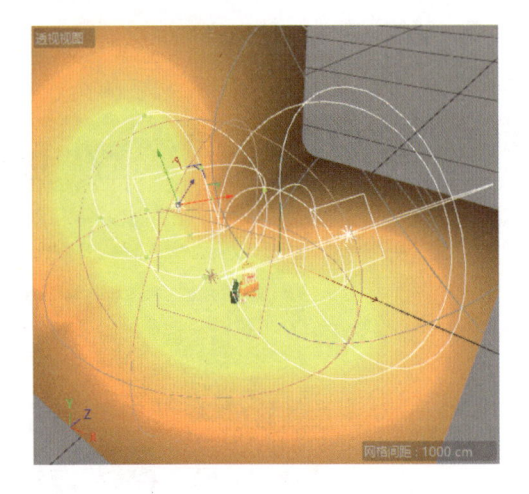

步骤 17 此时本案例创建完成。

📚 **读书笔记**